SSAFY

삼성 청년 SW아카데미

SW적성진단 5일 완성

시대에듀

2024 시대에듀 13기 모집대비 All-New
싸피 SSAFY(삼성 청년 SW아카데미) SW적성진단 5일 완성

Always **with you**

사람의 인연은 길에서 우연하게 만나거나 함께 살아가는 것만을 의미하지는 않습니다.
책을 펴내는 출판사와 그 책을 읽는 독자의 만남도 소중한 인연입니다.
시대에듀는 항상 독자의 마음을 헤아리기 위해 노력하고 있습니다. 늘 독자와 함께하겠습니다.

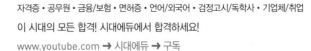

머리말 PREFACE

SSAFY는 SAMSUNG SOFTWARE ACADEMY FOR YOUTH의 줄임말로 삼성 청년 SW 아카데미를 뜻한다. SSAFY는 삼성의 SW 교육 경험과 고용노동부의 취업지원 노하우를 바탕으로 취업 준비생에게 SW 역량 향상 교육 및 다양한 취업지원 서비스를 제공하여 취업에 성공하도록 돕는 프로그램으로 기수별 1,150명, 연간 2,300명의 청년을 대상으로 교육을 진행한다.

삼성 청년 SW 아카데미에 입과하려면 SW적성진단 시험에 통과하여야 한다. SW적성진단은 온라인으로 진행되며 객관식과 주관식 문제가 출제된다. 객관식은 수리/추리 논리력을 진단하며, 주관식은 Computational Thinking에 대해 진단한다.

이에 시대에듀에서는 SSAFY 입과를 준비하는 수험생들이 보다 효율적으로 대비할 수 있도록 다음과 같은 특징의 본서를 출간하게 되었다.

도서의 특징

❶ 수리/추리 논리력 진단 문제를 수록하여 SW적성진단에서 출제되는 객관식 문제에 대비할 수 있도록 하였다.

❷ Computational Thinking 진단 문제를 수록하여 SW적성진단에서 출제되는 주관식 문제에 대비할 수 있도록 하였다.

❸ 객관식과 주관식 문제로 구성한 SW적성진단 최종점검 모의고사 2회를 수록하여 실전처럼 연습할 수 있도록 하였다.

❹ 에세이와 면접 자료를 수록하여 한 권으로 삼성 청년 SW 아카데미의 입과에 필요한 모든 과정을 준비할 수 있도록 하였다.

끝으로 본서를 통해 삼성 청년 SW 아카데미 입과를 준비하는 모든 수험생에게 합격의 행운이 따르기를 진심으로 기원한다.

SDC(Sidae Data Center) 씀

SSAFY 이야기

◇ **SSAFY란?**

삼성 청년 SW 아카데미(SSAFY)는 삼성의 SW 교육 경험과 고용노동부의 취업지원 노하우를 바탕으로 취업 준비생에게 SW 역량 향상 교육 및 다양한 취업지원 서비스를 제공하여 취업에 성공하도록 돕는 프로그램이다.

1 최고 수준의 교육을 제공한다.

전문분야별 자문교수단과 삼성의 SW 전문가가 함께 참여한 명품 커리큘럼을 제공하여 경쟁력 있는 차세대 SW 인력을 양성한다.

2 맞춤형 교육을 제공한다.

SW 전공자와 비전공자의 수준에 따라 맞춤형 교육을 제공하여 최적의 학습 효과를 지향한다.

3 자기주도적 학습을 지향한다.

단순히 지식을 전달하기보다 스스로 문제를 해결할 수 있는 역량을 강화시키고, 기업에서 실제로 수행하는 형태의 프로젝트를 통해 실무 적응력을 향상시킨다.

4 취업 경쟁력을 높일 수 있는 효율적인 취업지원 서비스를 제공한다.

고용노동부의 취업지원 노하우를 기반으로 교육생에게 최적의 일자리 정보를 제공하고 취업 실전 교육과 컨설팅 서비스를 통해 취업에 성공하도록 지원한다.

◇ **비전**

SSAFY는 SW 경쟁력을 강화시켜
IT 생태계 저변을 넓히고 대한민국 청년 취업 경쟁력을 향상시킨다.

◇ **인재상**

> SSAFY는 문제해결능력을 갖춘
> 경쟁력 있는 차세대 SW 인력을 양성한다.

논리적 사고	열정	학습의지
SW의 개념과 원리를 이해하고 규칙을 찾아 문제를 해결하는 인재	열정과 도전정신으로 교육에 적극 참여하는 인재	지속적으로 학습하고 교육에 몰두하여 목표를 성취하는 인재

> 삼성 청년 SW 아카데미는 논리적 사고력과 SW에 대한
> 호기심을 바탕으로 한 열정과 학습의지가 넘치는 젊은 인재와 함께한다.

◇ **지원자격**

구분	내용
대상	• 연령 : 만 29세 이하 • 학력 : 국내외 4년제 대학(학사 이상) 졸업자 및 졸업 예정자(전공 무관)
재직 여부	• 현재 미취업자 대상 • 인터뷰일로부터 본교육 시작일 전까지 재직(예정)자 지원 불가(사업장 건강보험 및 국민연금 가입 여부 기준) ※ 졸업 예정자는 취업 여부 무관 지원 가능
기타	• 교육 시작일에 교육 입과 가능한 자 • 입과 후 1년간 SSAFY 교육에 온전히 집중할 수 있는 자 • 교육 기간 중 통학 가능한 자(별도 숙소 제공 없음) • 병역필 또는 면제자로 해외여행에 결격 사유가 없는 자 ※ 교육 시작일 전까지 병역의무 완료 예정자 포함 ※ 교육 기간 중 취업할 경우, 해당 업체 입사 전에 개별적으로 퇴소

SSAFY 입과 안내

◇ **교육생 지원내용**

전문화된 SW 교육 제공

SW 역량을 향상시키고 취업에 도움이 될 수 있도록 다양한 실전 학습 기회가 주어진다.
(삼성 SW 역량 테스트 응시 기회 제공, 경진 대회 실시 등)

교육지원금 지급

SW 교육에 온전히 집중할 수 있도록 매월 100만 원의 교육지원금을 지급한다.

국내외 연구소 실습 기회 부여

우수 교육생을 선발하여 국내외 연구소의 실습 기회를 제공한다.
(삼성전자 해외연구소 등)

우수 교육생 시상

교육 성적 우수자, SW 등급 취득자 등 우수 교육생을 위한 다양한 시상 제도를 실시한다.

개인별 진로상담 및 취업지원 서비스 제공

맞춤형 일자리 정보 및 취업 실전 역량 교육과 컨설팅 서비스를 통해
취업에 성공할 수 있도록 지원한다.

◇ 모집절차

지원서 접수   SW적성진단   인터뷰   입과

◇ SW적성진단

SW적성진단은 지원서상 선택한 전공기준으로 구분하여 실시한다.

구분	내용
SW전공	기초 코딩 테스트를 통한 기본적인 SW역량 확인 (Python, Java, C/C++ 중 사용 가능한 언어 선택)
SW비전공	SW학습에 필요한 기본적인 사고력, 추론능력 확인 (수리/추리 논리력, Computational Thinking 진단으로 구성)

◇ SW적성진단(SW비전공) 출제정보

구분	수리/추리 논리력	Computational Thinking 진단	주의사항
문제 유형	객관식	단답형 주관식	수리/추리 논리력 완료 후 Computational Thinking 진단 응시가 가능
문항 수	15문항	25문항	–
제한 시간	30분	40분	진단별 제한 시간 초과 시 자동 제출
최대 접속 횟수	10회		2개의 진단을 합쳐 10회까지 재접속 가능
응시 가능 시간	응시 시작 30분 전부터 SW적성진단 준비화면 접속이 가능하다. 최초 응시 및 진단 시작 후, 제한 시간 이내에 모든 진단을 완료해야 한다.		

※ 세부사항은 변경될 수 있으니 반드시 지원 전 공고를 확인하기 바랍니다.

입과 후 교육과정

◇ **교육과정 특징**

> 문제해결능력을 갖춘 경쟁력 있는 **차세대 SW 인력 양성**

몰입형 집중 코딩 교육
- 실습 중심의 강도 높은 코딩 교육을 실시한다.
- 미션 달성에 따라 레벨이 올라가는 학습방식(Gamification)을 적용하여 교육 몰입도를 높인다.

실전형 자기주도 학습
- 실제 업무와 유사한 형태의 프로젝트를 수행하면서 협업능력과 문제해결역량을 쌓을 수 있다.
- 학습자 간 코드 리뷰, 페어 프로그래밍 등 상호학습을 지향한다.

성과창출형 교육
- 경진대회, SW테스트 등을 통해 자신의 실력을 주기적으로 측정할 기회를 제공한다.
- 모든 PJT는 Git를 활용하며, PJT 수행결과가 곧 개인의 포트폴리오가 된다.

◇ 교육과정 로드맵

기본과정(5개월)	1차 Job Fair(1개월)
목표 : 기초 코딩 역량을 갖춘 신입 SW 개발자 양성 내용 : SW 필수 지식과 알고리즘 중심의 몰입형 코딩 교육, 수준별 분반 운영	내용 : 취업역량 향상 집중교육(수준별 분반 운영), 개인별 취업지원 서비스 제공, 취업활동 및 채용정보 중점 지원, 해외연수(성적 우수자 대상), 계절학기 운영(SW 수준별)
심화과정(5개월)	**2차 Job Fair(1개월)**
목표 : 프로젝트 기반의 자기주도형 학습을 통한 실전형 SW 개발자 양성 내용 : 교육생 수준에 맞는 자기주도형 프로젝트 수행, 실무 환경과 동일한 개발방식 활용	내용 : 채용 박람회 개최, 개인별 맞춤형 경력 설계, 개인별 취업지원 서비스 제공, 취업활동 및 채용정보 중점 지원

◇ SSAFY 커리큘럼

SSAFY 기본과정 커리큘럼	알고리즘 기반의 코딩역량을 향상시켜 SW 개발자로서의 기초를 탄탄히 다지고, 웹, 임베디드, IoT의 핵심 기술을 집중 탐구하여 다양한 경험과 문제해결능력을 보유한 인재로 성장한다.
SSAFY 심화과정 커리큘럼	SW 실전역량 강화를 위한 프로젝트 기반의 자기주도형 학습으로 실무역량 향상 및 취업 경쟁력을 강화할 수 있다. **프로젝트 과제 선정** • 취업 포트폴리오 관리 : 취업 포트폴리오 관리로 취업 준비생의 신뢰성과 전문성 보증 • 현업 유사 프로젝트 : 현업과 유사한 프로젝트 주제로 실습을 진행하여 실전 개발 역량 강화 • 4차 산업혁명 기술 : 4차 산업혁명 기술 활용 역량 강화를 통한 취업 우대 기술 확보 **프로젝트 수행** • 공통 프로젝트 : 비전공자/전공자가 한 팀으로 구성되어 웹 기반의 기술을 공통적으로 학습하여 원하는 웹 서비스 구현 • 특화 프로젝트 : 4차 산업혁명 중 본인이 흥미 있는 특화기술을 익히고 신기술 프로젝트 진행 • 자율 프로젝트 : 자유롭게 본인의 아이디어 기획 및 명세서를 스스로 작성하고 1·2학기 동안 학습한 다양한 기술들을 활용하여 나만의 포트폴리오 완성

도서 200% 활용하기

객관식

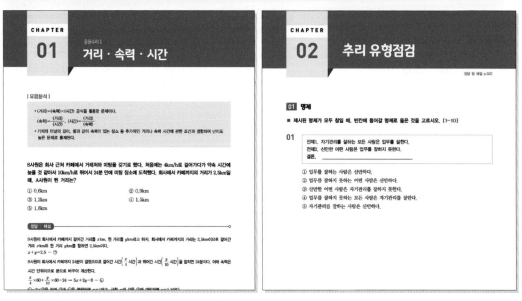

▶ 수리/추리 출제유형별 이론점검 – 대표유형 – 유형점검으로 객관식 출제영역에 대한 체계적인 학습을 하도록 하였다.

주관식

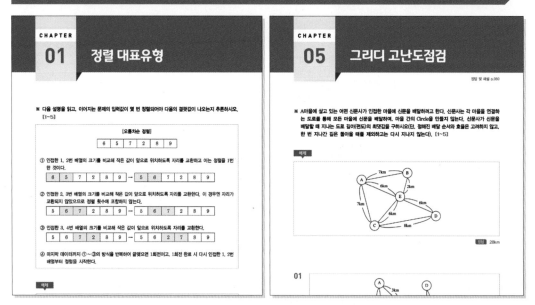

▶ 주관식 출제영역별 대표유형 – 유형점검 – 고난도점검으로 순차적인 학습을 통해 기초를 탄탄하게 쌓도록 하였다.

최종점검 모의고사

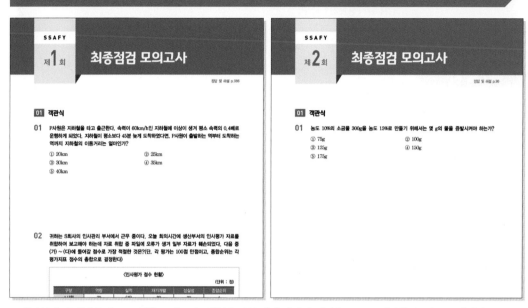

▶ 객관식과 주관식 문제로 구성한 모의고사 2회분을 수록하여 자신의 실력을 스스로 점검할 수 있도록 하였다.

에세이 + 면접

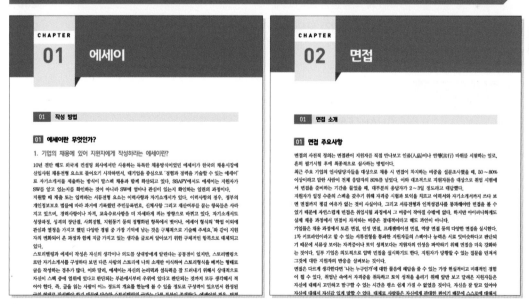

▶ 실제 출제된 에세이 기출 질문 및 면접 예상 질문을 수록해 SSAFY의 모든 전형에 대비할 수 있도록 하였다.

1일차

객관식

CHAPTER 01 수리

수리 이론점검

01 응용수리

1. 수의 관계

(1) 약수와 배수

a가 b로 나누어떨어질 때, a는 b의 배수, b는 a의 약수

(2) 소수

1과 자기 자신만을 약수로 갖는 수, 즉 약수의 개수가 2개인 수

(3) 합성수

1과 자신 이외의 수를 약수로 갖는 수, 즉 소수가 아닌 수 또는 약수의 개수가 3개 이상인 수

(4) 최대공약수

2개 이상의 자연수의 공통된 약수 중에서 가장 큰 수

(5) 최소공배수

2개 이상의 자연수의 공통된 배수 중에서 가장 작은 수

(6) 서로소

1 이외에 공약수를 갖지 않는 두 자연수, 즉 최대공약수가 1인 두 자연수

(7) 소인수분해

주어진 합성수를 소수의 거듭제곱의 형태로 나타내는 것

(8) 약수의 개수

자연수 $N = a^m \times b^n$에 대하여, N의 약수의 개수는 $(m+1) \times (n+1)$개

(9) 최대공약수와 최소공배수의 관계

두 자연수 A, B에 대하여, 최소공배수와 최대공약수를 각각 L, G라고 하면 $A \times B = L \times G$가 성립한다.

2. 방정식의 활용

(1) 날짜·요일·시계

① 날짜·요일
  ㉠ 1일=24시간=1,440분=86,400초
  ㉡ 날짜·요일 관련 문제는 대부분 나머지를 이용해 계산한다.

② 시계
  ㉠ 시침이 1시간 동안 이동하는 각도 : 30°
  ㉡ 시침이 1분 동안 이동하는 각도 : 0.5°
  ㉢ 분침이 1분 동안 이동하는 각도 : 6°

(2) 거리·속력·시간

① (거리)=(속력)×(시간)
  ㉠ 기차가 터널을 통과하거나 다리를 지나가는 경우
    • (기차가 움직인 거리)=(기차의 길이)+(터널 또는 다리의 길이)
  ㉡ 두 사람이 반대 방향 또는 같은 방향으로 움직이는 경우
    • (두 사람 사이의 거리)=(두 사람이 움직인 거리의 합 또는 차)

② (속력)=$\dfrac{(거리)}{(시간)}$
  ㉠ 흐르는 물에서 배를 타는 경우
    • (하류로 내려갈 때의 속력)=(배 자체의 속력)+(물의 속력)
    • (상류로 올라갈 때의 속력)=(배 자체의 속력)−(물의 속력)

③ (시간)=$\dfrac{(거리)}{(속력)}$

(3) 나이·인원·개수

구하고자 하는 것을 미지수로 놓고 식을 세운다. 동물의 경우 다리의 개수에 유의해야 한다.

(4) 원가·정가

① (정가)=(원가)+(이익), (이익)=(정가)−(원가)

② (a원에서 b% 할인한 가격)=$a \times \left(1 - \dfrac{b}{100}\right)$

(5) 일률 · 톱니바퀴

① 일률

전체 일의 양을 1로 놓고, 시간 동안 한 일의 양을 미지수로 놓고 식을 세운다.

- (일률)$=\dfrac{(작업량)}{(작업기간)}$

- (작업기간)$=\dfrac{(작업량)}{(일률)}$

- (작업량)$=$(일률)$\times$(작업기간)

② 톱니바퀴

(톱니 수)$\times$(회전수)$=$(총 맞물린 톱니 수)

즉, A, B 두 톱니에 대하여, (A의 톱니 수)$\times$(A의 회전수)$=$(B의 톱니 수)$\times$(B의 회전수)가 성립한다.

(6) 농도

① (농도)$=\dfrac{(용질의 양)}{(용액의 양)}\times100$

② (용질의 양)$=\dfrac{(농도)}{100}\times$(용액의 양)

(7) 수 I

① 연속하는 세 자연수 : $x-1,\ x,\ x+1$
② 연속하는 세 짝수(홀수) : $x-2,\ x,\ x+2$

(8) 수 II

① 십의 자릿수가 x, 일의 자릿수가 y인 두 자리 자연수 : $10x+y$
  이 수에 대해, 십의 자리와 일의 자리를 바꾼 수 : $10y+x$
② 백의 자릿수가 x, 십의 자릿수가 y, 일의 자릿수가 z인 세 자리 자연수 : $100x+10y+z$

(9) 증가 · 감소

① x가 $a\%$ 증가 : $\left(1+\dfrac{a}{100}\right)x$

② y가 $b\%$ 감소 : $\left(1-\dfrac{b}{100}\right)y$

3. 경우의 수 · 확률

(1) 경우의 수

① 경우의 수 : 어떤 사건이 일어날 수 있는 모든 가짓수

② 합의 법칙

    ㉠ 두 사건 A, B가 동시에 일어나지 않을 때, A가 일어나는 경우의 수를 m, B가 일어나는 경우의 수를 n이라고 하면, 사건 A 또는 B가 일어나는 경우의 수는 $m+n$이다.

    ㉡ '또는', '~이거나'라는 말이 나오면 합의 법칙을 사용한다.

③ 곱의 법칙

    ㉠ A가 일어나는 경우의 수를 m, B가 일어나는 경우의 수를 n이라고 하면, 사건 A와 B가 동시에 일어나는 경우의 수는 $m \times n$이다.

    ㉡ '그리고', '동시에'라는 말이 나오면 곱의 법칙을 사용한다.

④ 여러 가지 경우의 수

    ㉠ 동전 n개를 던졌을 때, 경우의 수 : 2^n

    ㉡ 주사위 m개를 던졌을 때, 경우의 수 : 6^m

    ㉢ 동전 n개와 주사위 m개를 던졌을 때, 경우의 수 : $2^n \times 6^m$

    ㉣ n명을 한 줄로 세우는 경우의 수 : $n! = n \times (n-1) \times (n-2) \times \cdots \times 2 \times 1$

    ㉤ n명 중, m명을 뽑아 한 줄로 세우는 경우의 수 : $_n\mathrm{P}_m = n \times (n-1) \times \cdots \times (n-m+1)$

    ㉥ n명을 한 줄로 세울 때, m명을 이웃하여 세우는 경우의 수 : $(n-m+1)! \times m!$

    ㉦ 0이 아닌 서로 다른 한 자리 숫자가 적힌 n장의 카드에서, m장을 뽑아 만들 수 있는 m자리 정수의 개수 : $_n\mathrm{P}_m$

    ㉧ 0을 포함한 서로 다른 한 자리 숫자가 적힌 n장의 카드에서, m장을 뽑아 만들 수 있는 m자리 정수의 개수 : $(n-1) \times {}_{n-1}\mathrm{P}_{m-1}$

    ㉨ n명 중, 자격이 다른 m명을 뽑는 경우의 수 : $_n\mathrm{P}_m$

    ㉩ n명 중, 자격이 같은 m명을 뽑는 경우의 수 : $_n\mathrm{C}_m = \dfrac{_n\mathrm{P}_m}{m!}$

    ㉪ 원형 모양의 탁자에 n명을 앉히는 경우의 수 : $(n-1)!$

⑤ **최단거리 문제** : A에서 B 사이에 P가 주어져 있다면, A와 P의 최단거리, B와 P의 최단거리를 각각 구하여 곱한다.

(2) 확률

① (사건 A가 일어날 확률)$= \dfrac{(사건\ A가\ 일어나는\ 경우의\ 수)}{(모든\ 경우의\ 수)}$

② 여사건의 확률

   ⊙ 사건 A가 일어날 확률이 p일 때, 사건 A가 일어나지 않을 확률은 $(1-p)$이다.

   ⓛ '적어도'라는 말이 나오면 주로 사용한다.

③ 확률의 계산

   ⊙ 확률의 덧셈

     두 사건 A, B가 동시에 일어나지 않을 때, A가 일어날 확률을 p, B가 일어날 확률을 q라고 하면, 사건 A 또는 B가 일어날 확률은 $p+q$이다.

   ⓛ 확률의 곱셈

     A가 일어날 확률을 p, B가 일어날 확률을 q라고 하면, 사건 A와 B가 동시에 일어날 확률은 $p \times q$이다.

④ 여러 가지 확률

   ⊙ 연속하여 뽑을 때, 꺼낸 것을 다시 넣고 뽑는 경우 : 처음과 나중의 모든 경우의 수는 같다.

   ⓛ 연속하여 뽑을 때, 꺼낸 것을 다시 넣지 않고 뽑는 경우 : 나중의 모든 경우의 수는 처음의 모든 경우의 수보다 1만큼 작다.

   ⓒ (도형에서의 확률)$= \dfrac{(해당하는\ 부분의\ 넓이)}{(전체\ 넓이)}$

02 자료해석

1. 기초통계

(1) 통계

집단현상에 대한 구체적인 양적 기술을 반영하는 숫자로 특히, 사회집단 또는 자연집단의 상황을 숫자로 나타낸 것이다.

예 서울 인구의 생계비, 한국 쌀 생산량의 추이, 추출 검사한 제품 중 불량품의 개수 등

(2) 통계치

① 빈도 : 어떤 사건이 일어나거나 증상이 나타나는 정도

② 빈도 분포 : 빈도를 표나 그래프로 종합적이면서도 일목요연하게 표시하는 것

③ 평균 : 모든 자료 값의 합을 자료의 개수로 나눈 값

④ 백분율 : 전체의 수량을 100으로 볼 때의 비율

(3) 통계의 계산

① 범위 : (최댓값) − (최솟값)

② 평균 : $\dfrac{(\text{자료 값의 총합})}{(\text{자료의 개수})}$

③ 분산 : $\dfrac{[\{(\text{관찰값}) - (\text{평균})\}^2 \text{의 총합}]}{(\text{자료의 개수})}$

※ (편차) = (관찰값) − (평균)

④ 표준편차 : $\sqrt{\text{분산}}$ (평균으로부터 얼마나 떨어져 있는가를 나타냄)

2. 자료해석

(1) 꺾은선(절선)그래프

① 시간적 추이(시계열 변화)를 표시하는 데 적합하다.

예 연도별 매출액 추이 변화 등

② 경과・비교・분포를 비롯하여 상관관계 등을 나타낼 때 사용한다.

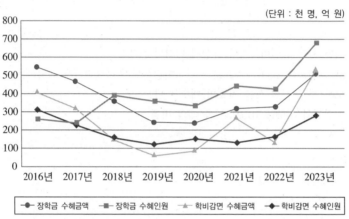

〈중학교 장학금, 학비감면 수혜현황〉

(2) 막대그래프

① 비교하고자 하는 수량을 막대 길이로 표시하고, 그 길이를 비교하여 각 수량 간의 대소 관계를 나타내는 데 적합하다.

예 영업소별 매출액, 성적별 인원분포 등

② 가장 간단한 형태로 내역・비교・경과・도수 등을 표시하는 용도로 사용한다.

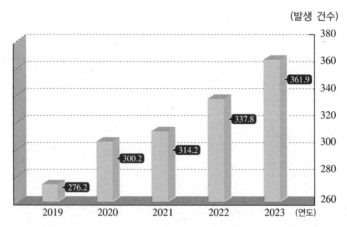

〈연도별 암 발생 추이〉

(3) 원그래프

① 내역이나 내용의 구성비를 분할하여 나타내는 데 적합하다.

　　예 제품별 매출액 구성비 등

② 원그래프를 정교하게 작성할 때는 수치를 각도로 환산해야 한다.

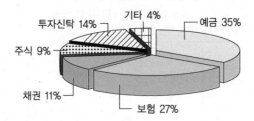

〈C국의 가계 금융자산 구성비〉

(4) 점그래프

① 지역분포를 비롯하여 도시, 지방, 기업, 상품 등의 평가나 위치, 성격을 표시하는 데 적합하다.

　　예 광고비율과 이익률의 관계 등

② 종축과 횡축에 두 요소를 두고, 보고자 하는 것이 어떤 위치에 있는가를 알고자 할 때 사용한다.

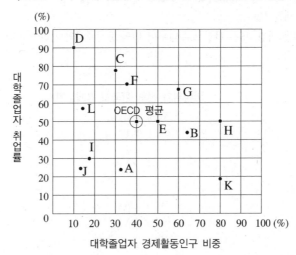

〈OECD 국가의 대학졸업자 취업률 및 경제활동인구 비중〉

(5) 층별그래프

① 합계와 각 부분의 크기를 백분율로 나타내고 시간적 변화를 보는 데 적합하다.
② 합계와 각 부분의 크기를 실수로 나타내고 시간적 변화를 보는 데 적합하다.
　　예 상품별 매출액 추이 등
③ 선의 움직임보다는 선과 선 사이의 크기로써 데이터 변화를 나타내는 그래프이다.

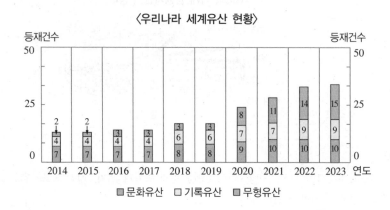

〈우리나라 세계유산 현황〉

(6) 레이더 차트(거미줄그래프)

① 다양한 요소를 비교할 때, 경과를 나타내는 데 적합하다.
　　예 매출액의 계절변동 등
② 비교하는 수량을 직경, 또는 반경으로 나누어 원의 중심에서의 거리에 따라 각 수량의 관계를 나타내는 그래프이다.

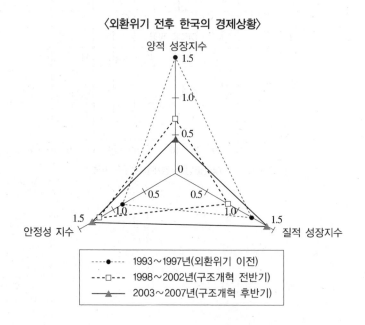

〈외환위기 전후 한국의 경제상황〉

03 수열

(1) 등차수열 : 앞의 항에 일정한 수를 더해 이루어지는 수열

예 1 3 5 7 9 11 13 15
　　 +2 +2 +2 +2 +2 +2 +2

(2) 등비수열 : 앞의 항에 일정한 수를 곱해 이루어지는 수열

예 1 2 4 8 16 32 64 128
　　 ×2 ×2 ×2 ×2 ×2 ×2 ×2

(3) 계차수열 : 앞의 항과의 차가 일정하게 증가하는 수열

예 1 2 4 7 11 16 22 29
　　 +1 +2 +3 +4 +5 +6 +7
　　　 +1 +1 +1 +1 +1 +1

(4) 피보나치 수열 : 앞의 두 항의 합이 그 다음 항의 수가 되는 수열

$$a_n = a_{n-1} + a_{n-2} \ (n \geq 3, \ a_n = 1, \ a_2 = 1)$$

예 $1 \quad 1 \quad \underset{1+1}{2} \quad \underset{1+2}{3} \quad \underset{2+3}{5} \quad \underset{3+5}{8} \quad \underset{5+8}{13} \quad \underset{8+13}{21}$

(5) 건너뛰기 수열 : 두 개 이상의 수열이 일정한 간격을 두고 번갈아가며 나타나는 수열

예 1 1 3 7 5 13 7 19
- 홀수항 : 1 3 5 7
　　　　　 +2 +2 +2
- 짝수항 : 1 7 13 19
　　　　　 +6 +6 +6

(6) 군수열 : 일정한 규칙성으로 몇 항씩 묶어 나눈 수열

예 ・1 1 2 1 2 3 1 2 3 4
　 ⇒ <u>1 1 2</u> <u>1 2 3</u> <u>1 2 3 4</u>
　・1 3 4 6 5 11 2 6 8 9 3 12
　 ⇒ <u>1 3 4</u> <u>6 5 11</u> <u>2 6 8</u> <u>9 3 12</u>
　　　 1+3=4　　 6+5=11　　 2+6=8　　 9+3=12
　・1 3 3 2 4 8 5 6 30 7 2 14
　 ⇒ <u>1 3 3</u> <u>2 4 8</u> <u>5 6 30</u> <u>7 2 14</u>
　　　 1×3=3　　 2×4=8　　 5×6=30　　 7×2=14

거리 · 속력 · 시간

| 유형분석 |

- (거리)=(속력)×(시간) 공식을 활용한 문제이다.

  $(속력)=\dfrac{(거리)}{(시간)}$, $(시간)=\dfrac{(거리)}{(속력)}$

- 기차와 터널의 길이, 물과 같이 속력이 있는 장소 등 추가적인 거리나 속력 시간에 관한 조건과 결합하여 난도 높은 문제로 출제된다.

S사원은 회사 근처 카페에서 거래처와 미팅을 갖기로 했다. 처음에는 4km/h의 속력으로 걸어가다가 약속 시간에 늦을 것 같아서 10km/h의 속력으로 뛰어서 24분 만에 미팅 장소에 도착했다. 회사에서 카페까지의 거리가 2.5km일 때, S사원이 뛴 거리는?

① 0.6km

② 0.9km

③ 1.2km

④ 1.5km

⑤ 1.8km

정답 해설

S사원이 회사에서 카페까지 걸어간 거리를 $x$km, 뛴 거리를 $y$km라고 하자.

회사에서 카페까지의 거리는 2.5km이므로 걸어간 거리 $x$km와 뛴 거리 $y$km를 합하면 2.5km이다.

$x+y=2.5 \cdots$ ㉠

S사원이 회사에서 카페까지 24분이 걸렸으므로 걸어간 시간$\left(\dfrac{x}{4}\text{ 시간}\right)$과 뛰어간 시간$\left(\dfrac{y}{10}\text{ 시간}\right)$을 합치면 24분이다.

이때 속력은 시간 단위이므로 분으로 바꾸어 계산한다.

$\dfrac{x}{4}\times60+\dfrac{y}{10}\times60=24 \rightarrow 5x+2y=8 \cdots$ ㉡

㉡−2×㉠을 하여 ㉠과 ㉡을 연립하면 $x=1$이고, 구한 x의 값을 ㉠에 대입하면 $y=1.5$이다.

따라서 S사원이 뛴 거리는 1.5km이다.

정답 ④

유형 풀이 Tip

1. 미지수를 정할 때에는 문제에서 묻는 것을 정확하게 파악해야 한다.
2. 속력과 시간의 단위를 처음에 정리하여 계산하면 계산 실수 없이 풀이할 수 있다.
   - 1시간=60분=3,600초
   - 1km=1,000m=100,000cm

CHAPTER

01

응용수리 2

농도

| 유형분석 |

- (농도)$=\dfrac{\text{(용질의 양)}}{\text{(용액의 양)}}\times100$ 공식을 활용한 문제이다.
- (소금물의 양)=(물의 양)+(소금의 양)이라는 것에 유의하고, 더해지거나 없어진 것을 미지수로 두고 풀이한다.

소금물 500g이 있다. 이 소금물에 농도가 3%인 소금물 200g을 온전히 섞었더니 소금물의 농도는 7%가 되었다. 500g의 소금물에 녹아 있던 소금의 양은?

① 31g

② 37g

③ 43g

④ 49g

⑤ 55g

정답 **해설** ────────────────────────────○

500g의 소금물에 녹아 있던 소금의 양을 xg이라고 하자.

소금물 500g에 농도 3%인 소금물 200g을 섞었을 때 소금물의 농도가 주어졌으므로 농도를 기준으로 식을 세우면 다음과 같다.

$$\frac{x+6}{500+200}\times100=7$$

→ $(x+6)\times100=7\times(500+200)$

→ $(x+6)\times100=4,900$

→ $100x+600=4,900$

→ $100x=4,300$

∴ $x=43$

따라서 500g의 소금물에 녹아 있던 소금의 양은 43g이다.

정답 ③

유형 풀이 Tip

간소화

숫자의 크기를 최대한 간소화해야 한다. 특히, 농도의 경우 분수와 정수가 같이 제시되고, 최근에는 비율을 활용한 문제가 많이 출제되고 있으므로 통분이나 약분을 통해 수를 간소화시켜 계산 실수를 줄일 수 있도록 한다.

주의사항

항상 미지수를 구해서 그 값을 계산하여 풀이해야 하는 것은 아니다. 문제에서 원하는 값은 정확한 미지수를 구하지 않아도 풀이과정에서 답이 제시되는 경우가 있으므로 문제에서 묻는 것을 명확히 해야 한다.

응용수리3
일의 양

| 유형분석 |

- 전체 일의 양을 1로 두고 풀이하는 유형이다.
- $(일률)=\dfrac{(작업량)}{(작업기간)}$, $(작업기간)=\dfrac{(작업량)}{(일률)}$, $(작업량)=(일률)\times(작업기간)$

한 공장에서는 기계 2대를 운용하고 있다. 이 공장의 전체 작업을 수행할 때 A기계로는 12시간이 걸리며, B기계로는 18시간이 걸린다. 이미 절반의 작업이 수행된 상태에서, A기계로 4시간 동안 작업하다가 이후로는 A, B 두 기계를 모두 동원해 작업을 수행했다면 남은 절반의 작업을 완료하는 데 소요되는 총시간은?

① 1시간
② 1시간 12분
③ 1시간 20분
④ 1시간 30분
⑤ 1시간 40분

정답 해설

전체 일의 양을 1이라고 하자. A기계가 1시간 동안 작업할 수 있는 일의 양은 $\dfrac{1}{12}$ 이고, B기계가 1시간 동안 작업할 수 있는 일의 양은 $\dfrac{1}{18}$ 이다. 이미 절반의 작업이 진행되었으므로 남은 일의 양은 $1-\dfrac{1}{2}=\dfrac{1}{2}$ 이다. 이 중 A기계로 4시간 동안 작업을 진행했으므로 A기계와 B기계가 함께 작업해야 하는 일의 양은 $\dfrac{1}{2}-\left(\dfrac{1}{12}\times4\right)=\dfrac{1}{6}$ 이다.

따라서 남은 $\dfrac{1}{6}$ 을 수행하는 데 걸리는 시간은 $\dfrac{\dfrac{1}{6}}{\left(\dfrac{1}{12}+\dfrac{1}{18}\right)}=\dfrac{\dfrac{1}{6}}{\dfrac{5}{36}}=\dfrac{6}{5}$ 시간, 즉 1시간 12분이 걸린다.

정답 ②

유형 풀이 Tip

1. 전체의 값을 모르는 상태에서 비율을 묻는 문제의 경우 전체를 1이라고 하면 쉽게 풀이할 수 있다.
   예 S가 1개의 빵을 만드는 데 3시간이 걸린다. 1개의 빵을 만드는 일의 양을 1이라고 하면 S는 한 시간에 $\dfrac{1}{3}$ 만큼의 빵을 만든다.
2. 난도가 높은 일의 양 문제를 접근할 때 전체 일의 양을 막대 그림으로 표현하면서 풀이하면 한눈에 파악할 수 있다.

예

$\dfrac{1}{2}$ 수행됨	A기계로 4시간 동안 작업	A, B 두 기계를 모두 동원해 작업

CHAPTER

01

응용수리4

금액

| 유형분석 |

- 원가, 정가, 할인가, 판매가 등의 개념을 명확히 한다.
- (정가)=(원가)+(이익), (이익)=(정가)−(원가)

  a원에서 $b\%$ 할인한 가격$=a\times\left(1-\dfrac{b}{100}\right)$

- 난도가 높은 편은 아니지만 비율을 활용한 계산 문제이기 때문에 실수하기 쉽다.
- 경우의 수와 결합하여 출제되기도 한다.

종욱이는 25,000원짜리 피자 두 판과 8,000원짜리 샐러드 세 개를 주문했다. 통신사 멤버십 혜택으로 피자는 15%, 샐러드는 25%를 할인받을 수 있고, 이벤트로 통신사 멤버십 혜택을 적용한 금액의 10%를 추가 할인받았다고 한다. 종욱이가 할인받은 금액은?

① 12,150원

② 13,500원

③ 18,600원

④ 19,550원

⑤ 20,850원

정답 해설

할인받기 전 종욱이가 지불할 금액은 $(25{,}000\times2)+(8{,}000\times3)=74{,}000$원이다.
통신사 할인과 이벤트 할인을 적용한 금액은 $(25{,}000\times2\times0.85)+(8{,}000\times3\times0.75)\times0.9=54{,}450$원이다.
따라서 종욱이가 할인받은 금액은 $74{,}000-54{,}450=19{,}550$원이다.

정답 ④

유형 풀이 Tip

전체 금액을 구하는 것이 아니라 할인된 금액을 구하면 수의 크기도 작아지고, 풀이 과정을 단축시킬 수 있다.
예를 들어 위의 문제에서 피자는 15%, 샐러드는 25%를 할인받았으므로 할인받은 금액은 각각 7,500원, 6,000원이다.
할인받은 금액의 합을 원래 지불했어야 하는 금액에서 빼면 60,500원이고, 이의 10%는 6,050원이므로 종욱이가 할인받은 금액은 총 $7{,}500+6{,}000+6{,}050=19{,}550$원이다.

응용수리 5

경우의 수

| 유형분석 |

- 순열(P)과 조합(C)을 활용한 문제이다.

$$_n P_m = n \times (n-1) \times \cdots \times (n-m+1)$$

$$_n C_m = \frac{_n P_m}{m!} = \frac{n \times (n-1) \times \cdots \times (n-m+1)}{m!}$$

- 벤다이어그램을 활용한 문제가 출제되기도 한다.

S사에서 파견 근무를 나갈 10명을 뽑아 팀을 구성하려 한다. 새로운 팀 내에서 팀장 1명과 회계 담당 2명을 뽑으려고 하는데, 이 인원을 뽑는 경우의 수는?

① 300가지

② 320가지

③ 348가지

④ 360가지

⑤ 396가지

정답 해설

- 팀장 1명을 뽑는 경우의 수 : $_{10} C_1 = 10$가지

- 회계 담당 2명을 뽑는 경우의 수 : $_9 C_2 = \dfrac{9 \times 8}{2!} = 36$가지

따라서 $10 \times 36 = 360$가지이다.

정답 ④

유형 풀이 Tip

경우의 수의 합의 법칙과 곱의 법칙 등에 관해 명확히 한다.

합의 법칙

㉠ 두 사건 A, B가 동시에 일어나지 않을 때, A가 일어나는 경우의 수를 m, B가 일어나는 경우의 수를 n이라고 하면, A 또는 B가 일어나는 경우의 수는 $m+n$이다.

㉡ '또는', '~이거나'라는 말이 나오면 합의 법칙을 사용한다.

곱의 법칙

㉠ A가 일어나는 경우의 수를 m, B가 일어나는 경우의 수를 n이라고 하면, A와 B가 동시에 일어나는 경우의 수는 $m \times n$이다.

㉡ '그리고', '동시에'라는 말이 나오면 곱의 법칙을 사용한다.

| 유형분석 |

- 순열(P)과 조합(C)을 활용한 문제이다.
- 조건부 확률 문제가 출제되기도 한다.

주머니에 1부터 10까지의 숫자가 적힌 카드 10장이 들어있다. 주머니에서 카드를 세 번 뽑는다고 할 때, 1, 2, 3이 적힌 카드 중 하나 이상을 뽑을 확률은?(단, 꺼낸 카드는 다시 넣지 않는다)

① $\dfrac{5}{8}$

② $\dfrac{17}{24}$

③ $\dfrac{7}{24}$

④ $\dfrac{7}{8}$

⑤ $\dfrac{5}{6}$

정답 해설

(1, 2, 3이 적힌 카드 중 하나 이상을 뽑을 확률)=1−(세 번 모두 4~10이 적힌 카드를 뽑을 확률)

세 번 모두 4~10이 적힌 카드를 뽑을 확률은 $\dfrac{7}{10} \times \dfrac{6}{9} \times \dfrac{5}{8} = \dfrac{7}{24}$ 이다.

따라서 1, 2, 3이 적힌 카드 중 하나 이상을 뽑을 확률은 $1 - \dfrac{7}{24} = \dfrac{17}{24}$ 이다.

정답 ②

유형 풀이 Tip

여사건의 확률
㉠ 사건 A가 일어날 확률이 p일 때, 사건 A가 일어나지 않을 확률은 $(1-p)$이다.
㉡ '적어도'라는 말이 나오면 주로 사용한다.

확률의 덧셈
두 사건 A, B가 동시에 일어나지 않을 때, A가 일어날 확률을 p, B가 일어날 확률을 q라고 하면, 사건 A 또는 B가 일어날 확률은 $p+q$이다.

확률의 곱셈
두 사건 A와 B가 동시에 일어날 때, A가 일어날 확률을 p, B가 일어날 확률을 q라고 하면, 사건 A와 B가 동시에 일어날 확률은 $p \times q$이다.

자료계산

유형분석

- 주어진 자료를 통해 문제에서 주어진 특정한 값을 찾고, 자료의 변동량을 구할 수 있는지를 평가하는 유형이다.
- 각 그래프의 선이 어떤 항목을 의미하는지와 단위를 정확히 확인한다.
- 그림을 통해 계산하지 않고 눈으로 확인할 수 있는 내용(증감 추이)이 있는지 확인한다.

귀하는 S회사의 인사관리 부서에서 근무 중이다. 오늘 회의시간에 생산부서의 인사평가 자료를 취합하여 보고해야 하는데 자료 취합 중 파일에 오류가 생겨 일부 자료가 훼손되었다. 다음 중 (가) ~ (다)에 들어갈 수가 바르게 연결된 것은?(단, 각 평가는 100점 만점이고, 종합순위는 각 평가지표 점수의 총합으로 결정한다)

〈인사평가 점수 현황〉

(단위 : 점)

구분	역량	실적	자기계발	성실성	종합순위
A사원	70	(가)	80	70	4
B대리	80	85	(나)	70	1
C과장	(다)	85	70	75	2
D부장	80	80	60	70	3

※ 점수는 5점 단위로 부여함

	(가)	(나)	(다)
①	60	70	55
②	65	65	65
③	65	60	65
④	75	65	55
⑤	75	60	65

(가)~(다)에 들어갈 정확한 값을 찾으려 계산하기보다는 자료에서 해결할 수 있는 실마리를 찾아 적절하지 않은 선택지를 제거하는 방식으로 접근하는 것이 좋다.

먼저 종합순위가 3위인 D부장의 점수는 모두 공개되어 있으므로 총점을 계산해보면, 80+80+60+70=290점이다.

종합순위가 4위인 A사원의 총점은 70+(가)+80+70=220+(가)점이며, 3위 점수인 290점보다 낮아야 하므로 (가)에 들어갈 점수는 70점 미만이다. 이에 따라 ④, ⑤는 답에서 제외된다.

종합순위가 2위인 C과장의 총점은 (다)+85+70+75=230+(다)점이며, 290점보다 높아야 하므로 (다)에 들어갈 점수는 60점을 초과해야 한다. 이에 따라 ①은 답에서 제외된다.

위의 조건에 해당하는 ②, ③에 따라 (가)=65점, (다)=65점을 대입하면, C과장의 총점은 230+65=295점이 된다.

종합순위가 1위인 B대리의 총점은 80+85+(나)+70=235+(나)점이며, 295점보다 높아야 하므로 (나)에 들어갈 점수는 60점을 초과해야 한다. 이에 따라 ③은 답에서 제외된다.

따라서 (가)~(다)에 들어갈 점수가 바르게 연결된 것은 ②이다.

정답 ②

유형 풀이 Tip

자료계산 유형은 선택지를 소거하면서 풀이하면 시간을 단축시킬 수 있다.

자료분석

- 자료를 보고 해석하거나 추론한 내용을 고르는 문제가 출제된다.
- 증감 추이, 증감률, 증감폭 등의 간단한 계산이 포함되어 있다.
- %, %p 등의 차이점을 알고 적용할 수 있어야 한다.
  %(퍼센트) : 어떤 양이 전체(100)에 대해서 얼마를 차지하는가를 나타내는 단위
  %p(퍼센트 포인트) : %로 나타낸 수치가 이전 수치와 비교했을 때 증가하거나 감소한 양

다음은 지방자치단체 재정력 지수를 나타낸 자료이다. 이에 대한 설명으로 옳은 것은?

〈지방자치단체 재정력 지수〉

구분	2020년	2021년	2022년	평균
서울	1.106	1.088	1.010	1.068
부산	0.942	0.922	0.878	0.914
대구	0.896	0.860	0.810	0.855
인천	1.105	0.984	1.011	1.033
광주	0.772	0.737	0.681	0.730
대전	0.874	0.873	0.867	0.871
울산	0.843	0.837	0.832	0.837
경기	1.004	1.065	1.032	1.034
강원	0.417	0.407	0.458	0.427
충북	0.462	0.446	0.492	0.467
충남	0.581	0.693	0.675	0.650
전북	0.379	0.391	0.404	0.393
전남	0.319	0.330	0.320	0.323

※ 매년 지방자치단체의 기준 재정수입액이 기준 재정수요액에 미치지 않는 경우, 중앙정부는 그 부족만큼의 지방교부세를 당해 연도에 지급함
※ (재정력 지수)=(기준 재정수입액)÷(기준 재정수요액)

① 3년간 지방교부세를 지원받은 적이 없는 지방자치단체는 서울, 인천, 경기 3곳이다.
② 2022년의 서울 재정력 지수 대비 전북 재정력 지수의 비율은 30% 미만이다.
③ 3년간 재정력 지수가 지속적으로 상승한 지방자치단체는 전북이 유일하다.
④ 3년간 지방교부세를 가장 많이 지원받은 지방자치단체는 전남이다.
⑤ 3년간 대전과 울산의 기준 재정수입액이 매년 서로 동일하다면 기준 재정수요액은 대전이 울산보다 항상 많다.

3년간 재정력 지수가 지속적으로 상승한 지방자치단체는 전북이 유일하다고 하였으므로 우선 전북부터 재정력 지수가 지속적으로 상승하였는지 확인한다. 전북은 3년간 재정력 지수가 지속적으로 상승하였으므로 나머지 지방자치단체 중 3년간 재정력 지수가 상승하는 지방자치단체가 있는지 파악하여 전북이 유일한지를 확인한다. 3년간이므로 2020년 대비 2021년에 상승한 지방만 2021년 대비 2022년에 상승했는지 확인한다.

구분	2020년 대비 2021년	2021년 대비 2022년
서울	하락	−
부산	하락	−
대구	하락	−
인천	하락	−
광주	하락	−
대전	하락	−
울산	하락	−
경기	상승	하락
강원	하락	−
충북	하락	−
충남	상승	하락
전북	상승	상승
전남	상승	하락

오답분석

① 기준 재정수입액이 수요액보다 작으면 정부의 지원을 받는데 기준 재정수입액이 수요액보다 작으면 재정력 지수는 1 미만이다. 인천의 경우 2021년에 재정력 지수가 1 미만이므로 정부의 지원을 받은 적이 있다.

② 2022년의 서울 재정력 지수 대비 전북 재정력 지수의 비율은 $\frac{0.404}{1.010} \times 100 = 40\%$로 30% 이상이다.

④ 재정력 지수는 액수에 대한 비율을 나타낸 값이므로 절대적인 액수를 파악할 수 없다.

⑤ 기준 재정수입액이 동일하면 재정력 지수가 클수록 기준 재정수요액이 적다. 따라서 대전은 울산보다 기준 재정수요액이 항상 적다.

정답 ③

유형 풀이 Tip

간단한 선택지부터 해결하기
계산이 필요 없거나 생각하지 않아도 되는 선택지를 먼저 해결한다.
예 ③은 제시된 수치의 증감 추이를 판단하는 문제이므로 가장 먼저 풀이 가능하다.

옳은 것 / 옳지 않은 것 헷갈리지 않게 표시하기
자료해석은 옳은 것 또는 옳지 않은 것을 찾는 문제가 출제된다. 문제마다 매번 바뀌므로 이를 확인하는 것은 매우 중요하다. 따라서 선택지에 표시할 때에도 선택지가 옳지 않은 내용이라서 '×' 표시를 했는지, 옳은 내용이지만 문제가 옳지 않은 것을 찾는 문제라 '×' 표시를 했는지 헷갈리지 않도록 표시 방법을 정해야 한다.

제시된 자료를 통해 계산할 수 있는 값인지 확인하기
제시된 자료만으로 계산할 수 없는 값을 묻는 선택지인지 먼저 판단해야 한다. 문제를 읽고 바로 계산부터 하면 함정에 빠지기 쉽다.

자료변환

| 유형분석 |

- 제시된 표나 그래프의 수치를 그래프로 올바르게 변환한 것을 묻는 유형이다.
- 복잡한 표가 제시되지 않으므로 수의 크기만을 판단하여 풀이할 수 있다.
- 정확한 수치가 제시되지 않을 수 있으므로 그래프의 높낮이나 넓이를 판단하여 풀이해야 한다.
- 제시된 표나 그래프의 수치를 계산하여 변환하는 유형도 출제될 수 있다.

다음은 연도별 제주도 감귤 생산량 및 면적에 대한 자료이다. 이를 참고하여 작성한 그래프로 적절한 것은?(단, 그래프의 면적 단위가 '만 ha'일 때 백의 자리에서 반올림한다)

〈제주도 감귤 생산량 및 면적〉

(단위 : 톤, ha)

구분	생산량	면적
2013년	19,725	536,668
2014년	19,806	600,511
2015년	19,035	568,920
2016년	18,535	677,770
2017년	18,457	520,350
2018년	18,279	655,046
2019년	17,921	480,556
2020년	17,626	500,106
2021년	17,389	558,942
2022년	17,165	554,007
2023년	16,941	573,442

① 연도별 제주도 감귤 생산량 및 면적

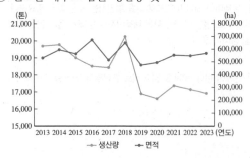

② 2018 ~ 2023년 감귤 생산량

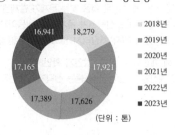

(단위 : 톤)

③ 2013 ~ 2018년 제주도 감귤 재배면적

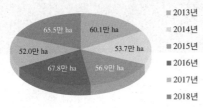

- 2013년
- 2014년
- 2015년
- 2016년
- 2017년
- 2018년

④ 연도별 제주도 감귤 생산량 및 면적

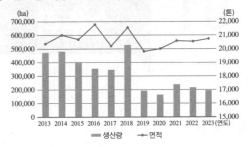

⑤ 2015 ~ 2023년 감귤 생산량 전년 대비 감소량

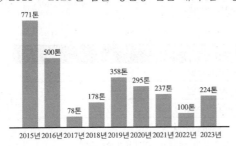

정답 **해설** ──────────────────────○

오답분석

①·④ 2018년 감귤 생산량은 자료보다 높고, 2020년 감귤 생산량은 자료보다 낮다.

구분	2013년	2014년	2015년	2016년	2017년	2018년	2019년	2020년	2021년	2022년	2023년
생산량	–	증가	감소	감소	감소	감소	감소	감소	감소	감소	감소
면적	–	증가	감소	증가	감소	증가	감소	증가	증가	감소	증가

③ 2013년과 2014년의 재배면적 수치가 표와 다르다.
⑤ 2022년의 전년 대비 감소량은 2023년의 전년 대비 감소량 224톤과 같다.

정답 ②

유형 풀이 Tip

1. 수치를 일일이 확인하는 것보다 풀이처럼 증감 추이를 먼저 판단해서 선택지를 1차적으로 거르고 나머지 선택지 중 그래프 모양이 크게 차이나는 곳의 수치를 우선적으로 확인하면 빠르게 풀이할 수 있다.
2. 선택지를 먼저 보고 특징적인 부분이 있는 선택지를 먼저 판단한다.
   예 ②, ③의 경우 제시된 자료의 수치를 보고 바로 확인할 수 있으므로 이를 우선적으로 파악한다.

수추리

| 유형분석 |

- 제시된 자료의 규칙을 바탕으로 미래의 값을 추론하는 유형이다.
- 등차수열이나 등비수열, log, 지수 등의 수학적인 지식을 묻기도 한다.

주요 수열 종류

구분	설명
등차수열	앞의 항에 일정한 수를 더해 이루어지는 수열
등비수열	앞의 항에 일정한 수를 곱해 이루어지는 수열
계차수열	수열의 인접하는 두 항의 차로 이루어진 수열
피보나치 수열	앞의 두 항의 합이 그 다음 항의 수가 되는 수열
건너뛰기 수열	1. 두 개 이상의 수열이 일정한 간격을 두고 번갈아가며 나타나는 수열
	2. 두 개 이상의 규칙이 일정한 간격을 두고 번갈아가며 적용되는 수열
군수열	일정한 규칙성으로 몇 항씩 묶어 나눈 수열

S제약회사에서는 유산균을 배양하는 효소를 개발 중이다. 이 효소와 유산균이 만났을 때 다음과 같이 유산균의 수가 변화하고 있다면 효소의 양이 12g일 때 남아있는 유산균의 수는?

〈효소의 양에 따른 유산균의 수〉

효소의 양(g)	1	2	3	4	5
유산균의 수(억 마리)	120	246	372	498	624

① 1,212억 마리
② 1,346억 마리
③ 1,480억 마리
④ 1,506억 마리
⑤ 1,648억 마리

1. 규칙 파악

   문제에서 효소와 유산균이 만났을 때 유산균의 수가 변화한다고 하였으므로 효소의 양과 유산균의 수의 변화는 관련이 있는 것을 알 수 있다. 효소의 양은 1g씩 늘어나고 있고 그에 따른 유산균의 수는 계속 증가하고 있다. 수열 문제에 접근할 때 가장 먼저 등차수열이나 등비수열이 아닌지 확인해야 하는데, 이 문제에서 유산균의 수는 공차가 126인 등차수열임을 알 수 있다.

2. 계산

   GSAT 수추리는 직접 계산해도 될 만큼의 계산력을 요구한다. 물론 식을 세워서 계산하는 방법이 가장 빠르고 정확하지만 공식이 기억나지 않는다면 머뭇거리지 말고 직접 계산을 해야 한다.

   이 문제 역시 효소의 양이 12g일 때 유산균의 수를 물었으므로 공식이 생각나지 않는다면 직접 계산으로 풀이할 수 있다. 하지만 실전에서 빠르게 풀 수 있도록 시험 보기 전까지 식을 세워보는 연습을 하며, 다음과 같은 2가지 풀이 방법을 참고하여 학습하도록 한다.

   ㉠ 직접 계산하기

효소의 양(g)	5		6		7		8		9		10		11		12
유산균의 수 (억 마리)	624	→	750	→	876	→	1,002	→	1,128	→	1,254	→	1,380	→	1,506
		+126		+126		+126		+126		+126		+126		+126	

   ㉡ 식 세워 계산하기

   식을 세우기 전에 미지수를 지정한다. 효소의 양이 ng일 때 유산균의 수를 a_n억 마리라고 하자.

   등차수열의 공식이 $a_n =$ (첫 항)$+$(공차)$\times(n-1)$임을 활용한다.

   유산균의 수는 매일 126억 마리씩 증가하고 있다.

   등차수열 공식에 의해 $a_n = 120 + 126(n-1) = 126n - 6$이다.

   따라서 효소의 양이 12g일 때의 유산균의 수는 $a_{12} = 126 \times 12 - 6 = 1,512 - 6 = 1,506$억 마리이다.

   정답 ④

   유형 풀이 Tip

   자료해석의 수추리는 복잡한 규칙을 묻지 않고, 지나치게 큰 n(미래)의 값을 묻지 않는다. 등차수열이나 등비수열 등이 출제되었을 때, 공식이 생각나지 않는다면 직접 써서 나열하는 것이 문제 풀이 시간을 단축할 수 있는 방법이다.

CHAPTER

01 수리 유형점검

정답 및 해설 p.002

01 응용수리

01 작년 기획팀 팀원 20명의 평균 나이는 35세였다. 올해 65세 팀원 A와 55세 팀원 B가 퇴직하고 새로운 직원 C가 입사하자 기획팀의 평균 나이가 작년보다 3세 줄었다. C의 나이는 몇 세인가?

① 28세
② 30세
③ 32세
④ 34세
⑤ 35세

02 S사는 이번 분기 실적에 따라 총 5천만 원의 성과급을 직원들에게 지급하려 한다. 다음 〈조건〉에 따라 이번 성과급을 지급할 때 1급에 지급되는 성과급의 총액은?

조건

- 직원의 실적에 따라 1 ~ 4급으로 나누어 지급한다.
- 성과급은 개인당 1급은 2급의 2배, 2급은 3급의 $\frac{3}{2}$배, 3급은 4급의 $\frac{4}{3}$배의 성과급을 받는다.
- 1급은 3명, 2급은 12명, 3급은 18명, 4급은 20명이 성과급 지급 대상이다.

① 2,500,000원
② 4,000,000원
③ 6,500,000원
④ 7,500,000원
⑤ 8,000,000원

03 S사에서 워크숍을 위해 강당의 대여요금을 알아보고 있다. 강당의 대여요금은 기본요금의 경우 30분까지 같으며, 그 후에는 1분마다 추가요금이 발생한다. 1시간 대여료는 50,000원, 2시간 동안 대여할 경우 110,000원이 대여료일 때, 3시간 동안 대여 시 요금은?

① 170,000원   ② 180,000원
③ 190,000원   ④ 200,000원
⑤ 210,000원

04 A~C가 함께 작업할 때 6일이 걸리는 일이 있다. 이 일을 A와 B가 같이 작업할 때에는 12일이 걸리고, B와 C가 같이 작업할 때에는 10일이 걸린다. B가 이 일을 혼자 다한다고 할 때 걸리는 기간은?(단, A~C 모두 혼자 일할 때의 능률과 함께 일할 때의 능률은 같다)

① 56일   ② 58일
③ 60일   ④ 62일
⑤ 64일

05 S회사의 해외사업부, 온라인영업부, 영업지원부에서 각각 2명, 2명, 3명이 대표로 회의에 참석하기로 하였다. 자리 배치는 원탁 테이블에 같은 부서 사람끼리 옆자리에 앉는다고 할 때, 7명이 앉을 수 있는 경우의 수는?

① 48가지   ② 36가지
③ 27가지   ④ 24가지
⑤ 16가지

06 비가 온 다음 날 비가 올 확률은 $\frac{1}{3}$, 비가 안 온 다음 날 비가 올 확률은 $\frac{1}{8}$이다. 내일 비가 올 확률이 $\frac{1}{5}$일 때, 모레 비가 안 올 확률은?

① $\frac{1}{4}$

② $\frac{5}{6}$

③ $\frac{5}{7}$

④ $\frac{6}{11}$

⑤ $\frac{7}{11}$

07 농도 15%의 소금물 500g에 몇 g의 물을 넣어야 농도 10%의 소금물이 되는가?

① 180g

② 200g

③ 230g

④ 250g

⑤ 270g

08 욕조에 A탱크로 물을 채웠을 때 18분에 75%를 채울 수 있다. 욕조의 물을 전부 뺀 후 15분간 A탱크로 물을 채우다 B탱크로 채울 때, B탱크로만 물을 채우는 데 걸리는 시간은?(단, B탱크는 A탱크보다 1.5배 빠르게 욕조를 채운다)

① 2분

② 3분

③ 4분

④ 5분

⑤ 6분

09 S사 직원은 각자 하나의 프로젝트를 선택하여 진행해야 하며 X ~ Z 세 개의 프로젝트 중 선택되지 않은 프로젝트는 진행하지 않아도 상관없다. X ~ Z프로젝트 중 X프로젝트는 대리만, Y프로젝트는 사원만, Z프로젝트는 누구나 진행할 수 있다. 대리 2명, 사원 3명이 프로젝트를 선택하여 진행하는 경우의 수는?

① 16가지 ② 32가지

③ 36가지 ④ 48가지

⑤ 72가지

10 A는 0.8km의 거리를 12분 만에 걸어간 후 36km/h의 속력으로 달리는 버스에 탑승해 8분 동안 이동하여 목적지에 도착했다. 다음 날 A가 자전거를 이용해 같은 시간 동안 같은 경로로 이동할 때, 평균 속력은?

① 1.80km/min ② 1.00km/min

③ 0.50km/min ④ 0.28km/min

⑤ 0.15km/min

11 서울 지사에 근무하는 A와 B는 X와 Y경로를 이용하여 부산 지사로 외근을 갈 예정이다. X경로를 이용하여 이동을 하면 A는 B보다 1시간 늦게 도착한다. A는 X경로로 이동하고 B는 X경로보다 160km 긴 Y경로로 이동하면 A가 B보다 1시간 빨리 도착한다. 이때, B의 속력은?

① 40km/h ② 50km/h

③ 60km/h ④ 70km/h

⑤ 80km/h

12 1 ~ 9까지의 수가 적힌 카드를 철수와 영희가 한 장씩 뽑았을 때, 영희가 철수보다 큰 수가 적힌 카드를 뽑는 경우의 수는?

① 16가지   ② 32가지

③ 36가지   ④ 38가지

⑤ 64가지

13 S사는 주사위를 굴려 1이 나오면 당첨, 2, 3, 4가 나오면 꽝이고, 5 이상인 경우는 가위바위보를 통해 이겼을 때 당첨이 되는 이벤트를 하였다. 가위바위보에 비겼을 때에는 가위바위보를 한 번 더 할 수 있는 재도전의 기회를 얻으며 재도전은 한 번만 할 수 있다. 이때, 이벤트에 당첨될 확률은?

① $\dfrac{1}{54}$ ② $\dfrac{13}{54}$

③ $\dfrac{17}{54}$ ④ $\dfrac{7}{14}$

⑤ $\dfrac{9}{14}$

14 S사는 작년에 직원이 총 45명이었다. 올해는 작년보다 안경을 쓴 사람은 20%, 안경을 쓰지 않은 사람은 40% 증가하여 총 58명이 되었다. 퇴사한 직원은 없다고 할 때, 올해 입사한 사람 중 안경을 쓴 사람의 수는?

① 5명   ② 10명

③ 15명   ④ 20명

⑤ 25명

15 S사 서비스센터의 직원들은 의류 건조기의 모터를 교체하는 업무를 진행하고 있다. 1대의 모터를 교체하는 데 A직원이 혼자 업무를 진행하면 2시간이 걸리고, A와 B직원이 함께 업무를 진행하면 80분이 걸리며, B와 C직원이 함께 진행하면 1시간이 걸린다. A~C 세 직원이 모두 함께 건조기 1대의 모터를 교체하는 데 걸리는 시간은?(단, A~C직원 모두 혼자 일했을 때의 능률과 함께 일했을 때의 능률은 같다)

① 40분　　　　　　　　　　② 1시간
③ 1시간 12분　　　　　　　④ 1시간 20분
⑤ 1시간 35분

16 S미술관의 올해 신입사원 수는 작년에 비해 남자는 50% 증가하고, 여자는 40% 감소하여 60명이다. 작년의 전체 신입사원 수가 55명이었을 때, 올해 입사한 여자 신입사원 수는?

① 11명　　　　　　　　　　② 12명
③ 13명　　　　　　　　　　④ 14명
⑤ 15명

17 A와 B는 제품을 포장하는 아르바이트를 하고 있다. A는 8일마다 남은 물품의 $\frac{1}{2}$씩 포장하고, B는 2일마다 남은 물품의 $\frac{1}{2}$씩 포장한다. A가 처음 512개의 물품을 받아 포장을 시작했는데 24일 후의 A와 B의 남은 물품의 수가 같았다. B가 처음에 받은 물품의 수는?

① 2^{16}개　　　　　　　　② 2^{17}개
③ 2^{18}개　　　　　　　　④ 2^{19}개
⑤ 2^{20}개

18 한 개의 주사위를 던져서 5 이상의 눈이 나오면 수직선상에서 +2만큼, 5 미만의 눈이 나오면 −1만큼 이동한다고 한다. 주사위를 9번 던진다고 할 때, A지점에서 시작하여 B지점에 위치할 확률은?

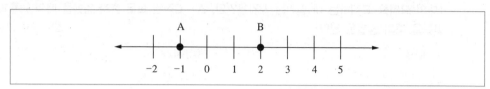

① $\dfrac{130}{3^7}$　　　　　　　　　　② $\dfrac{149}{3^7}$

③ $\dfrac{218}{3^7}$　　　　　　　　　　④ $\dfrac{224}{3^7}$

⑤ $\dfrac{448}{3^7}$

19 테니스 경기를 진행하는데 1팀은 6명, 2팀은 7명으로 구성되었고, 팀별 예선을 진행한다. 예선전은 팀에 속한 선수들이 빠지지 않고 모두 1번씩 경기를 진행한 후 각 팀의 1, 2등이 준결승전에 진출하는 방식이다. 그리고 본선에 진출한 선수 4명을 임의로 2명씩 나눠 준결승전을 진행한 후 이긴 두 선수는 결승전, 진 두 선수는 3·4위전을 진행한다. 예선 경기의 입장권 가격이 20,000원이고, 본선 경기의 입장권 가격이 30,000원이라면 전체경기를 관람하는 데 필요한 비용은?

① 840,000원　　　　　　　　　　② 850,000원

③ 860,000원　　　　　　　　　　④ 870,000원

⑤ 880,000원

20 0, 1, 2, 3, 4가 적힌 5장의 카드가 있다. A와 B는 이 중 3장의 카드를 뽑아 큰 숫자부터 나열하여 가장 큰 세 자리 숫자를 만든 사람이 이기는 게임을 하기로 했다. A가 0, 2, 3을 뽑았을 때, B가 이길 확률은?

① 60%　　　　　　　　　　② 65%

③ 70%　　　　　　　　　　④ 75%

⑤ 80%

21 집에서 회사까지의 거리는 1.8km이다. S사원은 운동을 위해 회사까지 걷거나 자전거를 타고 출근하기로 했다. 전체 거리의 25%는 3km/h의 속력으로 걷고, 나머지 거리는 30km/h의 속력으로 자전거를 이용해서 회사에 도착했을 때, 출근하는 데 걸린 시간은?

① 10분 46초   ② 10분 52초
③ 11분 20초   ④ 11분 42초
⑤ 12분 10초

22 농도 9%의 소금물에 물을 200g 더 넣었더니 농도 6%의 소금물이 되었다. 처음 농도 9%의 소금물의 양은?

① 250g   ② 300g
③ 350g   ④ 400g
⑤ 450g

23 어떤 축구 대회는 총 8개의 팀이 상대 팀과 각각 한 번씩 경기하는 리그 형식으로 예선을 치른 후, 상위 4개 팀이 토너먼트 형식으로 본선을 치른다. 예선 티켓 값이 1만 원, 본선 티켓 값이 2만 원이라고 할 때, 모든 경기를 한 번씩 보려면 티켓을 사는 데 드는 비용은?

① 30만 원   ② 32만 원
③ 34만 원   ④ 36만 원
⑤ 38만 원

24 어떤 프로젝트를 A사원이 혼자서 진행하면 시작부터 끝내기까지 총 4시간이 걸린다고 한다. A사원과 B사원이 함께 프로젝트 업무를 2시간 동안 진행하다가, B사원이 급한 업무가 생겨 퇴근한 후 A사원 혼자 40분을 더 일하여 마무리 지었다. B사원이 혼자 프로젝트를 진행했을 때 걸리는 시간은?

① 4시간
② 5시간
③ 6시간
④ 7시간
⑤ 8시간

25 어떤 열차가 길이 360m인 다리를 완전히 지나는 데 걸린 시간이 24초이고 다리 길이의 3배인 터널을 완전히 지나는 데 걸린 시간이 60초이다. 다리와 터널을 지나는 속력이 같을 때, 열차의 길이와 속력은?

	열차의 길이	열차의 속력
①	100m	20m/s
②	100m	30m/s
③	120m	20m/s
④	120m	30m/s
⑤	120m	40m/s

26 S전자에서는 컴퓨터 모니터를 생산한다. 지난달에 생산한 모니터의 불량률은 10%였고, 모니터 한 대당 17만 원에 판매하였다. 이번 달도 지난달과 동일한 양을 생산했는데, 불량률은 15%로 올랐다고 한다. 지난달보다 매출액이 떨어지지 않으려면 모니터의 한 대의 최소 금액은?(단, 불량품은 매출액에서 제외한다)

① 18만 원
② 19만 원
③ 20만 원
④ 21만 원
⑤ 22만 원

27 지원이는 집에서 4km 떨어진 학원까지 50m/min의 속력으로 걸어가다가 학교에 숙제한 것을 두고 온 것이 생각나서 학교에 잠시 들렀다. 그랬더니 수업에 늦을 것 같아서 학교 자전거를 빌려 타고 150m/min의 속력으로 학원에 갔다. 집에서 학원까지 도착하는 데 총 30분이 걸렸을 때, 지원이가 자전거를 탄 시간은 몇 분인가?(단, 학교에서 지체한 시간은 고려하지 않으며, 집 – 학교 – 학원 순서로 일직선상에 위치한다)

① 5분
② 10분
③ 15분
④ 20분
⑤ 25분

28 농도 10%인 소금물과 농도 8%인 소금물을 섞어서 농도 9.2%의 소금물을 만들었다. 농도 8%인 소금물이 40g이라면 농도 10%인 소금물의 양은?

① 50g
② 54g
③ 60g
④ 64g
⑤ 70g

29 자전거를 타고 둘레가 20km인 운동장의 반은 시속 20km로, 나머지 반은 시속 $x$km로 갔더니 운동장 전체를 완주하기까지 평균 24km/h의 속력으로 달린 셈이 되었다. 이때, x의 값은?

① 24
② 26
③ 28
④ 30
⑤ 32

30 400명의 사람들을 대상으로 A ~ C 세 물건에 대한 선호도를 조사하였다. 그랬더니 A물건을 좋아하는 사람은 280명, B물건을 좋아하는 사람은 160명, C물건을 좋아하는 사람은 200명이었고, 어떤 물건도 좋아하지 않는 사람은 30명이었다. 세 물건 중 두 가지만 좋다고 답한 사람의 수는 110명이라고 할 때, 세 물건을 모두 좋아하는 사람의 수는?(단, 투표는 중복투표이다)

① 40명   ② 50명

③ 60명   ④ 70명

⑤ 80명

31 A지점에서 B지점으로 가는 길이 다음과 같을 때, P지점을 거쳐서 갈 수 있는 경우의 수는?(단, 이미 지나간 길은 되돌아갈 수 없다)

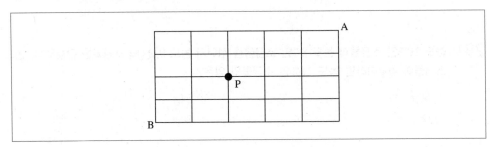

① 60가지   ② 70가지

③ 80가지   ④ 90가지

⑤ 100가지

32 10원짜리 3개, 50원짜리 1개, 100원짜리 2개, 500원짜리 1개로 지불할 수 있는 금액의 경우의 수는?(단, 0원은 지불한 것으로 보지 않는다)

① 44가지   ② 45가지

③ 46가지   ④ 47가지

⑤ 48가지

33 총 500m 거리의 산책로에 50m 간격으로 가로등을 설치하고, 100m 간격으로는 벤치를 설치할 때, 가로등과 벤치 개수의 합은?(단, 시작과 끝 지점에는 모두 설치한다)

① 15개   ② 16개

③ 17개   ④ 18개

⑤ 19개

34 동원이는 보트를 타고 강의 A지점에서 B지점까지 왕복하려고 한다. B지점에서 A지점으로 가는데 보트의 엔진이 정지해서 24분간 보트를 수리했다. 수리를 끝마친 후 마저 올라갔다가, A지점에서 24분을 쉬고, 다시 내려가는 데 총 5시간 54분이 걸렸다. 수리하는 시간을 포함하여 올라가는 데 걸린 시간은 내려가는 데 걸린 시간의 2.4배였다면, 흐르지 않는 물에서 보트의 속력은 얼마인가?(단, 물은 A지점에서 B지점으로 흐르며 속력은 5km/h이다)

① 10km/h   ② 15km/h

③ 20km/h   ④ 25km/h

⑤ 30km/h

35 S기획에서는 사업 확장에 따라 30명의 신입사원을 배치하려고 한다. 급여를 일당으로 환산했을 때 영업직은 10만 원을 받고, 일반사무직은 영업직의 80%만큼 받고, 마케팅직은 영업직보다 20% 더 받게 된다. 일반사무직이 영업직보다 10명 더 많고 마케팅직의 2배라고 할 때, 추가 편성해야 할 일일 인건비는 총 얼마인가?

① 272만 원   ② 276만 원

③ 280만 원   ④ 284만 원

⑤ 288만 원

36 A와 B 두 사람이 각각 80m/분, 60m/분의 속력으로 운동장을 돌 때, 같은 지점에서 출발하여 서로 반대 방향으로 돌면 20분 후에 다시 만난다. 이때, 운동장의 둘레는?

① 2,200m

② 2,400m

③ 2,600m

④ 2,800m

⑤ 3,000m

37 작년 A고등학교의 전교생 수는 1,200명이고, 2학년 학생 수는 1학년과 3학년 학생 수의 평균이다. 올해 2학년 학생 수는 작년보다 5% 증가하였고, 3학년 학생 수는 2학년보다 12명이 더 적다고 한다. A고등학교가 올해도 작년과 같은 수준의 학생 수를 유지하기 위해서 필요한 신입생의 수는 총 몇 명인가?

① 372명

② 373명

③ 374명

④ 375명

⑤ 376명

38 영진이는 다가오는 여름을 위해 다이어트를 결심했다. 영진이는 평소 아침, 점심, 저녁을 모두 먹으며 한 끼를 먹을 때마다 0.3kg씩 살이 찐다. 하지만 헬스장에서 한 시간 동안 운동을 하면 몸무게가 0.5kg 줄어든다고 한다. 영진이는 월요일부터 운동을 시작하고 10일 동안 지금의 몸무게보다 10kg을 감량하는 것이 목표이다. 일요일에는 헬스장에 가지 않는다고 할 때, 목표 체중이 되기 위해 하루에 운동해야 하는 최소 시간은?(단, 소수점 둘째 자리에서 반올림한다)

① 4.1시간

② 4.2시간

③ 4.3시간

④ 4.4시간

⑤ 4.5시간

39 수현이와 해영이는 새로 산 무전기의 성능을 시험하려고 한다. 두 사람은 같은 곳에서부터 출발하여 수현이는 북쪽으로 10m/s, 해영이는 동쪽으로 25m/s의 일정한 속력으로 이동한다. 해영이가 수현이보다 20초 늦게 출발한다고 했을 때, 해영이가 이동한 지 1분이 되자 더는 통신이 불가능했다고 한다. 무전 통신이 끊겼을 때, 수현이와 해영이 사이의 직선 거리는?

① 1.5km　　　　　　　　　　　② 1.6km

③ 1.7km　　　　　　　　　　　④ 1.8km

⑤ 1.9km

40 남자 2명, 여자 3명 중 2명의 대표를 선출하려고 한다. 이때, 선출된 대표가 모두 여자일 확률은?

① 70%　　　　　　　　　　　② 60%

③ 50%　　　　　　　　　　　④ 40%

⑤ 30%

41 어느 공장에서 A제품을 생산하여 팔면 600원의 이익이 남고, 불량품이 발생할 경우 2,400원의 손해를 본다. A제품을 생산하여 팔 때, 손해를 보지 않기 위한 이 제품의 최대 불량률은?

① 10%　　　　　　　　　　　② 15%

③ 20%　　　　　　　　　　　④ 25%

⑤ 30%

42 S사 총무부에서 비품 관리를 맡은 L대리는 복사용지 박스를 각 팀에 나눠줘야 한다. 1팀당 3박스씩 나눠주면 5박스가 남고, 5박스씩 나눠주면 1팀은 못 받고 1팀은 3박스를 받는다. S사 전체 팀 수와 복사용지 박스 개수의 합은?

① 29

② 32

③ 35

④ 38

⑤ 39

43 A씨는 사무실이 있는 12층까지 올라가는 데 평상시에 엘리베이터를 이용하면 1분 15초, 비상계단을 이용하면 6분 50초가 걸리고, 아침 8시부터 8시 30분까지는 사람들이 몰려서 엘리베이터 이용 시간이 2분마다 35초씩 늘어난다. A씨가 12층까지 계단을 이용해 엘리베이터보다 빨리 도착했을 때, 가장 빠른 출발 시각은?

① 8시 12분

② 8시 14분

③ 8시 16분

④ 8시 18분

⑤ 8시 20분

44 총무부에서는 물품 구매예산으로 월 30만 원을 받는다. 이번 달 예산 중 80%는 사무용품 구매에 사용하고, 남은 예산 중 40%는 서랍장 구매에 사용했다. 정가가 500원인 볼펜을 인터넷을 이용해 정가에서 20% 할인된 가격으로 살 수 있다고 할 때, 남은 예산으로 살 수 있는 볼펜의 최대 개수는?

① 40개

② 50개

③ 70개

④ 80개

⑤ 90개

45 K사원은 평상시에 지하철을 이용하여 출퇴근하고, 프로젝트를 맡게 되면 출퇴근 시간이 일정치 않아 자동차를 이용한다. 이번 달에는 프로젝트 없이 업무가 진행됐지만, 다음 달에는 5일간 프로젝트 업무를 진행할 예정이다. 지하철을 이용하여 출퇴근하면 3,000원이 들고, 자동차를 이용할 경우 기름값이 1일 5,000원, 톨게이트 이용료가 1회 2,000원이 들 때, K사원이 이번 달에 사용한 교통비와 다음 달에 사용할 교통비의 차액은?(단, 1달에 20일을 출근하며, 톨게이트는 출퇴근 시 각각 1번씩 지난다)

① 20,000원   ② 30,000원

③ 50,000원   ④ 60,000원

⑤ 90,000원

46 S대리는 주말이면 등산을 즐긴다. 이번 주말에 오른 산은 올라갈 때 이용하는 길보다 내려갈 때 이용하는 길이 3km 더 길었다. S대리가 산을 올라갈 때는 시속 4km, 내려갈 때는 시속 5km로 걸어서 등산을 끝마치는 데 5시간이 걸렸다면, S대리가 걸은 거리는?(단, 소수점 둘째 자리에서 반올림한다)

① 12.8km   ② 19.5km

③ 19.6km   ④ 22.5km

⑤ 22.6km

47 S기업에서는 사무실에서 쓸 가습기 50대를 구매하기 위해 동일 모델을 기준으로 업체 간 판매 조건을 비교 중이다. A업체는 가습기 10대 구매 시 1대를 무료로 제공하고, 추가로 100만 원당 5만 원을 할인해주며, B업체는 가습기 9대 구매 시 1대를 무료로 제공하고, 추가로 가격 할인은 제공하지 않는다. 더 저렴한 업체와 두 업체 금액의 차이를 바르게 나열한 것은?(단, 가습기 1대당 가격은 10만 원이다)

① A업체, 10만 원   ② A업체, 20만 원

③ B업체, 10만 원   ④ B업체, 20만 원

⑤ B업체, 30만 원

48 A, B, C문제가 있다. 한 학생이 A, B, C문제를 맞힐 확률이 각각 $\frac{5}{6}$, $\frac{1}{2}$, $\frac{1}{4}$ 이라면, 이 학생이 세 문제를 모두 풀 때 한 문제 이상 맞힐 확률은?

① $\frac{1}{24}$

② $\frac{5}{24}$

③ $\frac{7}{16}$

④ $\frac{13}{16}$

⑤ $\frac{15}{16}$

49 S그룹 본사에는 1명의 직원이 토요일에 당직 근무를 서도록 사칙으로 규정하고 있다. 본사 G팀에는 4명의 임원과 6명의 사원이 있다. G팀이 앞으로 10주 동안 토요일 당직 근무를 서야 한다고 할 때, 두 번째 주 토요일에 임원이 당직 근무를 설 확률은?(단, 모든 사원은 당직 근무를 2번 이상 서지 않는다)

① 25%

② 30%

③ 35%

④ 40%

⑤ 45%

50 S그룹의 올해 입사자는 작년 입사자 대비 남자는 8%가 증가하였고, 여자는 10% 감소하였다. 작년 전체 입사자 수는 820명이고 올해는 작년에 비해 10명이 감소했다고 할 때, 올해 여자 입사자는 몇 명인가?

① 348명

② 352명

③ 363명

④ 378명

⑤ 384명

02 자료해석

01 다음은 S센터의 2015 ~ 2023년 공연예술 행사 추이를 나타낸 자료이다. 이에 대한 설명으로 옳은 것은?

〈공연예술 행사 추이〉

(단위 : 건)

구분	2015년	2016년	2017년	2018년	2019년	2020년	2021년	2022년	2023년
양악	250	260	270	300	315	380	395	415	460
국악	68	110	100	113	135	145	180	187	238
무용	60	60	70	105	150	135	미집계	140	138
연극	60	45	55	70	140	117	130	195	180

① 조사 기간 동안 매년 국악 공연 건수가 연극 공연 건수보다 많았다.

② 조사 기간 동안 매년 양악 공연 건수가 국악, 무용, 연극 공연 건수의 합보다 많았다.

③ 2015년 대비 2023년 공연 건수의 증가율이 가장 높은 장르는 국악이다.

④ 연극 공연 건수가 무용 공연 건수보다 많아진 것은 2022년부터였다.

⑤ 2022년에 비해 2023년에 공연 건수가 가장 많이 증가한 장르는 양악이다.

※ 다음은 A국가의 인구동향에 대한 자료이다. 이어지는 질문에 답하시오. [2~3]

〈인구동향〉

(단위 : 만 명, %)

구분	2018년	2019년	2020년	2021년	2022년
전체 인구수	12,381	12,388	12,477	12,633	12,808
남녀성비	101.4	101.8	102.4	101.9	101.7
가임기 여성비율	58.2	57.4	57.2	58.1	59.4
출산율	26.5	28.2	29.7	31.2	29.2
남성 사망률	8.3	7.4	7.2	7.5	7.7
여성 사망률	6.9	7.2	7.1	7.8	7.3

※ 남녀성비 : 여자 100명당 남자 수

02 다음 제시된 자료에 대한 설명으로 옳은 것을 〈보기〉에서 모두 고르면?(단, 인구수는 버림하여 만 명까지만 나타낸다)

> 보기
>
> ㄱ. 전체 인구수는 2018년 대비 2022년에 5% 이상 증가하였다.
> ㄴ. 제시된 기간 동안 가임기 여성의 비율과 출산율의 증감 추이는 동일하다.
> ㄷ. 출산율은 2019년부터 2021년까지 전년 대비 계속 증가하였다.
> ㄹ. 출산율과 남성 사망률의 차이는 2021년에 가장 크다.

① ㄱ, ㄴ   ② ㄱ, ㄷ
③ ㄴ, ㄷ   ④ ㄴ, ㄹ
⑤ ㄷ, ㄹ

03 다음 〈보고서〉의 밑줄 친 ㉠~㉤ 중 옳지 않은 것의 개수는?

> 〈보고서〉
>
> 자료에 의하면 ㉠ 남녀성비는 2020년까지 증가하는 추이를 보이다가 2021년부터 감소했고, ㉡ 전체 인구수는 계속하여 감소하였다. ㉢ 2018년에는 남성 사망률이 최고치를 기록했다.
> 그 밖에도 ㉣ 2018년부터 2022년까지의 여성 사망률은 2022년이 가장 높았으며, 이와 반대로 ㉤ 2022년은 출산율이 계속 감소하다가 증가한 해이다.

① 1개   ② 2개
③ 3개   ④ 4개
⑤ 5개

04 다음은 어느 지역의 주화 공급 현황에 대한 자료이다. 이에 대한 설명으로 옳은 것을 〈보기〉에서 모두 고르면?

〈주화 공급 현황〉

구분	액면가				합계
	10원	50원	100원	500원	
공급량(십만 개)	340	215	265	180	1,000
공급기관 수(개)	170	90	150	120	530

※ (평균 주화 공급량)$=\dfrac{\text{(주화 종류별 공급량의 합)}}{\text{(주화 종류 수)}}$

※ (주화 공급액)=(주화 공급량)×(액면가)

보기

ㄱ. 주화 공급량이 주화 종류별로 각각 20십만 개씩 증가한다면, 이 지역의 평균 주화 공급량은 270십만 개이다.

ㄴ. 주화 종류별 공급기관당 공급량은 10원 주화가 500원 주화보다 적다.

ㄷ. 10원과 500원 주화는 각각 10%씩, 50원과 100원 주화는 각각 20%씩 공급량이 증가한다면, 이 지역의 평균 주화 공급량의 증가율은 15% 이하이다.

ㄹ. 주화 공급액의 총규모가 12% 증가해도 주화 종류별 주화 공급량의 비율은 변하지 않는다.

---

① ㄱ, ㄴ
② ㄱ, ㄷ
③ ㄷ, ㄹ
④ ㄱ, ㄷ, ㄹ
⑤ ㄴ, ㄷ, ㄹ

05 다음은 우리나라 국가채권 현황을 나타낸 자료이다. 이에 대한 설명으로 옳은 것을 〈보기〉에서 모두 고르면?

〈우리나라 국가채권 현황〉

(단위 : 조 원)

구분	2019년		2020년		2021년		2022년	
	국가채권	연체채권	국가채권	연체채권	국가채권	연체채권	국가채권	연체채권
합계	238	27	268	31	298	36	317	39
조세채권	26	18	30	22	34	25	38	29
경상 이전수입	8	7	8	7	9	8	10	8
융자회수금	126	0	129	0	132	0	142	0
예금 및 예탁금	73	0	97	0	118	0	123	0
기타	5	2	4	2	5	3	4	2

보기

ㄱ. 2019년 총연체채권은 2021년 총연체채권의 80% 이상이다.

ㄴ. 국가채권 중 조세채권의 전년 대비 증가율은 2020년이 2022년보다 높다.

ㄷ. 융자회수금의 국가채권과 연체채권의 총합이 가장 높은 해에는 경상 이전수입의 국가채권과 연체채권의 총합도 가장 높다.

ㄹ. 2019년 대비 2022년 경상 이전수입 중 국가채권의 증가율은 경상 이전수입 중 연체채권의 증가율보다 낮다.

① ㄱ, ㄴ
② ㄱ, ㄷ
③ ㄴ, ㄷ
④ ㄴ, ㄹ
⑤ ㄷ, ㄹ

06 다음은 A지역 전체 가구를 대상으로 원자력발전소 사고 전·후 식수 조달원에 대해 사고 후 설문조사한 결과이다. 이에 대한 설명으로 옳은 것은?

〈원자력발전소 사고 전·후 A지역 식수 조달원별 가구 수〉

(단위 : 가구)

사고 전 조달원 \ 사고 후 조달원	수돗물	정수	약수	생수
수돗물	60	30	20	30
정수	10	80	10	30
약수	20	10	20	40
생수	10	10	10	70

※ A지역 가구의 식수 조달원은 수돗물, 정수, 약수, 생수로 구성되며 각 가구는 한 종류의 식수 조달원만 이용함

① 사고 전에 식수 조달원으로 정수를 이용하는 가구 수가 가장 많다.
② 사고 전에 비해 사고 후에 이용 가구 수가 감소한 식수 조달원의 수는 3개이다.
③ 사고 전·후 식수 조달원을 변경한 가구 수는 전체 가구 수의 60% 이상이다.
④ 사고 전에 식수 조달원으로 정수를 이용하던 가구는 모두 사고 후에도 정수를 이용한다.
⑤ 각 식수 조달원 중에서 사고 전·후에 이용 가구 수의 차이가 가장 큰 것은 생수이다.

07 다음은 I공항의 연도별 세관물품 신고 수에 대한 자료이다. 〈보기〉에 따라 A~D에 들어갈 세관물품을 바르게 나열한 것은?

〈연도별 세관물품 신고 수〉

(단위 : 십만 건)

구분	2019년	2020년	2021년	2022년	2023년
A	300	360	425	440	505
B	200	260	325	320	355
C	300	375	405	405	450
D	180	171	205	200	215

보기

ㄱ. 담배류와 주류의 세관물품 신고 수는 2020~2023년에 전년 대비 매년 증가하였다.
ㄴ. 가전류는 2019~2023년 세관물품 중 신고 수가 가장 적었다.
ㄷ. 주류는 전년 대비 2020년 세관물품 신고 수 증가율이 가장 높았다.
ㄹ. 잡화류의 전년 대비 2020~2023년 세관물품 신고 수는 한 번 감소하였다.

	A	B	C	D
①	담배류	주류	잡화류	가전류
②	주류	잡화류	가전류	담배류
③	잡화류	가전류	담배류	주류
④	주류	잡화류	담배류	가전류
⑤	담배류	잡화류	주류	가전류

08 다음은 A ~ E임차인의 전·월세 전환 현황을 조사한 자료이다. 이에 대한 설명으로 옳은 것을 〈보기〉에서 모두 고르면?

〈A ~ E임차인의 전·월세 전환 현황〉

(단위 : 만 원)

구분	전세금	월세보증금	월세
A임차인	( )	25,000	50
B임차인	42,000	30,000	60
C임차인	60,000	( )	70
D임차인	38,000	30,000	80
E임차인	58,000	53,000	( )

※ 전·월세 전환율(%)= $\dfrac{(월세) \times 12}{(전세금)-(월세보증금)} \times 100$

보기

ㄱ. A임차인의 전·월세 전환율이 6%라면, 전세금은 3억 5천만 원이다.
ㄴ. B임차인의 전·월세 전환율은 10%이다.
ㄷ. C임차인의 전·월세 전환율이 3%라면, 월세보증금은 3억 6천만 원이다.
ㄹ. E임차인의 전·월세 전환율이 12%라면, 월세는 50만 원이다.

① ㄱ, ㄴ   ② ㄱ, ㄷ
③ ㄱ, ㄹ   ④ ㄴ, ㄹ
⑤ ㄷ, ㄹ

09 다음은 8개 기관의 장애인 고용 현황을 조사한 자료이다. 〈조건〉을 참고하여 A ~ D에 해당하는 기관을 바르게 나열한 것은?

〈기관별 장애인 고용 현황〉

(단위 : 명, %)

구분	전체 고용인원	장애인 고용의무인원	장애인 고용인원	장애인 고용률
남동청	4,013	121	58	1.45
A	2,818	85	30	1.06
B	22,323	670	301	1.35
북동청	92,385	2,772	1,422	1.54
C	22,509	676	361	1.60
D	19,927	598	332	1.67
남서청	53,401	1,603	947	1.77
북서청	19,989	600	357	1.79

※ 장애인 고용률(%)＝$\dfrac{(\text{장애인 고용인원})}{(\text{전체 고용인원})} \times 100$

조건

ㄱ. 동부청의 장애인 고용의무인원은 서부청보다 많고, 남부청보다 적다.
ㄴ. 장애인 고용률은 서부청이 가장 낮다.
ㄷ. 장애인 고용의무인원은 북부청이 남부청보다 적다.
ㄹ. 동부청은 남동청보다 장애인 고용인원은 많으나, 장애인 고용률은 낮다.

	A	B	C	D
①	동부청	서부청	남부청	북부청
②	동부청	서부청	북부청	남부청
③	서부청	동부청	남부청	북부청
④	서부청	동부청	북부청	남부청
⑤	서부청	남부청	동부청	북부청

10 다음은 2019 ~ 2023년 S사의 경제 분야 투자규모에 대한 자료이다. 이에 대한 설명으로 옳지 않은 것은?

<S사의 경제 분야 투자규모>

(단위 : 억 원, %)

구분	2019년	2020년	2021년	2022년	2023년
경제 분야 투자규모	16	20	15	12	16
총지출 대비 경제 분야 투자규모 비중	6.5	7.5	8	7	5

① 2023년 총지출은 300억 원 이상이다.

② 2020년 경제 분야 투자규모의 전년 대비 증가율은 25%이다.

③ 2021년과 2022년의 경제 분야 투자규모의 전년 대비 감소율의 차이는 3%p이다.

④ 2019 ~ 2023년 동안 경제 분야에 투자한 금액은 79억 원이다.

⑤ 2020 ~ 2023년 동안 경제 분야 투자규모와 총지출 대비 경제 분야 투자규모 비중의 전년 대비 증감 추이는 동일하지 않다.

11 다음은 지난 1개월간 네일아트를 받아본 20 ~ 35세 여성 120명을 대상으로 뷰티숍 방문횟수와 직업에 대해 조사한 자료이다. 이에 대한 설명으로 옳은 것은?(단, 복수응답과 무응답은 없다)

〈응답자의 연령대별 방문횟수〉

(단위 : 명)

방문횟수 \ 연령대	20 ~ 25세	26 ~ 30세	31 ~ 35세	합계
1회	22	12	3	37
2 ~ 3회	30	30	4	64
4 ~ 5회	7	5	2	14
6회 이상	1	3	1	5
합계	60	50	10	120

〈직업별 응답자의 분포〉

(단위 : 명)

구분	학생	회사원	공무원	전문직	자영업	가정주부	합계
응답자 수	49	47	5	7	9	3	120

① 전체 응답자 중 20 ~ 25세 응답자가 차지하는 비율은 50% 미만이다.

② 26 ~ 30세 응답자 중 4회 이상 방문한 응답자가 차지하는 비율은 10% 이상이다.

③ 31 ~ 35세 응답자의 1인당 평균 방문횟수는 2회 미만이다.

④ 전체 응답자 중 직업이 학생 또는 공무원인 응답자가 차지하는 비율은 50% 이상이다.

⑤ 31 ~ 35세 응답자 중 1회 방문한 응답자가 차지하는 비율은 26 ~ 30세 응답자 중 1회 방문한 응답자가 차지하는 비율보다 5%p 높다.

12 다음은 방송 산업 매출실적 도표의 일부이다. 빈칸에 들어갈 수치를 바르게 나열한 것은?

〈방송 산업 매출실적〉

(단위 : 개, 명, 백만 원)

구분	사업체 수	종사자 수	매출액	업체당 평균매출액	1인당 평균매출액
지상파방송 사업자	53	13,691	3,914,473	73,858	286
종합유선방송 사업자	94	4,846	2,116,851	22,520	427
일반위성방송 사업자	1	295	373,853	(B)	(C)
홈쇼핑PP	6	3,950	2,574,848	429,141	652
IPTV	3	520	616,196	205,399	1,185
합계	(A)	23,302	9,596,221	61,122	412

	(A)	(B)	(C)
①	147	373,853	1,257
②	147	383,853	1,257
③	157	373,853	1,267
④	157	373,863	1,267
⑤	167	373,853	1,287

13 다음은 통계청에서 조사한 전국의 농가 수 및 총가구 중 농가 비중을 나타낸 자료이다. 이에 대한 설명으로 옳지 않은 것은?

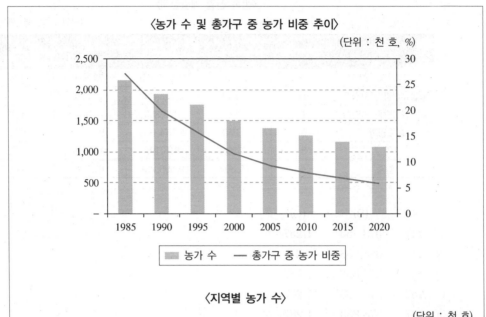

〈농가 수 및 총가구 중 농가 비중 추이〉
(단위 : 천 호, %)

〈지역별 농가 수〉

(단위 : 천 호)

구분	1985년	2020년
전국	2,154	1,088
특·광역시	14	82
경기	235	127
강원	124	73
충북	147	75
충남	276	132
전북	235	100
전남	392	150
경북	381	185
경남	297	131
제주	53	33

① 총가구 중 농업에 종사하는 가구의 비중은 매년 감소하는 추세이다.
② 2020년 충남지역 농가의 구성비는 전체의 15% 미만이다.
③ 조사 기간 동안 농가 수는 특·광역시를 제외한 전국 모든 지역에서 감소한 것으로 나타난다.
④ 1985년 대비 2020년의 지역별 농가 수의 감소율은 전북지역보다 경남지역이 더 크다.
⑤ 2020년 제주지역의 농가 수는 1985년에 비해 30% 이상 감소했다.

14 다음은 중국의 의료 빅데이터 예상 시장 규모에 대한 자료이다. 전년 대비 성장률을 그래프로 바르게 나타낸 것은?

〈2015 ~ 2024년 중국 의료 빅데이터 예상 시장 규모〉

(단위 : 억 위안)

구분	2015년	2016년	2017년	2018년	2019년	2020년	2021년	2022년	2023년	2024년
규모	9.6	15.0	28.5	45.8	88.5	145.9	211.6	285.6	371.4	482.8

①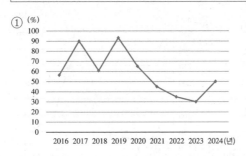

②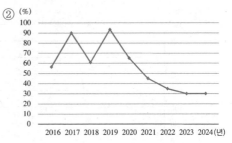

③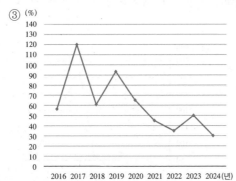

④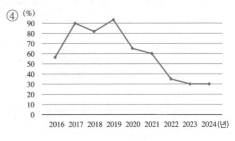

⑤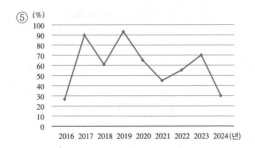

15 다음은 우리나라 강수량에 대한 자료이다. 이를 바르게 나타낸 그래프는?

〈2023년 우리나라 강수량〉

(단위 : mm, 위)

구분	1월	2월	3월	4월	5월	6월	7월	8월	9월	10월	11월	12월
강수량	15.3	29.8	24.1	65.0	29.5	60.7	308.0	241.0	92.1	67.6	12.7	21.9
역대순위	32	23	39	30	44	43	14	24	26	13	44	27

①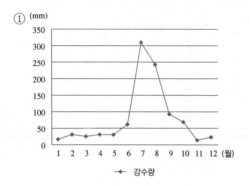

②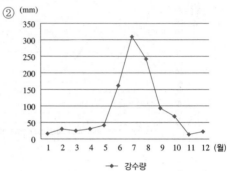

③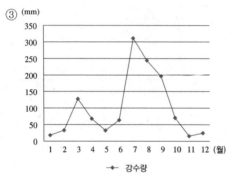

④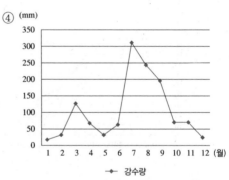

⑤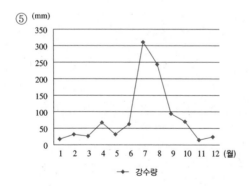

16 K사원은 모든 직원이 9시부터 18시까지 근무하는 S사에서 전산 자료 백업을 진행하려고 한다. 자동화 시스템을 사용하며, 백업할 자료의 용량은 총 50TB이다. K사원은 오후 3시부터 전산 자료 백업을 시작했다. 자동화 시스템은 근무시간 기준으로 시간당 2,000GB의 자료를 백업하며 동작 후 첫 1시간은 초기화 작업으로 인해 백업이 이루어지지 않는다. 모든 직원이 퇴근한 이후에는 백업 속도가 50% 향상되고, 자정부터 새벽 3시 사이에는 시스템 점검으로 작업이 일시정지된다. 시간에 따른 전산 자료 백업의 누적 처리량을 나타낸 그래프로 옳은 것은?(단, 1TB＝1,000GB)

① 누적
처리량

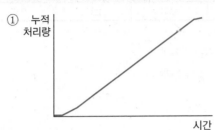

② 누적
처리량

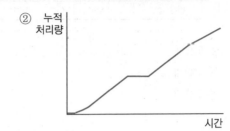

③ 누적
처리량

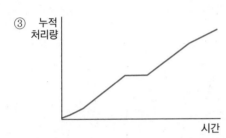

④ 누적
처리량

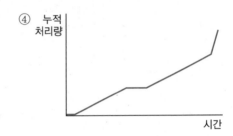

⑤ 누적
처리량

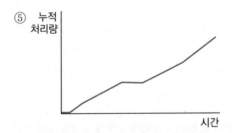

17 S사 실험실에서 A세포를 배양하는 실험을 하고 있다. 다음과 같이 일정한 규칙으로 배양에 성공한 다면, 9시간 경과했을 때 세포 수는?

〈시간대별 세포 수〉

(단위 : 개)

구분	0시간 경과	1시간 경과	2시간 경과	3시간 경과	4시간 경과
세포 수	220	221	223	227	235

① 727개
② 728개
③ 729개
④ 730개
⑤ 731개

18 다음은 Z세균을 각각 다른 환경인 X와 Y조건에서 방치하는 실험을 하였을 때 Z세균의 수를 기록한 자료이다. Z세균이 일정한 규칙으로 번식할 때, A와 B에 들어갈 수치를 바르게 나열한 것은?

〈실험 결과〉

(단위 : 만 마리)

구분	1일 차	2일 차	3일 차	4일 차	5일 차	…	10일 차
X조건에서의 Z세균	10	30	50	90	150	…	(A)
Y조건에서의 Z세균	1	2	4	8	16	…	(B)

	A	B
①	1,770	512
②	1,770	256
③	1,770	128
④	1,440	512
⑤	1,440	256

19 A물고기는 한 달 만에 성체가 되어 번식을 한다. 다음과 같이 번식을 하고 있다면, 12월의 A물고기 수는?

〈A물고기 개체 수〉

(단위 : 마리)

구분	1월	2월	3월	4월	5월
개체 수	1	1	2	3	5

① 72마리 ② 86마리

③ 100마리 ④ 124마리

⑤ 144마리

20 어항 안에 A금붕어와 B금붕어가 각각 1,675마리, 1,000마리가 있다. 다음과 같이 금붕어가 팔리고 있다면, 10일 차에 남아있는 A금붕어와 B금붕어 수는?

〈남아있는 A금붕어와 B금붕어 수〉

(단위 : 마리)

구분	1일 차	2일 차	3일 차	4일 차	5일 차
A금붕어	1,675	1,554	1,433	1,312	1,191
B금붕어	1,000	997	992	983	968

	A금붕어	B금붕어
①	560마리	733마리
②	586마리	733마리
③	621마리	758마리
④	700마리	758마리
⑤	782마리	783마리

아이들이 답이 있는 질문을 하기 시작하면 그들이 성장하고 있음을 알 수 있다.

- 존 J. 플롬프 -

2일차

객관식

CHAPTER 02 추리

추리 이론점검

01 어휘추리

1. 유의 관계

두 개 이상의 어휘가 서로 소리는 다르나 의미가 비슷한 경우를 유의 관계라고 하고, 유의 관계에 있는 어휘를 유의어(類義語)라고 한다. 유의 관계의 대부분은 개념적 의미의 동일성을 전제로 한다. 그렇다고 하여 유의 관계를 이루는 단어들을 어느 경우에나 서로 바꾸어 쓸 수 있는 것은 아니다. 따라서 언어 상황에 적합한 말을 찾아 쓰도록 노력하여야 한다.

(1) 원어의 차이

한국어는 크게 고유어, 한자어, 외래어로 구성되어 있다. 따라서 하나의 사물에 대해서 각각 부르는 일이 있을 경우 유의 관계가 발생하게 된다.

(2) 전문성의 차이

같은 사물에 대해서 일반적으로 부르는 이름과 전문적으로 부르는 이름이 다른 경우가 많다. 이런 경우에 전문적으로 부르는 이름과 일반적으로 부르는 이름 사이에 유의 관계가 발생한다.

(3) 내포의 차이

나타내는 의미가 완전히 일치하지는 않으나, 유사한 경우에 유의 관계가 발생한다.

(4) 완곡어법

문화적으로 금기시하는 표현을 둘러서 말하는 것을 완곡어법이라고 하며, 이러한 완곡어법 사용에 따라 유의 관계가 발생한다.

2. 반의 관계

(1) 개요

반의어(反意語)는 둘 이상의 단어에서 의미가 서로 짝을 이루어 대립하는 경우를 말한다.

즉, 반의어는 어휘의 의미가 서로 대립하는 단어를 말하며, 이러한 어휘들의 관계를 반의 관계라고 한다. 한 쌍의 단어가 반의어가 되려면, 두 어휘 사이에 공통적인 의미 요소가 있으면서도 동시에 서로 다른 하나의 의미 요소가 있어야 한다.

반의어는 반드시 한 쌍으로만 존재하는 것이 아니라, 다의어(多義語)이면 그에 따라 반의어가 여러 개로 달라질 수 있다. 즉, 하나의 단어에 대하여 여러 개의 반의어가 있을 수 있다.

(2) 반의어의 종류

반의어에는 상보 반의어와 정도 반의어, 관계 반의어, 방향 반의어가 있다.

① **상보 반의어** : 한쪽 말을 부정하면 다른 쪽 말이 되는 반의어이며, 중간항은 존재하지 않는다. '있다' 와 '없다'가 상보적 반의어이며, '있다'와 '없다' 사이의 중간 상태는 존재할 수 없다.

② **정도 반의어** : 한쪽 말을 부정하면 반드시 다른 쪽 말이 되는 것이 아니며, 중간항을 갖는 반의어이 다. '크다'와 '작다'가 정도 반의어이며, 크지도 작지도 않은 중간이라는 중간항을 갖는다.

③ **관계 반의어** : 관계 반의어는 상대가 존재해야만 자신이 존재할 수 있는 반의어이다. '부모'와 '자식' 이 관계 반의어의 예이다.

④ **방향 반의어** : 맞선 방향을 전제로 하여 관계나 이동의 측면에서 대립을 이루는 단어 쌍이다. 방향 반의어는 공간적 대립, 인간관계 대립, 이동적 대립 등으로 나누어 볼 수 있다.

3. 상하 관계

상하 관계는 단어의 의미적 계층 구조에서 한쪽이 의미상 다른 쪽을 포함하거나 다른 쪽에 포섭되는 관계를 말한다. 상하 관계를 형성하는 단어들은 상위어(上位語)일수록 일반적이고 포괄적인 의미를 지니며, 하위 어(下位語)일수록 개별적이고 한정적인 의미를 지닌다.

따라서 상위어는 하위어를 함의하게 된다. 즉, 하위어가 가지고 있는 의미 특성을 상위어가 자동적으로 가지 게 된다.

4. 부분 관계

부분 관계는 한 단어가 다른 단어의 부분이 되는 관계를 말하며, 전체 – 부분 관계라고도 한다. 부분 관계에 서 부분을 가리키는 단어를 부분어(部分語), 전체를 가리키는 단어를 전체어(全體語)라고 한다. 예를 들 면, '머리, 팔, 몸통, 다리'는 '몸'의 부분어이며, 이러한 부분어들에 의해 이루어진 '몸'은 전체어이다.

1. 연역 추론

이미 알고 있는 판단(전제)을 근거로 새로운 판단(결론)을 유도하는 추론이다. 연역 추론은 진리일 가능성을 따지는 귀납 추론과는 달리, 명제 간의 관계와 논리적 타당성을 따진다. 즉, 연역 추론은 전제들로부터 절대적인 필연성을 가진 결론을 이끌어내는 추론이다.

(1) 직접 추론

한 개의 전제로부터 중간적 매개 없이 새로운 결론을 이끌어내는 추론이며, 대우 명제가 그 대표적인 예이다.

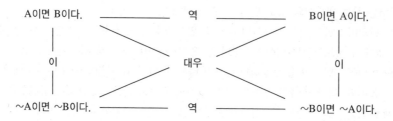

> • 한국인은 모두 황인종이다. (전제)
> • 그러므로 황인종이 아닌 사람은 모두 한국인이 아니다. (결론 1)
> • 그러므로 황인종 중에는 한국인이 아닌 사람도 있다. (결론 2)

(2) 간접 추론

둘 이상의 전제로부터 새로운 결론을 이끌어내는 추론이다. 삼단논법이 가장 대표적인 예이다.

① 정언 삼단논법 : 세 개의 정언명제로 구성된 간접추론 방식이다. 세 개의 명제 가운데 두 개의 명제는 전제이고, 나머지 한 개의 명제는 결론이다. 세 명제의 주어와 술어는 세 개의 서로 다른 개념을 표현한다.

② 가언 삼단논법 : 가언명제로 이루어진 삼단논법을 말한다. 가언명제란 두 개의 정언명제가 '만일 ~이라면'이라는 접속사에 의해 결합된 복합명제이다. 여기서 '만일'에 의해 이끌리는 명제를 전건이라고 하고, 그 뒤의 명제를 후건이라고 한다. 가언 삼단논법의 종류로는 혼합가언 삼단논법과 순수가언 삼단논법이 있다.

㉠ 혼합가언 삼단논법 : 대전제만 가언명제로 구성된 삼단논법이다. 긍정식과 부정식 두 가지가 있으며, 긍정식은 'A면 B이다. A이다. 그러므로 B이다.'이고, 부정식은 'A면 B이다. B가 아니다. 그러므로 A가 아니다.'이다.

> • 만약 A라면 B이다.
> • B가 아니다.
> • 그러므로 A가 아니다.

㉡ 순수가언 삼단논법 : 대전제와 소전제 및 결론까지 모두 가언명제들로 구성된 삼단논법이다.

> • 만약 A라면 B이다.
> • 만약 B라면 C이다.
> • 그러므로 만약 A라면 C이다.

③ 선언 삼단논법 : '~이거나 ~이다.'의 형식으로 표현되며 전제 속에 선언 명제를 포함하고 있는 삼단논법이다.

> • 내일은 비가 오거나 눈이 온다(A 또는 B이다).
> • 내일은 비가 오지 않는다(A가 아니다).
> • 그러므로 내일은 눈이 온다(그러므로 B이다).

④ 딜레마 논법 : 대전제는 두 개의 가언명제로, 소전제는 하나의 선언명제로 이루어진 삼단논법으로, 양도추론이라고도 한다.

> • 만일 네가 거짓말을 하면, 신이 미워할 것이다.　　　　　　　　　　　(대전제)
> • 만일 네가 거짓말을 하지 않으면, 사람들이 미워할 것이다.　　　　　　(대전제)
> • 너는 거짓말을 하거나, 거짓말을 하지 않을 것이다.　　　　　　　　　(소전제)
> • 그러므로 너는 미움을 받게 될 것이다.　　　　　　　　　　　　　　(결론)

2. 귀납 추론

특수한 또는 개별적인 사실로부터 일반적인 결론을 이끌어 내는 추론을 말한다. 귀납 추론은 구체적 사실들을 기반으로 하여 결론을 이끌어 내기 때문에 필연성을 따지기보다는 개연성과 유관성, 표본성 등을 중시하게 된다. 여기서 개연성이란, 관찰된 어떤 사실이 같은 조건하에서 앞으로도 관찰될 수 있는가 하는 가능성을 말하고, 유관성은 추론에 사용된 자료가 관찰하려는 사실과 관련되어야 하는 것을 일컬으며, 표본성은 추론을 위한 자료의 표본 추출이 공정하게 이루어져야 하는 것을 가리킨다. 이러한 귀납 추론은 일상생활 속에서 많이 사용하고, 우리가 알고 있는 과학적 사실도 이와 같은 방법으로 밝혀졌다.

그러나 전제들이 참이어도 결론이 항상 참인 것은 아니다. 단 하나의 예외로 인하여 결론이 거짓이 될 수 있다.

> • 성냥불은 뜨겁다.
> • 연탄불도 뜨겁다.
> • 그러므로 모든 불은 뜨겁다.

위 예문에서 '성냥불이나 연탄불이 뜨거우므로 모든 불은 뜨겁다.'라는 결론이 나왔는데, 반딧불은 뜨겁지 않으므로 '모든 불이 뜨겁다.'라는 결론은 거짓이 된다.

(1) 완전 귀납 추론

관찰하고자 하는 집합의 전체를 다 검증함으로써 대상의 공통 특질을 밝혀내는 방법이다. 이는 예외 없는 진실을 발견할 수 있다는 장점은 있으나, 집합의 규모가 크고 속성의 변화가 다양할 경우에는 적용하기 어려운 단점이 있다.

예 1부터 10까지의 수를 다 더하여 그 합이 55임을 밝혀내는 방법

(2) 통계적 귀납 추론

통계적 귀납 추론은 관찰하고자 하는 집합의 일부에서 발견한 몇 가지 사실을 열거함으로써 그 공통점을 결론으로 이끌어 내려는 방식을 가리킨다. 관찰하려는 집합의 규모가 클 때 그 일부를 표본으로 추출하여 조사하는 방식이 이에 해당하며, 표본 추출의 기준이 얼마나 적합하고 공정한가에 따라 그 결과에 대한 신뢰도가 달라진다는 단점이 있다.

예 여론조사에서 일부의 국민에 대한 설문 내용을 바탕으로, 이를 전체 국민의 여론으로 제시하는 것

(3) 인과적 귀납 추론

관찰하고자 하는 집합의 일부 원소들이 지닌 인과 관계를 인식하여 그 원인이나 결과를 이끌어 내려는 방식을 말한다.

① 일치법 : 공통적인 현상을 지닌 몇 가지 사실 중에서 각기 지닌 요소 중 어느 한 가지만 일치한다면 이 요소가 공통 현상의 원인이라고 판단

② **차이법** : 어떤 현상이 나타나는 경우와 나타나지 않은 경우를 놓고 보았을 때, 각 경우의 여러 조건 중 단 하나만이 차이를 보인다면 그 차이를 보이는 조건이 원인이 된다고 판단

　　예 현수와 승재는 둘 다 지능이나 학습 시간, 학습 환경 등이 비슷한데 공부하는 태도에는 약간의 차이가 있다. 따라서 두 사람이 성적이 차이를 보이는 것은 학습 태도의 차이 때문으로 생각된다.

③ **일치ㆍ차이 병용법** : 몇 개의 공통 현상이 나타나는 경우와 몇 개의 그렇지 않은 경우를 놓고 일치법과 차이법을 병용하여 적용함으로써 그 원인을 판단

　　예 학업 능력 정도가 비슷한 두 아동 집단에 대해 처음에는 같은 분량의 과제를 부여하고 나중에는 각기 다른 분량의 과제를 부여한 결과, 많이 부여한 집단의 성적이 훨씬 높게 나타났다. 이로 보아, 과제를 많이 부여하는 것이 적게 부여하는 것보다 학생의 학업 성적 향상에 도움이 된다고 판단할 수 있다.

④ **공변법** : 관찰하는 어떤 사실의 변화에 따라 현상의 변화가 일어날 때 그 변화의 원인이 무엇인지 판단

　　예 담배를 피우는 양이 각기 다른 사람들의 집단을 조사한 결과, 담배를 많이 피울수록 폐암에 걸릴 확률이 높다는 사실이 발견되었다.

⑤ **잉여법** : 앞의 몇 가지 현상이 뒤의 몇 가지 현상의 원인이며, 선행 현상의 일부분이 후행 현상의 일부분이라면, 선행 현상의 나머지 부분이 후행 현상의 나머지 부분의 원인임을 판단

　　예 어젯밤 일어난 사건의 혐의자는 정은이와 규민이 두 사람인데, 정은이는 알리바이가 성립되어 혐의 사실이 없는 것으로 밝혀졌다. 따라서 그 사건의 범인은 규민이일 가능성이 높다.

3. 유비 추론

두 개의 대상 사이에 일련의 속성이 동일하다는 사실에 근거하여 그것들의 나머지 속성도 동일하리라는 결론을 이끌어내는 추론, 즉 이미 알고 있는 것에서 다른 유사한 점을 찾아내는 추론을 말한다. 그렇기 때문에 유비 추론은 잣대(기준)가 되는 사물이나 현상이 있어야 한다. 유비 추론은 가설을 세우는 데 유용하다. 이미 알고 있는 사례로부터 아직 알지 못하는 것을 생각해 봄으로써 쉽게 가설을 세울 수 있다. 이때 유의할 점은 이미 알고 있는 사례와 이제 알고자 하는 사례가 매우 유사하다는 확신과 증거가 있어야 한다. 그렇지 않은 상태에서 유비 추론에 의해 결론을 이끌어 내면, 그것은 개연성이 거의 없고 잘못된 결론이 될 수도 있다.

- 지구에는 공기, 물, 흙, 햇빛이 있다(A는 a, b, c, d의 속성을 가지고 있다).
- 화성에는 공기, 물, 흙, 햇빛이 있다(B는 a, b, c, d의 속성을 가지고 있다).
- 지구에 생물이 살고 있다(A는 e의 속성을 가지고 있다).
- 그러므로 화성에도 생물이 살고 있을 것이다(그러므로 B도 e의 속성을 가지고 있을 것이다).

---

03 도형추리

1. 회전 모양

(1) 180° 회전한 도형은 좌우가 상하가 모두 대칭이 된 모양이 된다.

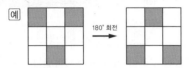

(2) 시계 방향으로 90° 회전한 도형은 시계 반대 방향으로 270° 회전한 도형과 같다.

(3) 좌우 반전 → 좌우 반전, 상하 반전 → 상하 반전은 같은 도형이 된다.

(4) 도형을 거울에 비친 모습은 방향에 따라 좌우 또는 상하로 대칭된 모습이 나타난다.

2. 회전 각도

도형의 회전 각도는 도형의 모양으로 유추할 수 있다.

(1) 회전한 모양이 회전하기 전의 모양과 같은 경우

도형	가능한 회전 각도
(60°)	$\cdots,\ -240°,\ -120°,\ +120°,\ +240°,\ \cdots$
(90°)	$\cdots,\ -180°,\ -90°,\ +90°,\ +180°,\ \cdots$
(108°)	$\cdots,\ -144°,\ -72°,\ +72°,\ +144°,\ \cdots$

(2) 회전한 모양이 회전하기 전의 모양과 다른 경우

회전 전 모양	회전 후 모양	회전한 각도

명제추리 1

벤 다이어그램

| 유형분석 |

- '어떤', '모든' 등 일부 또는 전체를 나타내는 명제 유형이다.
- 전제를 추리하거나 결론을 추리하는 유형이 출제된다.
- 벤 다이어그램으로 나타내어 접근한다.

제시된 명제가 모두 참일 때, 빈칸에 들어갈 명제로 옳은 것은?

전제1. 어떤 키가 작은 사람은 농구를 잘한다.
전제2. _____
결론. 어떤 순발력이 좋은 사람은 농구를 잘한다.

① 어떤 키가 작은 사람은 순발력이 좋다.
② 농구를 잘하는 어떤 사람은 키가 작다.
③ 순발력이 좋은 사람은 모두 키가 작다.
④ 키가 작은 사람은 모두 순발력이 좋다.
⑤ 어떤 키가 작은 사람은 농구를 잘하지 못한다.

정답 | 해설

'키가 작은 사람'을 A, '농구를 잘하는 사람'을 B, '순발력이 좋은 사람'을 C라고 하면, 전제1과 결론은 다음과 같은 벤 다이어그램으로 나타낼 수 있다.

전제1)

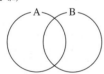

결론)

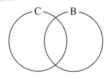

결론이 참이 되기 위해서는 B와 공통되는 부분의 A와 C가 연결되어야 하므로 A를 C에 모두 포함시켜야 한다. 즉, 다음과 같은 벤 다이어그램이 성립할 때 마지막 명제가 참이 될 수 있으므로 빈칸에 들어갈 명제는 '키가 작은 사람은 모두 순발력이 좋다.'이다.

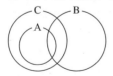

① 다음과 같은 경우 성립하지 않는다.

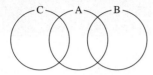

③ 다음과 같은 경우 성립하지 않는다.

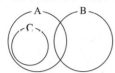

정답 ④

유형 풀이 Tip

다음은 출제 가능성이 높은 명제 유형을 정리한 표이다. 이를 응용한 다양한 유형의 문제가 출제될 수 있으므로 대표적인 유형을 학습해두어야 한다.

구분		전제1	전제2	결론
유형1	명제	어떤 A는 B이다.	모든 A는 C이다.	어떤 C는 B이다. (＝어떤 B는 C이다.)
	벤 다이어그램			
유형2	명제	모든 A는 B이다.	모든 A는 C이다.	어떤 C는 B이다. (＝어떤 B는 C이다.)
	벤 다이어그램			

| 유형분석 |

- '$p \rightarrow q$, $q \rightarrow r$이면 $p \rightarrow r$이다.' 형식의 삼단논법과 명제의 대우를 활용하여 푸는 유형이다.
- 전제를 추리하거나 결론을 추리하는 유형이 출제된다.
- 'A○ → B×' 또는 '$p \rightarrow \sim q$'와 같이 명제를 단순화하여 정리하면서 풀어야 한다.

제시된 명제가 모두 참일 때, 빈칸에 들어갈 명제로 옳은 것은?

전제1. 공부를 하지 않으면 시험을 못 본다.
전제2. _____
결론. 공부를 하지 않으면 성적이 나쁘게 나온다.

① 공부를 한다면 시험을 잘 본다.
② 시험을 잘 본다면 공부를 한 것이다.
③ 성적이 좋다면 공부를 한 것이다.
④ 시험을 잘 본다면 성적이 좋은 것이다.
⑤ 성적이 좋다면 시험을 잘 본 것이다.

정답 해설

'공부를 함'을 p, '시험을 잘 봄'을 q, '성적이 좋게 나옴'을 'r'이라 하면 첫 번째 명제는 $\sim p \rightarrow \sim q$, 마지막 명제는 $\sim p \rightarrow \sim r$이다.
따라서 $\sim q \rightarrow \sim r$이 빈칸에 들어가야 $\sim p \rightarrow \sim q \rightarrow \sim r$이 되어 $\sim p \rightarrow \sim r$이 성립한다.
참인 명제의 대우도 역시 참이므로 $\sim q \rightarrow \sim r$의 대우인 '성적이 좋다면 시험을 잘 본 것이다.'가 빈칸에 들어가야 한다.

정답 ⑤

유형 풀이 Tip

전제 추리 방법	결론 추리 방법
전제1이 $p \rightarrow q$일 때, 결론이 $p \rightarrow r$이라면 각 명제의 앞부분이 같으므로 뒷부분을 $q \rightarrow r$로 이어준다. 만일 형태가 이와 맞지 않는다면 대우 명제를 이용한다.	대우 명제를 활용하여 전제1과 전제2가 $p \rightarrow q$, $q \rightarrow r$의 형태로 만들어진다면 결론은 $p \rightarrow r$이다.

CHAPTER

02

조건추리 1

진실게임

| 유형분석 |

- 추리영역 중에서도 난도가 상대적으로 높은 유형이나, 문제풀이 패턴을 익히면 시간을 절약할 수 있다.
- 각 진술 사이의 모순을 찾아 성립하지 않는 경우의 수를 제거하거나, 경우의 수를 나누어 모든 조건이 들어맞는지를 확인해야 한다.

S그룹에 지원한 5명의 취업준비생 갑 ~ 무 중 1명이 합격하였다. 취업준비생들은 다음과 같이 이야기하였고, 이 중 1명이 거짓말을 하였을 때, 합격한 학생은?

- 갑 : 을은 합격하지 않았다.
- 병 : 내가 합격하였다.
- 무 : 나는 합격하지 않았다.
- 을 : 합격한 사람은 정이다.
- 정 : 을의 말은 거짓말이다.

① 갑
② 을
③ 병
④ 정
⑤ 무

정답 해설

을과 정은 상반된 이야기를 하고 있으므로 둘 중 1명은 진실, 다른 1명은 거짓을 말하고 있다.

ⅰ) 을이 진실, 정이 거짓을 말한 경우 : 정을 제외한 4명의 말은 모두 참이므로 합격자는 병, 정이 되는데, 합격자는 1명이어야 하므로 모순이다. 따라서 을은 거짓, 정은 진실을 말한다.

ⅱ) 을이 거짓, 정이 진실을 말한 경우 : 정을 제외한 4명의 말은 모두 참이므로 합격자는 병이다.

따라서 합격자는 병이 된다.

정답 ③

유형 풀이 Tip

ⅰ) 두 명 이상의 발언 중 한쪽이 진실이면 다른 한쪽이 거짓인 경우
  1) A가 진실이고 B가 거짓인 경우, B가 진실이고 A가 거짓인 경우 두 가지로 나눌 수 있다.
  2) 두 가지 경우에서 각 발언의 진위 여부를 판단한다.
  3) 주어진 조건과 비교한다(범인의 숫자가 맞는지, 진실 또는 거짓을 말한 인원수가 조건과 맞는지 등).

ⅱ) 두 명 이상의 발언 중 한쪽이 진실이면 다른 한쪽도 진실인 경우
  1) A와 B가 모두 진실인 경우, A와 B가 모두 거짓인 경우 두 가지로 나눌 수 있다.
  2) 두 가지 경우에서 각 발언의 진위 여부를 판단하여 범인을 찾는다.
  3) 주어진 조건과 비교한다(범인의 숫자가 맞는지, 진실 또는 거짓을 말한 인원수가 조건과 맞는지 등).

| 유형분석 |

- 주어진 조건에 따라 한 줄로 세우거나 자리를 배치하는 유형이다.
- 평소 충분한 연습이 되어있지 않으면 풀기 어려운 유형이므로, 최대한 다양한 유형을 접해 보고 패턴을 익히는 것이 좋다.

S전자 마케팅팀에는 부장 A, 과장 B·C, 대리 D·E, 신입사원 F·G 총 7명이 근무하고 있다. A부장은 신입사원 입사 기념으로 팀원을 데리고 영화관에 갔다. 영화를 보기 위해 주어진 〈조건〉에 따라 자리에 앉는다고 할 때, 항상 옳은 것은?

조건

- 7명은 7자리가 일렬로 붙어 있는 좌석에 앉는다.
- 양 끝자리 옆에는 비상구가 있다.
- D와 F는 인접한 자리에 앉는다.
- A와 B 사이에는 1명이 앉아 있다.
- C와 G 사이에는 1명이 앉아 있다.
- G는 왼쪽 비상구 옆 자리에 앉아 있다.

① E는 D와 B 사이에 앉는다.
② G와 가장 멀리 떨어진 자리에 앉는 사람은 D이다.
③ C 양 옆에는 A와 B가 앉는다.
④ D는 비상구와 붙어 있는 자리에 앉는다.
⑤ 가운데 자리에는 항상 B가 앉는다.

여섯 번째 조건에 의해 G는 첫 번째 자리에 앉고, 다섯 번째 조건에 의해 C는 세 번째 자리에 앉는다.
A와 B가 네 번째·여섯 번째 또는 다섯 번째·일곱 번째 자리에 앉으면 D와 F가 나란히 앉을 수 없다.
그러므로 A와 B는 두 번째·네 번째 자리에 앉는다. 그러면 남은 자리는 다섯·여섯·일곱 번째 자리이므로 D와 F는 다섯·여섯 번째 또는 여섯·일곱 번째 자리에 앉게 되고, 나머지 한 자리에 E가 앉는다.
이를 정리하면 다음과 같다.

구분	1	2	3	4	5	6	7
경우 1	G	A	C	B	D	F	E
경우 2	G	A	C	B	F	D	E
경우 3	G	A	C	B	E	D	F
경우 4	G	A	C	B	E	F	D
경우 5	G	B	C	A	D	F	E
경우 6	G	B	C	A	F	D	E
경우 7	G	B	C	A	E	D	F
경우 8	G	B	C	A	E	F	D

따라서 C의 양 옆에는 항상 A와 B가 앉으므로 ③은 항상 옳다.

오답분석
① 경우 3, 경우 4, 경우 7, 경우 8에서만 가능하며, 나머지 경우에는 성립하지 않는다.
②·④ 경우 4와 경우 8에서만 가능하며, 나머지 경우에는 성립하지 않는다.
⑤ B는 두 번째 자리에 앉을 수도 있다.

정답 ③

유형 풀이 Tip
이 유형에서 가장 먼저 해야 할 일은 고정된 조건을 찾는 것이다. 고정된 조건을 찾아 그 부분을 정해 놓으면 경우의 수가 훨씬 줄어든다.

어휘추리1
대응 관계(같은 것 찾기)

| 유형분석 |

- 주어진 단어 사이의 관계를 유추하여 빈칸에 들어갈 알맞은 단어를 찾는 문제이다.
- 유의 관계, 반의 관계, 상하 관계 이외에도 원인과 결과, 행위와 도구, 한자성어 등 다양한 관계가 제시된다.

다음 제시된 단어의 대응 관계가 동일할 때, 빈칸에 들어갈 가장 적절한 단어는?

황공하다 : 황름하다 = (   ) : 아퀴짓다

① 두려워하다
② 거칠다
③ 마무리하다
④ 시작하다
⑤ 치장하다

정답 해설

최근에 출제되는 어휘유추 유형 문제는 선뜻 답을 고르기 쉽지 않은 경우가 많다.
이 경우 먼저 ①~⑤의 단어를 모두 빈칸에 넣어 보고, 빈칸에 들어갔을 때 옆의 단어 관계와 등가 관계를 이룰 수 없는 선택지 순서로 소거하면 좀 더 쉽게 답을 찾을 수 있다.
제시된 단어의 대응 관계는 유의 관계이다.
'두려워하다', '거칠다', '치장하다'는 확실히 '아퀴짓다'와의 관계를 찾기 어려우므로 선택지에서 먼저 제거할 수 있다.
다음으로 '시작하다'를 빈칸에 넣어보면 제시된 두 단어는 유의 관계인데, '아퀴짓다'와 '시작하다'는 반의 관계이므로 제외한다.
따라서 남은 ③이 정답이다.
- 황공하다·황름하다 : 위엄이나 지위 따위에 눌리어 두렵다.
- 아퀴짓다 : 일이나 말을 끝마무리하다.
- 마무리하다 : 일을 끝맺다.

정답 ③

동의어 / 반의어 종류

종류		뜻	예시
동의어		형태는 다르나 동일한 의미를 가지는 두 개 이상의 단어	가난 – 빈곤, 가격 – 비용, 가능성 – 잠재력 등
반의어	상보 반의어	의미 영역이 상호 배타적인 두 영역으로 양분하는 두 개 이상의 단어	살다 – 죽다, 진실 – 거짓 등
	정도(등급) 반의어	정도나 등급에 있어 대립되는 두 개 이상의 단어	크다 – 작다, 길다 – 짧다, 넓다 – 좁다, 빠르다 – 느리다 등
	방향(상관) 반의어	맞선 방향을 전제로 하여 관계나 이동의 측면에서 대립하는 두 개 이상의 단어	오른쪽 – 왼쪽, 앞 – 뒤, 가다 – 오다, 스승 – 제자 등

함정 제거

동의어를 찾는 문제라면 무조건 선택지에서 반의어부터 지우고 시작한다. 반대로 반의어를 찾는 문제라면 선택지에서 동의어를 지우고 시작한다. 단어와 관련이 없는 선택지는 헷갈리지 않지만 관련이 있는 선택지는 아는 문제여도 함정에 빠져 틀리기 쉽기 때문이다.

어휘추리 2

대응 관계(다른 것 찾기)

| 유형분석 |

- 2 ~ 3개 단어의 묶음이 각각의 선택지로 제시되고, 이 중에서 단어 사이의 관계가 다른 하나를 찾는 문제이다.
- 관계유추 유형에서 제시되는 단어 사이의 관계는 도구와 행위자, 재료와 결과물 등 어휘유추 유형보다 더욱 폭이 넓고 다양한 편이지만 이 유형 역시 앞의 유형처럼 유의 관계와 반의 관계가 가장 많이 출제되고 있다.

다음 단어의 대응 관계가 나머지와 다른 하나를 고르면?

① 당착(撞着) : 모순(矛盾)

② 용인(庸人) : 범인(凡人)

③ 굴착(掘鑿) : 매립(埋立)

④ 체류(滯留) : 체재(滯在)

⑤ 모범(模範) : 귀감(龜鑑)

정답 해설

①・②・④・⑤는 유의 관계이나, ③은 반의 관계이다.

- 굴착(掘鑿) : 땅이나 암석 따위를 파고 뚫음
- 매립(埋立) : 우묵한 땅이나 하천, 바다 등을 돌이나 흙 따위로 채움

오답분석

① • 당착(撞着) : 말이나 행동 따위의 앞뒤가 맞지 않음
   • 모순(矛盾) : 어떤 사실의 앞뒤, 또는 두 사실이 이치상 어긋나서 서로 맞지 않음

② • 용인(庸人) • 범인(凡人) : 평범한 사람

④ • 체류(滯留) • 체재(滯在) : 객지에 가서 머물러 있음

⑤ • 모범(模範) : 본받아 배울 만한 대상
   • 귀감(龜鑑) : 거울로 삼아 본받을 만한 모범

정답 ③

유형 풀이 Tip

단어 사이의 관계를 가장 확실히 알 수 있는 선택지를 기준으로 하여 다른 선택지와 대조해 본다.

적용

위 문제의 경우, ⑤에서 '모범(模範)'과 '귀감(龜鑑)'은 유의 관계임을 알 수 있으며, 나머지 ①・②・④도 마찬가지로 유의 관계임을 확인할 수 있다. 그런데 '굴착(掘鑿)'과 '매립(埋立)'은 반의 관계이므로 ③의 대응 관계가 다른 선택지와 다름을 알 수 있다.

3×3형, 1×4형

01 다음 제시된 도형의 규칙을 보고 물음표에 들어갈 알맞은 도형을 고르면?

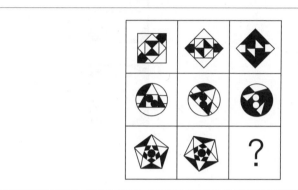

①

②

③

④

⑤

정답 | 해설

규칙은 가로로 적용된다.
첫 번째 도형을 시계 방향으로 45° 회전한 것이 두 번째 도형, 이를 색 반전한 것이 세 번째 도형이다.

정답 ④

02 다음 제시된 도형의 규칙을 보고 물음표에 들어갈 알맞은 도형을 고르면?

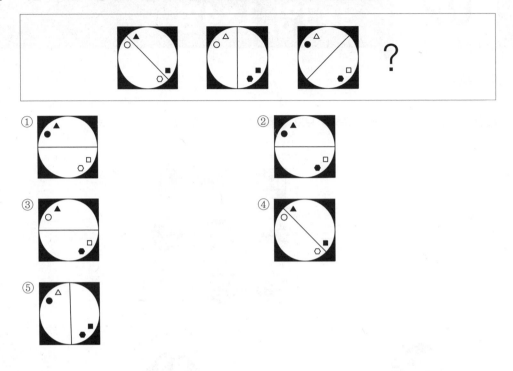

정답 | 해설

선분은 시계 방향으로 45° 회전하고, 사각형 안의 도형의 색상은 시계 방향으로 회전한다.

정답 ①

1. 규칙 방향 파악(3×3형)

규칙이 적용되는 방향이 가로인지 세로인지부터 파악한다. 01번 문제처럼 세 도형이 서로 다른 모양일 때에는 쉽게 파악할 수 있지만 아닌 경우도 많다. 모양이 비슷한 경우에는 가로와 세로 모두 확인하여 규칙이 적용된 방향을 유추해야 한다.

2. 규칙 유추

규칙을 유추하기 쉬운 도형을 기준으로 규칙을 파악한다. 나머지 도형을 통해 유추한 규칙이 맞는지 확인한다.

주요 규칙

규칙		예시
회전	45° 회전	 시계 방향
	60° 회전	 시계 반대 방향
	90° 회전	 시계 반대 방향
	120° 회전	 시계 반대 방향
	180° 회전	
색반전		
대칭	x축 대칭	
	y축 대칭	

도식추리
문자형

| 유형분석 |

- 문자를 바꾸는 규칙을 파악한 후, 제시된 규칙이 적용되었을 때 물음표에 들어갈 알맞은 문자를 고르는 유형이다.
- 각 규칙들이 2개 이상 한꺼번에 적용되어 제시되기 때문에 각각의 예시만 봐서는 규칙을 파악하기 어렵다. 공통되는 규칙이 있는 예시를 찾아 서로 비교하여 각 문자열의 위치가 바뀌었는지 / 숫자의 변화가 있었는지 등을 확인하며 규칙을 찾아야 한다.

다음 도식에서 기호들은 일정한 규칙에 따라 문자를 변화시킨다. 물음표에 들어갈 알맞은 문자를 고르면?
(단, 규칙은 가로와 세로 중 한 방향으로만 적용된다)

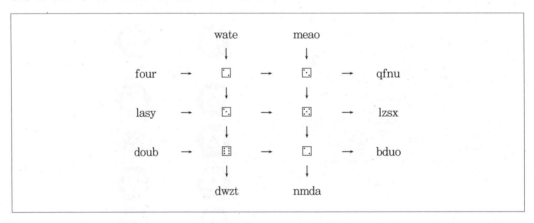

ㄱㅊㄷㅈ → ⬚ → ⬚ → ?

① ㅈㄱㅊㄷ

② ㄴㅈㅊㄷ

③ ㄴㅈㅊㄱ

④ ㅇㄱㅈㄷ

⑤ ㄱㅊㄴㅈ

정답 해설

1. 규칙 파악할 순서 찾기
   ⬚ → ⬚ and ⬚ → ⬚

2. 규칙 파악

1	2	3	4	5	6	7	8	9	10	11	12	13	14	15	16	17	18	19	20	21	22	23	24	25	26
A	B	C	D	E	F	G	H	I	J	K	L	M	N	O	P	Q	R	S	T	U	V	W	X	Y	Z
ㄱ	ㄴ	ㄷ	ㄹ	ㅁ	ㅂ	ㅅ	ㅇ	ㅈ	ㅊ	ㅋ	ㅌ	ㅍ	ㅎ	ㄱ	ㄴ	ㄷ	ㄹ	ㅁ	ㅂ	ㅅ	ㅇ	ㅈ	ㅊ	ㅋ	ㅌ

- ⊡ : 가로 두 번째 도식과 세로 두 번째 도식에서 ⊡ → ⊡ 규칙이 겹치므로 이를 이용하면 ⊡의 규칙이 1234 → 4123임을 알 수 있다.
- ⊡ and ⊞ : ⊡의 규칙을 찾았으므로 가로 첫 번째 도식에서 ⊡의 규칙이 각 자릿수 −1, 0, −1, 0임을 알 수 있다. 같은 방법으로 가로 세 번째 도식에서 ⊞의 규칙이 1234 → 1324임을 알 수 있다.
- ⊡ : ⊞의 규칙을 찾았으므로 가로 두 번째 도식에서 ⊡의 규칙이 각 자릿수 +1, −1, +1, −1임을 알 수 있다.

따라서 정리하면 다음과 같다.

⊡ : 1234 → 4123

⊡ : 각 자릿수 −1, 0, −1, 0

⊞ : 1234 → 1324

⊡ : 각 자릿수 +1, −1, +1, −1

ㄱㅊㄷㅈ → ㅈㄱㅊㄷ → ㅇㄱㅈㄷ
　　　　⊡　　　　　　⊡

정답 ④

유형 풀이 Tip

문자 순서 표기

문제를 보고 규칙을 찾기 전에 문제에서 사용한 문자를 순서대로 적어놓아야 빠르게 풀이할 수 있다.

묶음 규칙 이용

규칙을 한 번에 파악할 수 없을 때 두 가지 이상의 규칙을 한 묶음으로 생각하여 접근한다.

예

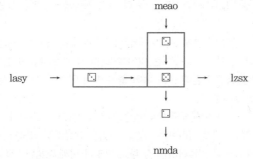

- 가로 도식에서 ⊡ → ⊡ 규칙을 한 묶음으로 생각하면 last → ⊡ → ⊡ → lzss이므로 ⊡ → ⊡는 각 자릿수 0, −1, 0, −1의 규칙을 갖는다.
- 세로 도식에서 meao은 ⊡ → ⊡의 규칙이 적용되면 mdan이 되므로 mdan → ⊡ → nmda이다. 따라서 ⊡의 규칙은 1234 → 41230다.

규칙 정리

유추한 규칙을 알아볼 수 있도록 정리해둔다.

기출 규칙

GSAT에서 자주 출제되는 규칙은 크게 두 가지이다.

규칙	예시
순서 교체	1234 → 4321
각 자릿수 + 또는 −	+1, −1, +1, −1

문단나열

| 유형분석 |

- 글의 내용과 흐름을 잘 파악하고 있는지를 평가하는 유형이다.
- 문단 순서 나열에서 가장 중요한 것은 지시어와 접속어이므로, 접속어의 쓰임에 대해 정확히 알고 있어야 하며, 지시어가 가리키는 것이 무엇인지 잘 파악해야 한다.

다음 문단을 논리적인 순서대로 바르게 나열한 것은?

> (가) 본성 대 양육 논쟁은 앞으로 치열하게 전개될 소지가 많다. 하지만 유전과 환경이 인간의 행동에 어느 정도 영향을 미치는가를 따지는 일은 멀리서 들려오는 북소리가 북에 의한 것인지, 아니면 연주자에 의한 것인지를 분석하는 것처럼 부질없는 것인지 모른다. 본성과 양육 다 인간 행동에 필수적인 요인이므로.
>
> (나) 20세기 들어 공산주의와 나치주의의 출현으로 본성 대 양육 논쟁이 극단으로 치달았다. 공산주의의 사회 개조론은 양육을, 나치즘의 생물학적 결정론은 본성을 옹호하는 이데올로기이기 때문이다. 히틀러의 유대인 대량 학살에 충격을 받은 과학자들은 환경 결정론에 손을 들어 줄 수밖에 없었다. 본성과 양육 논쟁에서 양육 쪽이 일방적인 승리를 거두게 된 것이다.
>
> (다) 이러한 추세는 1958년 미국 언어학자 노암 촘스키에 의해 극적으로 반전되기 시작했다. 촘스키가 치켜든 선천론의 깃발은 진화 심리학자들이 승계했다. 진화 심리학은 사람의 마음을 생물학적 적응의 산물로 간주한다. 1992년 심리학자인 레다 코스미데스와 인류학자인 존 투비 부부가 함께 저술한 『적응하는 마음』이 출간된 것을 계기로 진화 심리학은 하나의 독립된 연구 분야가 됐다. 말하자면 윌리엄 제임스의 본능에 대한 개념이 1세기 만에 새 모습으로 부활한 셈이다.
>
> (라) 더욱이 1990년부터 인간 게놈 프로젝트가 시작됨에 따라 본성과 양육 논쟁에서 저울추가 본성 쪽으로 기울면서 생물학적 결정론이 더욱 강화되었다. 그러나 2001년 유전자 수가 예상보다 적은 3만여 개로 밝혀지면서 본성보다는 양육이 중요하다는 목소리가 커지기 시작했다. 이를 계기로 본성 대 양육 논쟁이 재연되기에 이르렀다.

① (가) – (나) – (다) – (라)

② (가) – (나) – (라) – (다)

③ (가) – (다) – (나) – (라)

④ (나) – (다) – (라) – (가)

⑤ (나) – (라) – (다) – (가)

'본성 대 양육 논쟁'이라는 화제를 제기하는 (나) 문단이 첫 번째에 배치되어야 하며, (다) 문단의 '이러한 추세'가 가리키는 것이 (나) 문단에서 언급한 '양육 쪽이 일방적인 승리를 거두게 된 것'이므로, (나) − (다) 문단 순으로 이어지는 것이 자연스럽다. 또한 (라) 문단의 첫 번째 문장에서 '더욱이'는 앞 내용과 연결되는 내용을 덧붙여 앞뒤 문장을 이어주는 말이므로 (다) 문단의 뒤에 이어져야 하며, 본성과 양육 논쟁의 가열을 전망하면서 본성과 양육 모두 인간 행동에 필수적인 요인임을 밝히고 있는 (가) 문단이 가장 마지막에 배치되는 것이 적절하다.

따라서 (나) − (다) − (라) − (가) 순서로 나열하는 것이 적절하다.

정답 ④

유형 풀이 Tip

글의 전체적인 진행 중에 반전이 되는 내용이나 접속어가 나온다면 그 다음 내용이 중심 내용인 경우가 많다. 따라서 글의 분위기가 반전되는 경우 이에 집중하여 독해한다.

| 유형분석 |

- 주어진 글을 바탕으로 추론했을 때 항상 참 또는 거짓인 것을 고르는 유형이다.
- 내용일치 문제 유형과 유사한 면이 있으나 내용일치가 지문에 제시된 내용인지 아닌지만 확인하는 유형이라면, 참 또는 거짓은 지문에 직접적으로 제시되지 않은 내용까지 추론하여 답을 도출해야 한다는 점에서 차이가 있다.

다음 글의 내용이 참일 때, 항상 거짓인 것은?

루머는 구전과 인터넷을 통해 확산되고, 그 과정에서 여러 사람들의 의견이 더해진다. 루머는 특히 사회적 불안감이 형성되었을 때 빠르게 확산되는데, 이는 사람들이 사회적·개인적 불안감을 해소하기 위한 수단으로 루머에 의지하기 때문이다.

나아가 루머가 확산되는 데는 사회적 동조가 중요한 영향을 미친다. 사회적 동조란 '다수의 의견이나 사회적 규범에 개인의 의견과 행동을 맞추거나 동화시키는 경향'을 뜻한다. 사회적 동조는 루머가 사실로 인식되고 대중적으로 수용되는 과정에서도 큰 영향력을 행사한다.

사회적 동조는 개인이 어떤 정보에 대해 판단하거나 그에 대한 태도를 결정하는 데 정당성을 제공한다. 다수의 의견을 따름으로써 어떤 정보를 믿는 것에 대한 합리적 이유를 갖게 되는 것이다. 실제로 루머에 대한 지지 댓글을 많이 본 사람들은 루머에 대한 반박 댓글을 많이 본 사람들에 비해 루머를 사실로 믿는 경향이 더욱 강한 것으로 나타났다. 또한 사회적 동조가 있는 상태에서는 개인의 성향과 상관없이 루머를 사실이라고 믿는 경우가 많았다.

사회적 동조의 또 다른 역할은 사람들이 자신의 의견을 제시할 때 사회적 분위기를 고려하게 하는 것이다. 소속된 집단으로부터 소외되지 않기 위해서 다수에 의해 지지되는 의견을 따라가는 현상이 발생하기도 한다. 이와 같은 현상은 개인주의 문화권보다는 집단주의 문화권에 있는 사람들에게서 더 잘 나타난다. 집단주의 문화권 사람들은 루머를 믿는 사람들로부터 루머에 대한 정보를 얻고 그것을 근거로 하여 판단하며, 다른 사람들의 의견에 개인의 생각을 일치시키는 경향이 두드러진다.

① 사람들은 루머를 사회적 불안감을 해소하기 위한 수단으로 삼기도 한다.

② 사회적 동조는 개인이 루머를 사실로 받아들이는 결정을 함에 있어 정당성을 제공한다.

③ 집단주의 문화권에서는 개인주의 문화권보다 사회적 동조가 루머의 확산에 미치는 영향이 더 크게 나타난다.

④ 루머에 대한 반박 댓글을 많이 본 사람들이 지지 댓글을 많이 본 사람들보다 루머를 사실로 믿는 경향이 더 약하다.

⑤ 사회적 동조가 있을 때, 충동적인 사람들은 충동적이지 않은 사람들에 비해 루머를 사실로 믿는 경향이 더 강하다.

사회적 동조가 있는 상태에서는 개인의 성향과 상관없이, 즉 충동적인 것과는 무관하게 루머를 사실이라고 믿는 경우가 많았다고 하였으므로 옳지 않다.

[오답분석]
① 사람들이 사회적 · 개인적 불안감을 해소하기 위한 수단으로 루머에 의지한다고 하였으므로 옳은 내용이다.
② 사회적 동조는 개인이 어떤 정보에 대해 판단하거나 그에 대한 태도를 결정하는 데 정당성을 제공한다고 하였으므로 옳은 내용이다.
③ 집단주의 문화권 사람들은 루머를 믿는 사람들로부터 루머에 대한 정보를 얻고 그것을 근거로 하여 판단하며, 다른 사람들의 의견에 개인의 생각을 일치시키는 경향이 두드러진다고 하였으므로 옳은 내용이다.
④ 루머에 대한 지지 댓글을 많이 본 사람들은 루머에 대한 반박 댓글을 많이 본 사람들에 비해 루머를 사실로 믿는 경향이 더욱 강한 것으로 나타났다고 하였다. 따라서 이를 역으로 생각하면 반박 댓글을 많이 본 사람들이 루머를 사실로 믿는 경향이 더 약함을 알 수 있다.

정답 ⑤

[유형 풀이 Tip]

주어진 글에 대하여 거짓이 되는 답을 고르는 문제의 경우 제시문에 있는 특정 문장이나 키워드가 되는 단어의 의미를 비트는 경우가 많다. 따라서 정반대의 의미를 지녔거나 지나치게 과장된 혹은 축소된 의미를 지닌 단어가 문항에 새로 추가되지는 않았는지 비교해보도록 한다.

반박 · 반론 · 비판

| 유형분석 |

- 글을 읽고 비판적 의견이나 반박을 생각할 수 있는지를 평가하는 유형이다.
- 지문의 '주장'에 대한 반박을 찾는 것이므로, '근거'에 대한 반박이나 논점에서 벗어난 것을 찾지 않도록 주의해야 한다.

다음 글에 대한 반론으로 가장 적절한 것은?

인공 지능 면접은 더 많이 활용되어야 한다. 인공 지능을 활용한 면접은 인터넷에 접속하여 인공 지능과 문답하는 방식으로 진행되는데, 지원자는 시간과 공간에 구애받지 않고 면접에 참여할 수 있는 편리성이 있어 면접 기회가 확대된다. 또한 회사는 면접에 소요되는 인력을 줄여, 비용 절감 측면에서 경제성이 크다. 실제로 인공 지능을 면접에 활용한 ○○회사는 전년 대비 2억 원 정도의 비용을 절감했다. 그리고 기존 방식의 면접에서는 면접관의 주관이 개입될 가능성이 큰 데 반해, 인공 지능을 활용한 면접에서는 빅데이터를 바탕으로 한 일관된 평가 기준을 적용할 수 있다. 이러한 평가의 객관성 때문에 많은 회사들이 인공 지능 면접을 도입하는 추세이다.

① 빅데이터는 사회에서 형성된 정보가 축적된 결과물이므로 왜곡될 가능성이 적다.
② 인공 지능을 활용한 면접은 기술적으로 완벽하기 때문에 인간적 공감을 떨어뜨린다.
③ 회사 관리자 대상의 설문 조사에서 인공 지능을 활용한 면접을 신뢰한다는 비율이 높게 나온 것으로 보아 기존의 면접 방식보다 지원자의 잠재력을 판단하는 데 더 적합하다.
④ 회사의 특수성을 고려해 적합한 인재를 선발하려면 오히려 해당 분야의 경험이 축적된 면접관의 생각이나 견해가 면접 상황에서 중요한 판단 기준이 되어야 한다.
⑤ 면접관의 주관적인 생각이나 견해로는 지원자의 잠재력을 판단하기 어렵다.

제시문에서는 편리성, 경제성, 객관성 등을 이유로 인공 지능 면접을 지지하고 있다. 따라서 객관성보다 면접관의 생각이나 견해가 회사 상황에 맞는 인재를 선발하는 데 적합하다는 논지로 반박하는 것이 적절하다.

오답분석

①·③·⑤ 제시문의 주장에 반박하는 것이 아니라 제시문의 주장을 강화하는 근거에 해당한다.

② 인공 지능 면접에 필요한 기술과 인간적 공감의 관계는 제시문에서 주장한 내용이 아니므로 반박의 근거로도 적절하지 않다.

정답 ④

유형 풀이 Tip

1. 주장, 관점, 의도, 근거 등 문제를 풀기 위한 글의 핵심을 파악한다. 이후 글의 주장 및 근거의 어색한 부분을 찾아 반박할 주장과 근거를 생각해본다.

2. 제시된 지문이 지나치게 길 경우 선택지를 먼저 파악하여 홀로 글의 주장이 어색하거나 상반된 의견을 제시하고 있는 답은 없는지 확인한다.

3. 반론 유형을 풀기 어렵다면 지문과 일치하는 선택지부터 지워나가는 소거법을 활용한다. 함정도 피하고 쉽게 풀 수 있다.

4. 문제를 풀 때 지나치게 시간에 쫓기거나 집중력이 떨어진 상황이라면 제시문의 처음 문장 혹은 마지막 문장을 읽어 글이 주장하는 바를 빠르게 파악하는 것도 좋은 방법이다. 단, 처음 문장에서 글쓴이의 주장과 반대되는 사례를 먼저 언급하는 경우도 있으므로 이 경우에는 마지막 문장과 비교하여 어느 의견이 글쓴이의 주장에 가까운지 구분하도록 한다.

〈보기〉 해석

| 유형분석 |

- 글을 읽은 뒤 이를 토대로 보기의 문장을 바르게 해석할 수 있는지 평가하는 유형이다.
- 지문을 토대로 보기의 문장을 해석하는 것이므로 반대로 보기의 문장을 통해 지문을 해석하거나 반박하지 않도록 주의한다.

다음 글을 토대로 〈보기〉를 바르게 해석한 것은?

근대 이후 개인의 권리가 중시되자 법철학은 권리의 근본적 성격을 법적으로 존중되는 의사에 의한 선택의 관점에서 볼 것인가 아니면 법적으로 보호되는 이익의 관점에서 볼 것인가를 놓고 지속적으로 논쟁해 왔다. 의사설의 기본적인 입장은 어떤 사람이 무언가에 대하여 권리를 갖는다는 것은 법률관계 속에서 그 무언가와 관련하여 그 사람의 의사에 의한 선택이 다른 사람의 의사보다 우월한 지위에 있음을 법적으로 인정하는 것이다. 의사설을 지지한 하트는 권리란 그것에 대응하는 의무가 존재한다고 보았다. 그는 의무의 이행 여부를 통제할 권능을 가진 권리자의 선택이 권리의 본질적 요소라고 보았기 때문에 법이 타인의 의무 이행 여부에 대한 권능을 부여하지 않은 경우에는 권리를 가졌다고 말할 수 없다고 주장했다.

의사설은 타인의 의무 이행 여부와 관련된 권능, 곧 합리적 이성을 가진 자가 아니면 권리자가 되지 못하는 난점이 있다. 또한 의사설은 면제권을 갖는 어떤 사람이 면제권을 포기함으로써 타인의 권능 아래에 놓일 권리, 즉 스스로를 노예와 같은 상태로 만들 권리를 인정해야 하는 상황에 직면한다. 하지만 현대에서는 이런 상황이 인정되기가 어렵다.

이익설의 기본적인 입장은 권리란 이익이며, 법이 부과하는 타인의 의무로부터 이익을 얻는 자는 누구나 권리를 갖는다는 것이다. 그래서 타인의 의무 이행에 따른 이익이 없다면 권리가 없다고 본다. 이익설을 주장하는 라즈는 권리와 의무가 동전의 양면처럼 논리적으로 서로 대응하는 관계일 뿐만 아니라 권리가 의무를 정당화하는 관계에 있다고 보았다. 즉, 권리가 의무 존재의 근거가 된다고 보는 입장을 지지한다고 볼 수 있다. 그래서 누군가의 어떤 이익이 타인에게 의무를 부과할 만큼 중요성을 가지는 것일 때 비로소 그 이익은 권리로서 인정된다고 보았다.

이익설의 난점으로는 제3자를 위한 계약을 들 수 있다. 가령 갑이 을과 계약하며 병에게 꽃을 배달해 달라고 했다고 하자. 이익 수혜자는 병이지만 권리자는 계약을 체결한 갑이다. 쉽게 말해 을의 의무 이행에 관한 권능을 가진 사람은 병이 아니라 갑이다. 그래서 이익설은 이익의 수혜자가 아닌 권리자가 있는 경우를 설명하기 어렵다는 비판을 받는다. 또한 이익설은 권리가 실현하려는 이익과 그에 상충하는 이익을 비교해야 할 경우 어느 것이 더 우세한지를 측정하기 쉽지 않다.

> **보기**
>
> A씨는 동물 보호 정책 시행 의무의 헌법 조문화, 동물 정책 기본법 제정 등을 통해 동물 보호 의무가 헌법에 명시되어야 한다고 주장하였다.

① 하트의 주장에 따르면 동물 보호 의무가 헌법에 명시되지 않더라도 동물은 기본적으로 보호받을 권리를 가지고 있다.

② 하트의 주장에 따르면 동물 생명의 존엄성이 법적으로 보호됨으로써 동물이 보다 나은 삶을 살 수 있다면 동물은 권리를 가질 수 있다.

③ 하트의 주장에 따르면 사람이 동물 보호 의무를 갖는다고 하더라도 동물은 이성적 존재가 아니므로 동물은 권리를 갖지 못한다.

④ 라즈의 주장에 따르면 사람의 의무 이행에 따른 이익이 있다면 동물이 권리를 가질 수 있지만, 그렇다고 동물의 권리가 사람의 의무를 정당화하는 것은 아니다.

⑤ 라즈의 주장에 따르면 동물의 이익이 사람에게 의무를 부과할 만큼 중요성을 가지지 못하더라도 상충하는 이익보다 우세할 경우 권리로 인정될 수 있다.

정답 해설

의사설을 지지한 하트는 의무 이행 여부를 통제할 권능을 가진 권리자의 선택을 권리의 본질적 요소로 보았기 때문에 타인의 의무 이행 여부와 관련된 권능, 곧 합리적 이성을 가진 자가 아니면 권리자가 될 수 없다고 보았다. 따라서 하트는 동물 보호 의무와 관련하여 사람이 동물 보호 의무를 갖는다고 하더라도 이성적 존재가 아닌 동물은 권리를 갖지 못한다고 주장할 수 있다.

오답분석

① 의사설을 지지한 하트에 따르면 법이 타인의 의무 이행 여부에 대한 권능을 부여하지 않은 경우에는 권리를 가졌다고 말할 수 없다.

② 법이 타인의 의무로부터 이익을 얻는 자는 누구나 권리를 갖는다는 이익설의 입장에 따른 주장이므로 의사설을 지지한 하트의 주장으로는 적절하지 않다.

④ 이익설을 주장한 라즈에 따르면 타인의 의무로부터 이익을 얻는 자는 누구나 권리를 가지므로 권리와 의무는 서로 대응하는 관계이며, 권리는 의무를 정당화한다.

⑤ 이익설을 주장한 라즈에 따르면 누군가의 이익이 타인에게 의무를 부과할 만큼 중요성을 가질 때 그 이익은 권리로서 인정된다. 또한 이익설은 권리가 실현하려는 이익과 상충하는 이익을 비교해야 할 경우 어느 것이 더 우세한지를 측정하기 어렵다는 단점이 있다.

정답 ③

유형 풀이 Tip

보기 해석의 경우 제시문과 보기에 제시된 문장의 의미를 제대로 파악할 필요가 있다는 점에서 난도가 높은 유형이라고 볼 수 있다. 제시문과 보기 그리고 문항의 의미를 모두 파악하는 데는 상당한 시간이 소요되므로, 가장 먼저 보기의 내용을 이해하도록 한다. 이후 각 문항에서 공통적으로 나타나는 핵심 주장이나 단어, 특정 사물이나 개인의 명칭 등 키워드를 기준으로 문항을 구분한 뒤, 이를 제시문과 대조하여 그 논지와 같은 문항을 찾아내도록 한다.

정답 및 해설 p.022

01 명제추리

※ 제시된 명제가 모두 참일 때, 빈칸에 들어갈 명제로 옳은 것을 고르시오. [1~10]

01

> 전제1. 자기관리를 잘하는 모든 사람은 업무를 잘한다.
> 전제2. 산만한 어떤 사람은 업무를 잘하지 못한다.
> 결론. _____

① 업무를 잘하는 사람은 산만하다.
② 업무를 잘하지 못하는 어떤 사람은 산만하다.
③ 산만한 어떤 사람은 자기관리를 잘하지 못한다.
④ 업무를 잘하지 못하는 모든 사람은 자기관리를 잘한다.
⑤ 자기관리를 잘하는 사람은 산만하다.

02

> 전제1. 야근을 하는 모든 사람은 X분야의 업무를 한다.
> 전제2. 야근을 하는 모든 사람은 Y분야의 업무를 한다.
> 결론. _____

① X분야의 업무를 하는 모든 사람은 야근을 한다.
② Y분야의 업무를 하는 어떤 사람은 X분야의 업무를 한다.
③ Y분야의 업무를 하는 모든 사람은 야근을 한다.
④ X분야의 업무를 하는 모든 사람은 Y분야의 업무를 한다.
⑤ 야근을 하는 어떤 사람은 X분야의 업무를 하지 않는다.

03

전제1. 마케팅 팀의 사원은 기획 역량이 있다.
전제2. 마케팅 팀이 아닌 사원은 영업 역량이 없다.
전제3. 기획 역량이 없는 사원은 소통 역량이 없다.
결론. _____

① 마케팅 팀의 사원은 영업 역량이 있다.
② 소통 역량이 있는 사원은 마케팅 팀이다.
③ 영업 역량을 가진 사원은 기획 역량이 있다.
④ 기획 역량이 있는 사원은 소통 역량이 있다.
⑤ 영업 역량이 없으면 소통 역량도 없다.

04

전제1. 갈매기는 육식을 하는 새이다.
전제2. _____
전제3. 바닷가에 사는 새는 갈매기이다.
결론. 헤엄을 치는 새는 육식을 한다.

① 바닷가에 살지 않는 새는 헤엄을 치지 않는다.
② 갈매기는 헤엄을 친다.
③ 육식을 하는 새는 바닷가에 살지 않는다.
④ 헤엄을 치는 새는 육식을 하지 않는다.
⑤ 갈매기가 아니어도 육식을 하는 새는 있다.

05

전제1. 아침에 운동을 했다면 건강한 하루를 시작한 것이다.
전제2. _____
결론. 건강한 하루를 시작하지 않으면 일찍 일어나지 않은 것이다.

① 일찍 일어나면 아침에 운동을 한다.
② 아침에 운동을 하면 일찍 일어난 것이다.
③ 일찍 일어나지 않으면 아침에 운동을 하지 않은 것이다.
④ 건강한 하루를 시작하면 일찍 일어난 것이다.
⑤ 일찍 일어나면 건강한 하루를 시작한 것이다.

06

전제1. 원숭이는 기린보다 키가 크다.
전제2. 기린은 하마보다 몸무게가 더 나간다.
전제3. 원숭이는 기린보다 몸무게가 더 나간다.
결론. _____

① 원숭이는 하마보다 키가 크다.
② 원숭이는 하마보다 몸무게가 더 나간다.
③ 기린은 하마보다 키가 크다.
④ 하마는 기린보다 몸무게가 더 나간다.
⑤ 기린의 키는 원숭이와 하마 중간이다.

07

전제1. 축구를 좋아하는 사람 중에는 기자도 있다.
전제2. 고등학생 중에는 축구를 좋아하는 사람도 있다.
결론. _____

① 기자 중에 고등학생은 없다.
② 축구를 좋아하는 모든 사람은 기자이다.
③ 야구를 좋아하는 사람 중에는 고등학생도 있다.
④ 모든 고등학생은 기자일 수도 있다.
⑤ 축구를 좋아하지 않는 사람은 기자가 아니다.

08

전제1. 하루에 두 끼를 먹는 어떤 사람도 뚱뚱하지 않다.
전제2. 아침을 먹는 모든 사람은 하루에 두 끼를 먹는다.
결론. _____

① 하루에 세 끼를 먹는 사람이 있다.
② 아침을 먹는 모든 사람은 뚱뚱하지 않다.
③ 뚱뚱하지 않은 사람은 하루에 두 끼를 먹는다.
④ 하루에 한 끼를 먹는 사람은 뚱뚱하지 않다.
⑤ 아침을 먹는 어떤 사람은 뚱뚱하다.

09

전제1. 비가 오지 않으면 개구리가 울지 않는다.
전제2. 비가 오지 않으면 제비가 낮게 날지 않는다.
결론. _____

① 비가 오면 제비가 낮게 난다.
② 제비가 낮게 날지 않는 날에는 비가 오지 않는다.
③ 개구리가 울지 않으면 제비가 낮게 날지 않는다.
④ 제비가 낮게 나는 날에는 개구리가 울지 않는다.
⑤ 제비가 낮게 날면 비가 온다.

10

전제1. 성공한 사업가는 존경받는다.
전제2. 어떤 합리적인 사업가는 존경받지 못한다.
결론. _____

① 어떤 사업가는 합리적임에도 불구하고 성공하지 못한다.
② 모든 사업가는 합리적이다.
③ 합리적인 사업가는 모두 성공한다.
④ 존경받는 사업가는 모두 합리적이다.
⑤ 성공한 모든 사업가는 합리적이다.

02 조건추리

※ 다음 〈조건〉을 통해 추론할 때, 항상 거짓인 것을 고르시오. [1~3]

01

> **조건**
> • 4명의 남자 사원과 2명의 여자 사원을 최종 선발하였다.
> • 선발된 신입 사원 6명을 기획부, 인사부, 구매부 세 부서에 배치하려고 한다.
> • 기획부, 인사부, 구매부 각 부서에 적어도 1명의 신입 사원을 배치한다.
> • 기획부, 인사부, 구매부에 배치되는 신입 사원의 수는 서로 다르다.
> • 부서별로 배치되는 신입 사원의 수는 구매부가 가장 적고, 기획부가 가장 많다.
> • 여자 신입 사원만 배치되는 부서는 없다.

① 인사부에는 2명의 신입 사원이 배치된다.
② 구매부에는 1명의 남자 신입 사원이 배치된다.
③ 기획부에는 반드시 여자 신입 사원이 배치된다.
④ 인사부에는 반드시 여자 신입 사원이 배치된다.
⑤ 인사부에는 1명 이상의 남자 신입 사원이 배치된다.

02

> **조건**
> • A ~ E 5명의 이름을 입사한 지 오래된 순서대로 적었다.
> • A와 B의 이름은 바로 연달아서 적혔다.
> • C와 D의 이름은 연달아서 적히지 않았다.
> • E는 C보다 먼저 입사하였다.
> • 가장 최근에 입사한 사람은 입사한 지 2년된 D이다.

① C의 이름은 A의 이름보다 먼저 적혔다.
② B는 E보다 먼저 입사하였다.
③ E의 이름 바로 다음에 C의 이름이 적혔다.
④ A의 이름은 B의 이름보다 나중에 적혔다.
⑤ B는 C보다 나중에 입사하였다.

03

조건
- A ~ E제품을 내구성, 효율성, 실용성 세 개 영역에 대해 1 ~ 3등급으로 평가하였다.
- 모든 영역에서 3등급을 받은 제품이 있다.
- 모든 제품이 3등급을 받은 영역이 있다.
- A제품은 내구성 영역에서만 3등급을 받았다.
- B제품만 실용성 영역에서 3등급을 받았다.
- C, D제품만 효율성 영역에서 2등급을 받았다.
- E제품은 1개의 영역에서만 2등급을 받았다.
- A와 C제품이 세 영역에서 받은 등급의 총합은 서로 같다.

① A제품은 효율성 영역에서 1등급을 받았다.
② B제품은 내구성 영역에서 3등급을 받았다.
③ C제품은 내구성 영역에서 3등급을 받았다.
④ D제품은 실용성 영역에서 2등급을 받았다.
⑤ E제품은 실용성 영역에서 2등급을 받았다.

04 A ~ D는 취미로 꽃꽂이, 댄스, 축구, 농구 중에 한 가지 활동을 한다. 취미는 서로 겹치지 않으며, 모든 사람은 취미 활동을 한다. 〈조건〉이 다음과 같을 때, 항상 옳은 것은?

조건
- A는 축구와 농구 중에 한 가지 활동을 한다.
- B는 꽃꽂이와 축구 중에 한 가지 활동을 한다.
- C의 취미는 꽃꽂이를 하는 것이다.

① B는 축구 활동을, D는 농구 활동을 한다.
② A는 농구 활동을, D는 댄스 활동을 한다.
③ A는 댄스 활동을, B는 축구 활동을 한다.
④ B는 축구 활동을 하지 않으며, D는 댄스 활동을 한다.
⑤ A는 농구 활동을 하지 않으며, D는 댄스 활동을 하지 않는다.

05 A~E 다섯 사람은 구내식당에서 점심을 먹기 위해 차례대로 줄을 서고 있다. 이 중 네 사람이 진실을 말한다고 할 때, 다음 중 거짓말을 하는 사람은?

- A : B 다음에 E가 바로 도착해서 줄을 섰어.
- B : D는 내 바로 뒤에 줄을 섰지만 마지막은 아니었어.
- C : 내 앞에 줄을 선 사람은 한 명뿐이야.
- D : 내 뒤에는 두 명이 줄을 서고 있어.
- E : A는 가장 먼저 점심을 먹을 거야.

① A

② B

③ C

④ D

⑤ E

06 갑~정 네 사람은 휴일을 맞아 백화점에서 옷을 고르기로 했다. 〈조건〉이 다음과 같을 때, 네 사람이 고른 옷을 바르게 짝지은 것은?

> **조건**
> - 네 사람은 각각 셔츠, 바지, 원피스, 치마를 구입했다.
> - 병은 원피스와 치마 중 하나를 구입했다.
> - 갑은 셔츠와 치마를 입지 않는다.
> - 정은 셔츠를 구입하기로 했다.
> - 을은 치마와 원피스를 입지 않는다.

	갑	을	병	정
①	치마	바지	원피스	셔츠
②	바지	치마	원피스	셔츠
③	치마	셔츠	원피스	바지
④	원피스	바지	치마	셔츠
⑤	바지	원피스	치마	셔츠

07 직원들끼리 이번 달 성과급에 대해 이야기를 나누고 있다. 성과급은 반드시 늘거나 줄어들었고, 직원 중 1명만 거짓말을 하고 있을 때 항상 참인 것은?

> - A : 나는 이번에 성과급이 늘어났어. 그래도 B만큼은 오르지는 않았네.
> - B : 맞아 난 성과급이 좀 늘어났지. D보다 조금 더 늘었어.
> - C : 좋겠다. 오~ E도 성과급이 늘어났네.
> - D : 엥? 무슨 소리야 E는 C와 같이 성과급이 줄어들었는데.
> - E : 그런 것보다 D가 A보다 성과급이 조금 올랐는데.

① 직원 B의 성과급이 가장 많이 올랐다.
② 직원 D의 성과급이 가장 많이 올랐다.
③ 직원 A의 성과급이 오른 사람 중 가장 적다.
④ 직원 C는 성과급이 줄어들었다.
⑤ 직원 E의 성과급 순위를 알 수 없다.

08 경제학과, 물리학과, 통계학과, 지리학과 학생인 A ~ D는 검은색, 빨간색, 흰색의 3가지 색 중 최소 1가지 이상의 색을 좋아한다. 다음 〈조건〉에 따라 항상 참이 되는 것은?

> **조건**
> - 경제학과 학생은 검은색과 빨간색만 좋아한다.
> - 경제학과 학생과 물리학과 학생은 좋아하는 색이 서로 다르다.
> - 통계학과 학생은 빨간색만 좋아한다.
> - 지리학과 학생은 물리학과 학생과 통계학과 학생이 좋아하는 색만 좋아한다.
> - C는 검은색을 좋아하고, B는 빨간색을 좋아하지 않는다.

① A는 통계학과이다.
② B는 물리학과이다.
③ C는 지리학과이다.
④ D는 경제학과이다.
⑤ B와 C는 빨간색을 좋아한다.

09 S전자 마케팅부 직원 A∼J 10명이 점심식사를 하러 가서 다음 〈조건〉에 따라 6인용 원형테이블 2개에 각각 4명, 6명씩 나눠 앉았다. 다음 중 항상 거짓인 것은?

> **조건**
> • A와 I는 빈자리 하나만 사이에 두고 앉아 있다.
> • C와 D는 1명을 사이에 두고 앉아 있다.
> • F의 양 옆 중 오른쪽 자리만 비어 있다.
> • E는 C나 D의 옆자리가 아니다.
> • H의 바로 옆에 G가 앉아 있다.
> • H는 J와 마주보고 앉아 있다.

① A와 B는 같은 테이블이다.
② H와 I는 다른 테이블이다.
③ C와 G는 마주보고 앉아 있다.
④ A의 양 옆은 모두 빈자리이다.
⑤ D의 옆에 J가 앉아 있다.

10 A∼E가 함께 카페에 가서 〈조건〉과 같이 음료를 주문하였을 때, 녹차를 주문한 사람은?(단, 1명당 하나의 음료만 주문하였다)

> **조건**
> • 홍차를 주문한 사람은 2명이며, B는 커피를 주문하였다.
> • A는 홍차를 주문하였다.
> • C는 홍차 또는 녹차를 주문하였다.
> • D는 커피 또는 녹차를 주문하였다.
> • E는 딸기주스 또는 홍차를 주문하였다.
> • 직원의 실수로 E만 잘못된 음료를 받았다.
> • 주문 결과 홍차 1잔과 커피 2잔, 딸기주스 1잔, 녹차 1잔이 나왔다.

① A   ② B
③ C   ④ D
⑤ E

11 S기업의 영업1팀은 강팀장, 김대리, 이대리, 박사원, 유사원으로 이루어져 있었으나 최근 인사이동으로 인해 팀원의 변화가 일어났고, 이로 인해 자리를 새롭게 배치하려고 한다. 〈조건〉이 다음과 같을 때, 항상 옳은 것은?

> **조건**
> - 영업1팀의 김대리는 영업2팀의 팀장으로 승진하였다.
> - 이번 달 영업1팀에 김사원과 이사원이 새로 입사하였다.
> - 각 팀마다 자리는 일렬로 위치해 있으며, 영업1팀은 영업2팀과 마주하고 있다.
> - 자리의 가장 안쪽 옆은 벽이며, 반대편 끝자리의 옆은 복도이다.
> - 각 팀의 팀장은 가장 안쪽인 왼쪽 끝에 앉는다.
> - 이대리는 영업2팀 팀장의 대각선에 앉는다.
> - 박사원의 양 옆은 신입사원이 앉는다.
> - 김사원의 자리는 이사원의 자리보다 왼쪽에 있다.

① 유사원과 이대리의 자리는 서로 인접한다.
② 박사원의 자리는 유사원의 자리보다 왼쪽에 있다.
③ 이사원의 양 옆 중 한쪽은 복도이다.
④ 김사원의 자리는 유사원의 자리와 인접하지 않는다.
⑤ 이대리의 자리는 강팀장의 자리와 서로 인접한다.

12 A ~ C 세 사람이 각각 빨간색, 파란색, 노란색 모자를 쓰고 일렬로 서 있다. 세 사람 모두 누가 어떤 모자를 쓰고 몇 번째 줄에 서 있는지 모른다고 대답할 때, 다음 〈조건〉에 따라 반드시 거짓인 것은?

> **조건**
> - B는 파란색 모자를 쓰지 않았다.
> - C는 바로 앞에 있는 파란색 모자를 보고 있다.

① C는 빨간색 모자를 쓰고 맨 뒤에 서 있다.
② B는 빨간색 모자를 쓰고 세 번째에 서 있다.
③ B는 노란색 모자를 쓰고 두 번째에 서 있다.
④ A는 B와 C 사이에 서 있다.
⑤ A는 무조건 파란색 모자밖에 쓸 수 없다.

13 테니스공, 축구공, 농구공, 배구공, 야구공, 럭비공을 각각 A~C상자에 넣으려고 한다. 한 상자에 공을 두 개까지 넣을 수 있고, 〈조건〉이 다음과 같을 때, 항상 옳지 않은 것은?

> **조건**
> • 테니스공과 축구공은 같은 상자에 넣는다.
> • 럭비공은 B상자에 넣는다.
> • 야구공은 C상자에 넣는다.

① 농구공을 C상자에 넣으면 배구공은 B상자에 들어가게 된다.
② 테니스공과 축구공은 반드시 A상자에 들어간다.
③ 배구공과 농구공은 같은 상자에 들어갈 수 없다.
④ B상자에 배구공을 넣으면 농구공은 야구공과 같은 상자에 들어가게 된다.
⑤ 럭비공은 반드시 배구공과 같은 상자에 들어간다.

14 S학교에는 A~E 다섯 명의 교사가 있다. 이들이 각각 1반부터 5반까지 한 반씩 담임을 맡는다고 할 때, 주어진 〈조건〉이 다음과 같다면 옳지 않은 것은?(단, 1반부터 5반까지 각 반은 왼쪽에서 오른쪽 방향으로 순서대로 위치한다)

> **조건**
> • A는 3반의 담임을 맡는다.
> • E는 A의 옆 반 담임을 맡는다.
> • B는 양 끝에 위치한 반 중 하나의 담임을 맡는다.

① C가 2반을 맡으면 D는 1반 또는 5반을 맡게 된다.
② B가 5반을 맡으면 C는 반드시 1반을 맡게 된다.
③ E는 절대 1반을 맡을 수 없다.
④ B는 절대 2반을 맡을 수 없다.
⑤ 1반을 B가, 2반을 E가 맡는다면 C는 D의 옆 반이다.

15 신입사원인 윤지, 순영, 재철, 영민이는 영국, 프랑스, 미국, 일본으로 출장을 간다. 출장은 나라별로 한 명씩 가야 하며, 출장 기간은 서로 중복되지 않아야 한다. 다음의 〈조건〉에 따를 때, 항상 참인 것은?

> **조건**
> • 윤지는 가장 먼저 출장을 가지 않는다.
> • 재철은 영국 또는 프랑스로 출장을 가야 한다.
> • 영민은 순영보다는 먼저 출장을 가야 하고, 윤지보다는 늦게 가야 한다.
> • 가장 마지막 출장지는 미국이다.
> • 영국 출장과 프랑스 출장은 일정이 연달아 잡히지 않는다.

① 윤지는 프랑스로 출장을 간다.
② 재철은 영국으로 출장을 간다.
③ 영민은 세 번째로 출장을 간다.
④ 순영은 두 번째로 출장을 간다.
⑤ 윤지와 순영은 연이어 출장을 간다.

16 A ~ D는 S아파트 10층에 살고 있다. 다음 〈조건〉에 따를 때, 옳지 않은 것은?

> **조건**
> • 아파트 10층의 구조는 다음과 같다.
>
> | 계단 | 1001호 | 1002호 | 1003호 | 1004호 | 엘리베이터 |
> | --- | --- | --- | --- | --- | --- |
>
> • A는 엘리베이터보다 계단이 더 가까운 곳에 살고 있다.
> • C와 D는 계단보다 엘리베이터에 더 가까운 곳에 살고 있다.
> • D는 A 바로 옆에 살고 있다.

① C 옆에는 D가 살고 있다.
② D는 1003호에 살고 있다.
③ 본인이 살고 있는 곳과 가장 가까운 이동 수단을 이용한다면 C는 엘리베이터를 이용할 것이다.
④ B가 살고 있는 곳에서 엘리베이터 쪽으로는 2명이 살고 있다.
⑤ A보다 계단이 가까운 곳에 살고 있는 사람은 B이다.

17 다음 〈조건〉을 바탕으로 추론할 수 있는 것은?

> **조건**
> • 빵을 좋아하는 사람은 우유를 좋아한다.
> • 주스를 좋아하는 사람은 우유를 좋아하지 않는다.
> • 주스를 좋아하지 않는 사람은 치즈를 좋아한다.

① 주스를 좋아하지 않는 사람은 우유를 좋아한다.
② 주스를 좋아하는 사람은 치즈를 좋아한다.
③ 치즈를 좋아하는 사람은 빵을 좋아하지 않는다.
④ 빵을 좋아하는 사람은 치즈를 좋아하지 않는다.
⑤ 빵을 좋아하는 사람은 치즈를 좋아한다.

18 매주 금요일은 마케팅팀 동아리가 있는 날이다. 동아리 회비를 담당하고 있는 F팀장은 점심시간 후, 회비가 감쪽같이 사라진 것을 발견했다. 점심시간 동안 사무실에 있었던 사람은 A~E 5명이고, 이들 중 2명은 범인이고, 3명은 범인이 아니다. 범인은 거짓말을 하고, 범인이 아닌 사람은 진실을 말한다고 할 때, 〈조건〉에 따라 다음 중 옳은 것은?

> **조건**
> • A는 B, D 중 1명이 범인이라고 주장한다.
> • B는 C가 범인이라고 주장한다.
> • C는 B가 범인이라고 주장한다.
> • D는 A가 범인이라고 주장한다.
> • E는 A와 B가 범인이 아니라고 주장한다.

① A와 D 중 범인이 있다.
② B가 범인이다.
③ C와 E가 범인이다.
④ A는 범인이다.
⑤ 범인이 누구인지 주어진 조건만으로는 알 수 없다.

19 S그룹의 신입사원 8명 중 남자 사원은 A부터 D까지, 여자 사원은 E부터 H까지 각각 4명씩 구성되어 있다. 이들은 8층 빌딩에서 본인이 합격한 부서를 찾아가고자 한다. 〈조건〉이 다음과 같을 때, 반드시 거짓인 것은?

> **조건**
> • 한 층에는 한 부서만 있고, 부서별로 신입사원은 1명만 근무할 수 있다.
> • 성별이 같으면 인접한 층에서 근무할 수 없다.
> • G는 6층이다.
> • E와 D 사이에는 4개 층이 있다.
> • H는 A, C와 인접해 있다.

① A는 E보다 위에 있다.
② A는 F보다 높은 곳에 있다.
③ C는 H와 인접한 층에서 근무한다.
④ E와 B는 인접해 있다.
⑤ A와 C의 층수를 더하면 8이다.

20 S백화점 명품관에서 도난 사건이 발생했다. CCTV 확인을 통해 그 시각 백화점 명품관에 있던 A∼F용의자 6명이 검거됐다. 이들 중 범인인 두 사람이 거짓말을 하고 있다면, 거짓말을 한 사람은?

> • A : F가 성급한 모습으로 나가는 것을 봤어요.
> • B : C가 가방 속에 무언가 넣는 모습을 봤어요.
> • C : 나는 범인이 아닙니다.
> • D : B 혹은 A가 훔치는 것을 봤어요.
> • E : F가 범인인 게 확실해요. CCTV를 자꾸 신경 쓰고 있었거든요.
> • F : 얼핏 봤는데, 제가 본 도둑은 C 아니면 E예요.

① A, C
② B, C
③ B, F
④ D, E
⑤ D, F

03 어휘추리

※ 다음 제시된 단어의 대응 관계가 동일하도록 빈칸에 들어갈 가장 적절한 단어를 고르시오. [1~20]

01

통지 : 통보 = (　　) : 명령

① 부하   ② 명상
③ 보고   ④ 지시
⑤ 명암

02

타짜꾼 : 노름 = (　　) : 가죽신

① 마름   ② 갖바치
③ 쇠재비   ④ 모도리
⑤ 대장공

03

침착하다 : 경솔하다 = 섬세하다 : (　　)

① 찬찬하다   ② 조악하다
③ 감분하다   ④ 치밀하다
⑤ 신중하다

04

겨냥하다 : 가늠하다 = 다지다 : (　　)

① 진거하다   ② 겉잡다
③ 요량하다   ④ 약화하다
⑤ 강화하다

05

후세 : 왕년 = 부족 : (　　)

① 조상　　　　　　　　　② 종족
③ 결핍　　　　　　　　　④ 십분
⑤ 일반

06

고집 : 집념 = (　　) : 가을

① 겨울　　　　　　　　　② 낙엽
③ 계절　　　　　　　　　④ 추계
⑤ 동지

07

제한하다 : 통제하다 = 만족하다 : (　　)

① 번잡하다　　　　　　　② 부족하다
③ 탐탁하다　　　　　　　④ 모자라다
⑤ 듬직하다

08

초췌하다 : 수척하다 = 함양 : (　　)

① 집합　　　　　　　　　② 활용
③ 결실　　　　　　　　　④ 도출
⑤ 육성

09

응분 : 과분 = 겸양하다 : (   )

① 강직하다   ② 너그럽다
③ 쩨쩨하다   ④ 겸손하다
⑤ 젠체하다

10

독점 : 공유 = (   ) : 창조

① 양심   ② 모방
③ 연상   ④ 발명
⑤ 창의

11

용호상박 : 용, 호랑이 = 토사구팽 : (   )

① 뱀, 토끼   ② 개, 토끼
③ 뱀, 개   ④ 토끼, 호랑이
⑤ 개, 호랑이

12

동가홍상 : 붉은색 = 청렴결백 : (   )

① 흰색   ② 푸른색
③ 검은색   ④ 노란색
⑤ 회색

13

송신 : 수신 = 불황 : (　　)

① 호재 　　　　　　　② 경기
③ 호황 　　　　　　　④ 경제
⑤ 실황

14

문학 : 수필 = 포유류 : (　　)

① 박쥐 　　　　　　　② 펭귄
③ 도마뱀 　　　　　　④ 상어
⑤ 개구리

15

고매하다 : 고결하다 = 곱다 : (　　)

① 추하다 　　　　　　② 밉다
③ 거칠다 　　　　　　④ 치밀하다
⑤ 조악하다

16

만족 : 흡족 = 부족 : (　　)

① 미미 　　　　　　　② 곤궁
③ 궁핍 　　　　　　　④ 결핍
⑤ 가난

17

가로등 : 전기 = (　　　) : 수증기

① 구름　　　　　　　　② 액체
③ 신호등　　　　　　　④ 증기기관
⑤ 주전자

18

높새 : 하늬 = (　　　) : 여우

① 곰　　　　　　　　② 이슬
③ 사슴　　　　　　　④ 비
⑤ 은하수

19

요긴 : 중요 = 특성 : (　　)

① 성질　　　　　　　② 특별
③ 특이　　　　　　　④ 특질
⑤ 특수

20

세입 : 세출 = 할인 : (　　)

① 상승　　　　　　　② 인상
③ 할증　　　　　　　④ 감소
⑤ 인하

※ 다음 단어의 대응 관계가 나머지와 다른 하나를 고르시오. [21~35]

21 ① 황혼 : 여명 ② 유별 : 보통
   ③ 낯설 : 진실 ④ 유지 : 부지
   ⑤ 서막 : 결말

22 ① 노리다 – 겨냥하다 ② 엄정 – 해이
   ③ 성기다 – 뜨다 ④ 자아내다 – 끄집어내다
   ⑤ 보편 – 일반

23 ① 득의 – 실의 ② 엎어지다 – 자빠지다
   ③ 화해 – 결렬 ④ 판이하다 – 다르다
   ⑤ 고상 – 저열

24 ① 견사 – 비단 ② 오디 – 뽕잎
   ③ 콩 – 두부 ④ 포도 – 와인
   ⑤ 우유 – 치즈

25 ① 괄시 – 후대 ② 비호 – 보호
   ③ 숙려 – 숙고 ④ 속박 – 농반
   ⑤ 채근 – 독촉

26
① 원자 – 분자
② 쇠 – 사슬
③ 단어 – 문장
④ 고무 – 바퀴
⑤ 돈 – 지갑

27
① 이따금 – 간혹
② 다독 – 정독
③ 값 – 액수
④ 파견 – 파송
⑤ 우수리 – 잔돈

28
① 연주자 – 악기 – 음악
② 대장장이 – 망치 – 광물
③ 요리사 – 프라이팬 – 음식
④ 화가 – 붓 – 그림
⑤ 목수 – 톱 – 식탁

29
① 철근 – 콘크리트
② 냄비 – 주전자
③ 마우스 – 키보드
④ 욕조 – 변기
⑤ 도장 – 인주

30
① 성공 – 노력
② 타인 – 생각
③ 인재 – 육성
④ 소설 – 집필
⑤ 목적 – 달성

31 ① 대장장이 – 망치 – 목수 ② 작곡자 – 악보 – 연주자
③ 레스토랑 – 음식 – 식객 ④ 기술자 – 트랙터 – 농부
⑤ 디자이너 – 의상 – 모델

32 ① 선장 – 조타수 ② 변호사 – 피의자
③ 배우 – 관객 ④ 의사 – 환자
⑤ 선생 – 학생

33 ① 비 – 내리다 ② 눈 – 감다
③ 머리 – 자라다 ④ 천둥 – 치다
⑤ 성적 – 떨어지다

34 ① 선구자 – 예언자 ② 풋내기 – 초보자
③ 거론 – 언급 ④ 혼란 – 혼잡
⑤ 보조개 – 볼우물

35 ① 나무 – 숯 – 재 ② 수성 – 금성 – 지구
③ 씨앗 – 나무 – 열매 ④ 아침 – 점심 – 저녁
⑤ 대서 – 입추 – 한로

04 도형추리

※ 다음 제시된 도형의 규칙을 보고 물음표에 들어갈 알맞은 도형을 고르시오. [1~10]

01

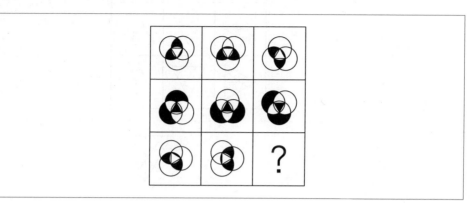

①

②

③

④

⑤

02

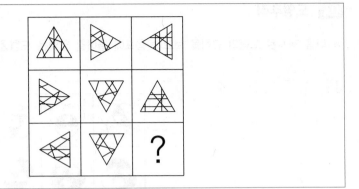

①

②

③

④

⑤

03

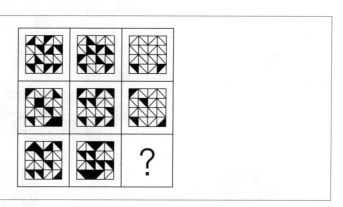

①

②

③

④

⑤

04

①

②

③

④

⑤

05

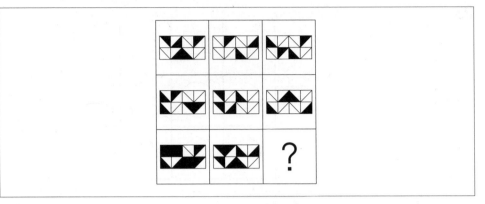

①

②

③

④

⑤

06

①

②

③

④

⑤

07

  ?

①

②

③

④

⑤

08

   ?

①

②

③

④

⑤

09

   ?

①

②

③

④

⑤

10

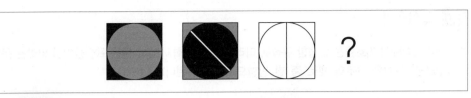

①

②

③

④

⑤

※ 다음 도식에서 기호들은 일정한 규칙에 따라 문자를 변화시킨다. 물음표에 들어갈 알맞은 문자를 고르
  시오(단, 규칙은 가로와 세로 중 한 방향으로만 적용된다). [1~4]

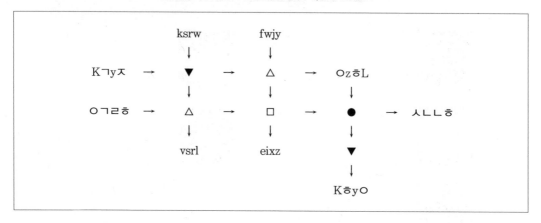

01

ㅅㄴㄹㅁ → ▼ → □ → ?

① ㅁㄴㄹㅅ   ② ㅁㄹㄴㅅ

③ ㅁㅅㄴㄹ   ④ ㅇㄱㄷㅂ

⑤ ㅅㄱㄹㄹ

02

isog → ● → △ → ?

① hsog   ② iosg

③ gosi   ④ hsng

⑤ irof

03

? → ▼ → ● → yenv

① neyv   ② vney

③ yfnw   ④ wyfn

⑤ wnfy

04

? → □ → △ → ㅇㅌㄷㄹ

① ㅈㄹㅋㄷ   ② ㅊㄹㄷㅈ

③ ㅈㅊㄹㄷ   ④ ㅅㅌㄴㄹ

⑤ ㅅㅌㄴㄷ

※ 다음 도식에서 기호들은 일정한 규칙에 따라 문자를 변화시킨다. 물음표에 들어갈 알맞은 문자를 고르시오(단, 규칙은 가로와 세로 중 한 방향으로만 적용된다). [5~7]

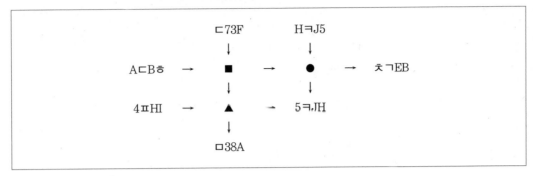

05

GHKT → ■ → ● → ?

① PFNH
② PFMH
③ SFNH
④ PFMI
⑤ PFNR

06

5454 → ▲ → ● → ?

① 3275
② 3266
③ 3376
④ 3276
⑤ 2276

07

76ㄱI → ▲ → ■ → ?

① 91ㅂD
② 92ㅅD
③ 92ㅂT
④ 84ㄹF
⑤ 92ㅂD

※ 다음 도식에서 기호들은 일정한 규칙에 따라 문자를 변화시킨다. 물음표에 들어갈 알맞은 문자를 고르시오(단, 규칙은 가로와 세로 중 한 방향으로만 적용된다). [8~10]

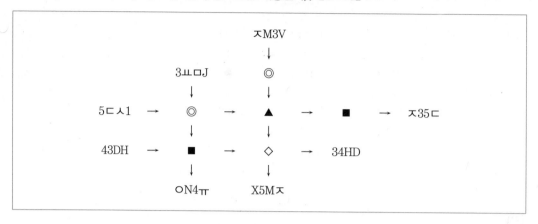

08

$$2Uㅓㅋ → ◇ → ▲ → ?$$

① T1ㅈㅑ
② ㅈ3Rㅠ
③ 4ㅍㅗS
④ ㅊㅏT0
⑤ ㅋ5Oㅑ

09

$$ㅂ5ㄴ6 → ■ → ◎ → ?$$

① ㄷ8ㅈ9
② ㅊ8ㄹ7
③ 67ㅅㄱ
④ 68ㄱㄷ
⑤ 79ㄹㅅ

10

$$4ㅜDH → ▲ → ◇ → ◎ → ?$$

① DㅗC5
② GEㅠ7
③ 6ㅜID
④ 6FㅗC
⑤ ㅗ2BG

※ 다음 도식에서 기호들은 일정한 규칙에 따라 문자를 변화시킨다. 물음표에 들어갈 알맞은 문자를 고르시오(단, 규칙은 가로와 세로 중 한 방향으로만 적용된다). [11~13]

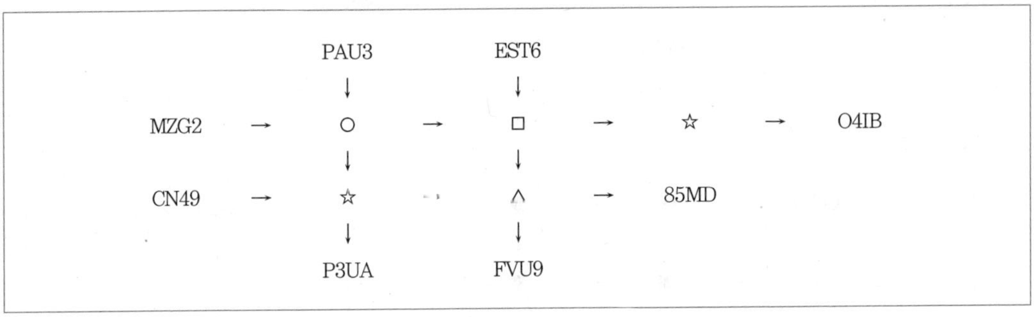

```
                    PAU3            EST6
                     ↓               ↓
   MZG2    →    ○    →    □    →    ☆    →    O4IB
                     ↓               ↓
   CN49    →    ☆         ∧    →    85MD
                     ↓               ↓
                    P3UA            FVU9
```

11

JLMP → ○ → □ → ?

① NORL ② LNOK
③ RONL ④ MPQM
⑤ ONKK

12

DRFT → □ → ☆ → ?

① THVF ② EUGW
③ SGQE ④ VHTF
⑤ DTFR

13

8TK1 → △ → ○ → ?

① 81KT ② 9WL4
③ UJ27 ④ KT81
⑤ 0LS9

※ 다음 도식에서 기호들은 일정한 규칙에 따라 문자를 변화시킨다. 물음표에 들어갈 알맞은 문자를 고르시오(단, 규칙은 가로와 세로 중 한 방향으로만 적용된다). [14~16]

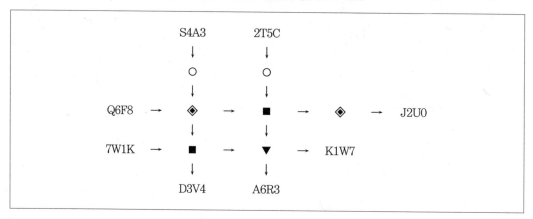

14

$$5ㅂ2ㅌ → ▼ → ○ → ?$$

① ㅍ0ㅅ3
② 0ㅂ3ㅋ
③ ㅅ3ㅍ0
④ ㅂ3ㅋ0
⑤ 3ㅅ0ㅋ

15

$$LㅅEㅈ → ◈ → ■ → ?$$

① FoMㅍ
② ㅋGㅈN
③ MoFㅍ
④ GㅋNㅈ
⑤ NㅈGㅋ

16

$$ㄱBㄷV → ■ → ○ → ?$$

① ㄹZㄴT
② TㄴZㄹ
③ WㄱCㅍ
④ CㅍWㄱ
⑤ ㄹTㄴZ

※ 다음 도식에서 기호들은 일정한 규칙에 따라 문자를 변화시킨다. 물음표에 들어갈 알맞은 문자를 고르시오(단, 규칙은 가로와 세로 중 한 방향으로만 적용된다). [17~19]

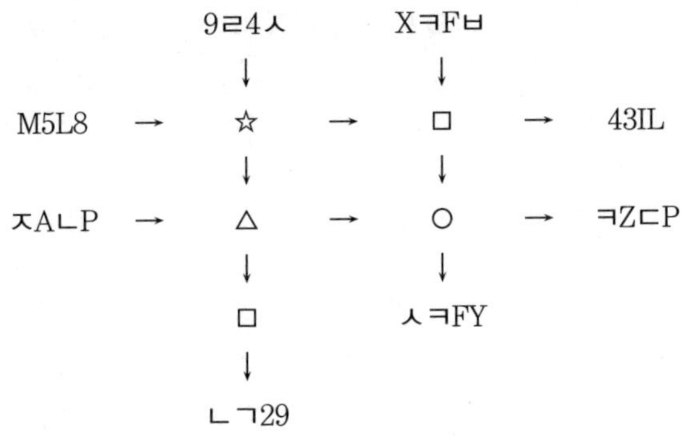

```
                        9ㄹ4ㅅ        XㅋFㅂ
                          ↓             ↓
        M5L8    →    ☆    →    □    →    43IL
                          ↓             ↓
        ㅈAㄴP   →    △    →    ○    →    ㅋZㄷP
                          ↓             ↓
                          □           ㅅㅋFY
                          ↓
                        ㄴㄱ29
```

17

LIKE → ○ → □ → ?

① MHLD   ② MIKF
③ NHLE   ④ FIKM
⑤ DHLM

18

7288 → □ → ☆ → ?

① 7053   ② 9288
③ 8287   ④ 7278
⑤ 7055

19

MJㅊㅍ → ☆ → ○ → ?

① ㅎJㅊN   ② MGㅋㅇ
③ MHㅅㅊ   ④ OIㅋㅎ
⑤ NJㅊㅎ

※ 다음 도식에서 기호들은 일정한 규칙에 따라 문자를 변화시킨다. 물음표에 들어갈 알맞은 문자를 고르시오(단, 규칙은 가로와 세로 중 한 방향으로만 적용된다). [20~22]

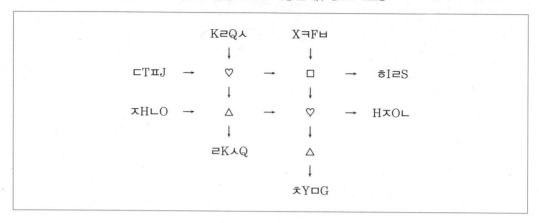

20

ㄱㅌWN → □ → ♡ → ?

① VMㅎㅋ
② ㅎㅋVM
③ XMㄴㅋ
④ ㄴㅋXM
⑤ XOㅎㅍ

21

IUㄹㅅ → △ → ♡ → ?

① UㅅIㄹ
② IUㄹㅅ
③ ㄹㅅIU
④ UIㅅㄹ
⑤ ㅅㄹUI

22

ㅎBㄱG → □ → △ → ?

① FAㄱㄴ
② CHㅍㅎ
③ FㄴAㄱ
④ CㅎHㅍ
⑤ AㄱㄴF

※ 다음 글을 읽고 추론할 수 있는 내용으로 적절하지 않은 것을 고르시오. [1~2]

01

> 최근 온라인에서 '동서양 만화의 차이'라는 제목의 글이 화제가 되었다. 공개된 글에 따르면 동양 만화의 대표 격인 일본 만화는 대사보다는 등장인물의 표정, 대인관계 등에 초점을 맞춰 이미지나 분위기 맥락에 의존한다. 또 다채로운 성격의 캐릭터들이 등장하고 사건 사이의 무수한 복선을 통해 스토리가 진행된다.
>
> 반면 서양 만화를 대표하는 미국 만화는 정교한 그림체와 선악의 확실한 구분, 수많은 말풍선을 사용한 스토리 전개 등이 특징이다. 서양 사람들은 동양 특유의 느긋한 스토리와 말 없는 칸을 어색하게 느낀다. 이처럼 동서양 만화의 차이가 발생하는 이유는 동서양이 고맥락 문화와 저맥락 문화로 구분되기 때문이다. 고맥락 문화는 민족적 동질을 이루며 역사, 습관, 언어 등에서 공유하고 있는 맥락의 비율이 높다. 또한 집단주의와 획일성이 발달했다. 일본, 한국, 중국과 같은 한자 문화권에 속한 동아시아 국가가 이러한 고맥락 문화에 속한다.
>
> 반면 저맥락 문화는 다인종·다민족으로 구성된 미국, 캐나다 등이 대표적이다. 저맥락 문화의 국가는 멤버 간에 공유하고 있는 맥락의 비율이 낮아 개인주의와 다양성이 발달한 문화를 가진다. 이렇듯 고맥락 문화와 저맥락 문화의 만화는 말풍선 안에 대사의 양으로 큰 차이점을 느낄 수 있다.

① 일본 만화는 무수한 복선을 통한 스토리 진행이 특징이다.

② 저맥락 문화는 멤버 간에 공유하고 있는 맥락의 비율이 낮아서 다양성이 발달했다.

③ 동서양 만화를 접했을 때 표면적으로 느낄 수 있는 차이점은 대사의 양이다.

④ 고맥락 문화의 만화는 등장인물의 표정, 대인관계 등 이미지나 분위기 맥락에 의존하는 경향이 있다.

⑤ 미국은 고맥락 문화의 대표국으로 다양성이 발달하는 문화를 갖기 때문에 다채로운 성격의 캐릭터가 등장한다.

02

오골계(烏骨鷄)라는 단어를 들었을 때 머릿속에 떠오르는 이미지는 어떤가? 아마 대부분의 사람들은 볏부터 발끝까지 새까만 닭의 모습을 떠올릴지도 모르겠다. 하지만 사실 이것은 토착종인 오계로, 오골계와는 엄밀히 구분되는 종이다. 그렇다면 오골계와 오계는 정확히 어떠한 차이가 있을까? 흔히 시장에 유통되고 있는 오골계는 정확히는 일제강점기에 유입된 '실키'라는 품종에서 비롯된 혼합종이라고 할 수 있다. 살과 가죽, 뼈 등이 검정에 가까운 자색을 띠지만 흰색이나 붉은 갈색의 털을 지니기도 한다. 병아리 또한 흰 솜털로 덮여 있으며 발가락 수가 5개인 것이 특징이다.

연산오계라고도 불리는 오계는 대한민국 천연기념물 제265호로 지정되어 충남 논산시에 위치한 국내 유일의 오계 사육 농장에서만 사육되고 있다. 살과 가죽, 뼈는 물론 털까지 검으며 야생성이 강하고 사육기간이 길어 기르는 것이 쉽지 않은 것으로 알려져 있다. 병아리 또한 검은색을 띠고 발가락 수가 일반 닭과 같은 4개이기에 구분이 어렵지는 않다.

오계라는 명칭은 동의보감에서 그 이름과 함께 약효와 쓰임새가 기록되어 있는 것을 토대로 최소 선조 이전부터 사육되었던 것으로 추정하고 있다. 하지만 현재는 그 수가 적어 천연기념물로 보호하기 위한 종계 개체 수 1,000마리를 유지하고 있으며, 그 외의 종계로써의 가치가 끝난 퇴역종계와 비 선발 종계후보들만이 식용으로 쓰이고 있다.

① 털의 색을 통해 오골계와 오계를 구분할 수 있을 것이다.

② 손질된 오골계와 오계 고기를 구분하기는 어려울 것이다.

③ 살이 검은 것을 제외하면 오골계와 일반 닭은 큰 차이가 없다고 볼 수 있다.

④ 오계는 병아리 때부터 다른 닭과 구분하기 쉽다고 할 수 있다.

⑤ 오계는 식재보다는 약용으로 더 많이 쓰였을 것으로 짐작할 수 있다.

※ 다음 글의 주장에 대한 반박으로 가장 적절한 것을 고르시오. [3~4]

03

비타민D 결핍은 우리 몸에 심각한 건강 문제를 일으킬 수 있다. 비타민D는 칼슘이 체내에 흡수되어 뼈와 치아에 축적되는 것을 돕고 가슴뼈 뒤쪽에 위치한 흉선에서 면역세포를 생산하는 작용에 관여하는데, 비타민D가 부족할 경우 칼슘과 인의 흡수량이 줄어들고 면역력이 약해져 뼈가 약해지거나 신체 불균형이 일어날 수 있다.

비타민D는 주로 피부가 중파장 자외선에 노출될 때 형성된다. 중파장 자외선은 피부와 혈류에 포함된 7-디하이드로콜레스테롤을 비타민D로 전환시키는데, 이렇게 전환된 비타민D는 간과 신상을 통해 칼시트리올(Calcitriol)이라는 호르몬으로 활성화된다. 바로 이 칼시트리올을 통해 우리는 혈액과 뼈에 흡수될 칼슘과 인의 흡수를 조절하는 것이다.

이러한 기능을 담당하는 비타민D를 함유하고 있는 식품은 자연에서 매우 적기 때문에, 우리의 몸은 충분한 비타민D를 생성하기 위해 주기적으로 태양빛에 노출될 필요가 있다.

① 태양빛에 노출될 경우 피부암 등의 질환이 발생하여 도리어 건강이 더 악화될 수 있다.

② 비타민D 결핍으로 인해 생기는 부작용은 주기적인 칼슘과 인의 섭취를 통해 해결할 수 있다.

③ 비타민D 보충제만으로는 체내에 필요한 비타민D를 얻을 수 없다.

④ 태양빛에 직접 노출되지 않거나 자외선 차단제를 사용했음에도 체내 비타민D 수치가 정상을 유지한다는 연구결과가 있다.

⑤ 선크림 등 자외선 차단제를 사용하더라도 비타민D 생성에 충분한 중파장 자외선에 노출될 수 있다.

04

아마란스는 남아메리카 지방에서 예로부터 잉카인들이 즐겨 먹어 오던, 5천 년의 재배 역사를 지닌 곡물이다. 척박한 안데스 고산지대에서 자라날 수 있는 강한 생명력을 가지고 있으며, 각종 풍부한 영양소로 인해 '신이 내린 곡물'이라는 별명을 얻기도 했다.

아마란스는 곡물로서는 흔치 않은 고단백 식품이라는 점도 주목할 만하다. 성분 전체 중 15 ~ 17%에 달할 정도로 식물성 단백질 성분이 풍부하며, 식이섬유 성분이 다량 함유되어 있다. 반면 쌀, 보리, 밀 등 다른 곡류에 비해 탄수화물이나 나트륨 함량이 낮은 편이며, 체중에 위협이 되는 글루텐 성분 또한 없다. 또한 칼슘·칼륨·인·철분 등의 무기질을 비롯해 다양한 영양성분이 풍부하여 다른 곡물에 부족한 영양소를 보충할 수 있다. 아마란스가 최근 비만 환자들에게 의사들이 적극 추천하는 식품이 된 이유가 여기에 있다.

때문에 아마란스는 향후 우리나라 사람들의 주식인 백미를 대체할 수 있는 식품이 될 수 있다. 백미의 경우 구성성분이 대부분 탄수화물로 이루어져 있는 반면, 유효한 영양소는 적기 때문에 비만의 주범이 되고 있다. 바꾸어 말해, 주식으로 백미 대신 동일한 양의 아마란스를 섭취하는 것은 탄수화물 섭취를 크게 줄일 수 있고, 체중 조절에 훨씬 유리하다. 따라서 국내 비만율을 낮추기 위해 국가 차원에서 정책적으로 뒷받침하여 쌀 대신 아마란스를 대량 재배해야 한다.

① 아마란스도 과량으로 섭취하면 체중이 증가한다.

② 아마란스는 우리나라 기후와 맞지 않아 국내 재배가 어렵다.

③ 국내에는 아마란스를 이용한 요리가 거의 알려지지 않았다.

④ 섭취하는 식품뿐만 아니라 운동 부족도 비만에 지대한 영향을 끼친다.

⑤ 백미를 일일권장량 이상 섭취해도 정상체중이거나 저체중인 사람들이 많다.

05

> 조선시대 들어 유교적 혈통률의 영향을 받아 삶의 모습은 처거제 – 부계제로 변화하였다. 이러한 체제는 조선 전기까지 대부분 유지되었다. 친척 관계 자료를 수집하기 위해 마을을 방문하던 중 '처가로 장가를 든 선조가 이 마을의 입향조가 되었다.'는 얘기를 듣곤 하는데, 이것이 바로 처거제 – 부계제의 원리가 작동한 결과라고 말할 수 있다. 거주율과 혈통률을 결합할 경우, 혼인에서는 남자의 뿌리를 뽑아서 여자이 거주지로 이전하고, 집안 계승의 측면에서는 남자 쪽을 선택하도록 한 것이다. 이를 통해 거주율에서는 여자의 입장을 유리하게 하고, 혈통률에서는 남자이 입장이 유리하도록 하는 균형적인 모습을 띠고 있음을 알 수 있다.

① 처거제는 '시집가다'와 일맥상통한다.
② 처거제 – 부계제는 조선 후기까지 대부분 유지되었다.
③ 조선 전기에 이르러 가족 관계에서 남녀 간 힘의 균형이 무너졌다.
④ 조선시대 이전부터 처거제 – 부계제가 존재하였다.
⑤ 고려시대에는 조선시대에 비해 유교적 혈통률의 영향을 덜 받았다.

06

효(孝)가 개인과 가족, 곧 일차적인 인간관계에서 일어나는 행위를 규정한 것이라면, 충(忠)은 가족이 아닌 사람들과의 관계, 곧 이차적인 인간관계에서 일어나는 사회적 행위를 규정한 것이었다. 그런데 언제부터인가 우리는 효를 순응적 가치관을 주입하는 봉건 가부장제 사회의 유습이라고 오해하는가 하면, 충과 효를 동일시하는 오류를 저지르는 경향이 많아졌다.

"부모에게 효도하고 형제를 사랑하는 사람은 윗사람의 명령을 거역하는 경우가 드물다. 또 윗사람의 명령을 어기지 않는 사람은 난동을 일으키는 경우도 드물다. 군자는 근본에 힘쓴다. 근본이 확립되면 도가 생기기 때문이다. 효도와 우애는 인(仁)의 근본이다."

위 구절에 담긴 입장을 기준으로 보면 효는 윗사람에 대한 절대 복종으로 연결된다. 곧 종족 윤리의 기본이 되는 연장자에 대한 예우는 물론이고 신분 사회의 엄격한 상하 관계까지 포괄적으로 인정하는 것이다. 하지만 이 구절만을 근거로 효를 복종의 윤리라고 보는 것은 성급한 판단이다. 왜냐하면 원래부터 효란 가족 윤리 또는 종족 윤리로서 사회 윤리였던 충보다 우선시되었을 뿐만 아니라, 유교의 기본 입장은 설사 부모의 명령이라 하더라도 옳고 그름을 가리지 않는 맹목적인 복종은 그 자체가 불효라고 보았기 때문이다.

유교에서는 부모와 자식의 관계가 자연에 의해서 결정된다고 한다. 이 때문에 부모와 자식의 관계는 인위적으로 끊을 수 없다고 본다. 이에 비해 임금과 신하의 관계는 공동의 목표를 위한 관계로서 의리에 의해서 맺어진 관계로 본다. 의리가 맞지 않는다면 언제라도 끊을 수 있다고 생각하는 것이다.

① 효는 봉건 가부장제 사회의 영향 아래 규정된 가족 관계에서의 행위이다.

② 인(仁)의 원리에 따르면 충을 다하면 효는 자연스럽게 따라온다.

③ 충은 상호 신뢰를 바탕으로 이루어진 임금과 신하 사이의 관계에서 지켜져야 한다.

④ 유교적 윤리에 따르면 부모와 윗사람의 명령은 거역할 수 없다.

⑤ 임금의 명령으로 인해 부모에 대한 효를 지키지 못했다면 이는 불효가 아닐 것이다.

요즘 대세로 불리는 폴더블 스마트폰이나 커브드 모니터를 직접 보거나 사용해 본 적이 있는가? 혁신적인 디자인과 더불어 사용자에게 뛰어난 몰입감을 제공하며 시장에서 큰 인기를 끌고 있는 이 제품들의 사양을 자세히 보면 'R'에 대한 값이 표시되어 있음을 알 수 있다. 이 R은 반지름(Radius)을 뜻하며 제품의 굽혀진 곡률을 나타내는데, 이 R의 값이 작을수록 접히는 부분의 비는 공간이 없어 완벽하게 접힌다.

일반적으로 여러 층의 레이어로 구성된 패널은 접었을 때 앞면에는 줄어드는 힘인 압축응력이, 뒷면에는 늘어나는 힘인 인장응력이 동시에 발생한다. 이처럼 서로 반대되는 힘인 압축응력과 인장응력이 충돌하면서 패널의 구조에 영향을 주는 것을 '폴딩 스트레스'라고 하는데, 곡률이 작을수록, 즉 더 접힐수록 패널이 받는 폴딩 스트레스가 높아진다. 따라서 곡률이 상대적으로 작은 인폴딩 패널이 곡률이 큰 아웃폴딩 패널보다 개발 난도가 높은 셈이다.

보기

S전자는 이번 행사에서 1.4R의 인폴딩 패널을 사용한 폴더블 스마트폰을 개발하는 데 성공했다고 발표했다. 이는 아웃폴딩 패널을 사용한 H기업이나 동일한 인폴딩 패널을 사용한 A기업의 폴더블 스마트폰보다 현저히 낮은 곡률이다.

① 이번에 H기업에서 새로 개발한 1.6R의 작은 곡률이 적용된 패널을 사용한 폴더블 스마트폰은 S전자에서 개발한 폴더블 스마트폰과 동일한 방식의 패널을 사용했을 것이다.

② 아웃폴딩 패널을 사용한 H기업의 폴더블 스마트폰은 이번에 S전자에서 개발한 폴더블 스마트폰보다 폴딩 스트레스가 낮을 것이다.

③ 인폴딩 패널을 사용한 A기업의 폴더블 스마트폰은 S전자에서 개발한 폴더블 스마트폰과 개발 난도가 비슷했을 것이다.

④ 아웃폴딩 패널을 사용한 H기업의 폴더블 스마트폰의 R값이 인폴딩 패널을 사용한 A기업의 폴더블 스마트폰의 R값보다 작을 것이다.

⑤ S전자의 폴더블 스마트폰의 R값이 경쟁 기업보다 작은 것은 여러 층으로 구성된 패널의 층수를 타 기업의 패널보다 줄여 압축응력과 인장응력으로 인한 스트레스를 줄였기 때문일 것이다.

08 다음은 〈보기〉를 바탕으로 과학자들의 연구 과정을 설명한 글이다. 이에 대한 내용으로 적절하지 않은 것은?

아인슈타인은 우주는 정적인 상태로 존재해야 한다는 믿음을 가지고 있었다. 그러나 수학적 지식을 바탕으로 연구한 후, 그는 우주는 정적인 것이 아니라 팽창하거나 수축하는 동적인 것이라는 결과를 얻었다. 이런 결과를 아인슈타인은 받아들일 수 없었다. 그래서 우주가 정적인 상태로 존재하는 것처럼 보이게 하는 요소를 의도적으로 그의 이론에 삽입했다.

그러나 허블이 우주가 팽창하고 있다는 사실을 발견하고 난 후, 아인슈타인이 의도적으로 삽입한 요소는 의미가 없어졌다. 허블은 자신의 망원경으로 우주를 관측해 은하들이 지구로부터 멀어지는 속도가 지구와 은하 사이의 거리에 비례한다는 사실을 밝혀냈다. 허블의 연구 이후 우주의 팽창을 전제로 하는 우주론들이 등장했다. 가장 폭넓은 지지를 받은 이론은 가모프와 앨퍼가 제안한 대폭발 이론이다. 그들은 150억 년 전과 200억 년 전 사이의 어느 시점에 한 점에 모여 있던 질량과 에너지가 폭발하면서 우주가 시작되었다고 주장했다. 그러나 그들의 주장은 많은 논쟁을 불러일으켰다. 대폭발 이론이 정말로 옳다면 우주배경복사*가 관찰되어야 하는데 그것을 찾을 수 없었기 때문이다. 우주배경복사는 1960년대 펜지어스와 윌슨의 관측에 의해 비로소 발견되었고 이로 인해 대폭발 이론은 널리 받아들여지게 되었다.

대폭발 이론이 입증되면서 과학자들은 우주가 과거에 어땠는지에 관심을 갖게 되었다. 우주의 팽창에 영향을 주는 힘은 중력이다. 중력이란 물질 사이에 서로 끌어당기는 힘이기 때문에 우주의 팽창을 방해한다. 만약 우주에 존재하는 물질의 질량이 우주의 팽창에 영향을 줄 정도로 충분히 크다면 어떻게 될까? 큰 중력에 의해 팽창 속도는 급격히 줄어들고 언젠가는 멈추었다가 다시 수축할 것이다. 과학자들은 우주의 팽창을 멈추게 하는 데 필요한 질량이 얼마인지 계산해 보았다. 그 결과 우주의 질량은 우주의 팽창을 저지할 만큼 충분하지 않다는 사실이 밝혀졌다. 그러나 최근 눈에 보이지는 않지만 우주의 질량을 증가시키는 물질이 있다는 것이 밝혀졌다. 과학자들은 이 물질을 암흑 물질이라고 불렀다. 암흑 물질이 많으면 우주 전체의 질량이 늘어나 팽창이 멈추게 될 수도 있다. 과학자들은 암흑 물질의 발견으로 우주의 팽창이 느려질 것이라고 추측했다. 이런 추측을 바탕으로 슈미트와 크리슈너는 초신성을 관측해 우주의 팽창 속도 변화를 연구했다. 연구 결과 놀랍게도 우주의 팽창 속도는 느려지는 것이 아니라 빨라지고 있었다. 그것은 질량에 작용하는 중력보다 더 큰 힘이 우주를 팽창시키고 있음을 뜻한다. 이것은 우주 공간이 에너지를 가지고 있다는 것을 의미한다. 과학자들은 이 에너지를 암흑 에너지라 부르기 시작했다.

*우주배경복사 : 우주 탄생 후 최초로 우주 공간으로 자유롭게 퍼진 빛

보기

과학자들은 가설을 세우고 이를 검증하면서 이론을 정립해가지만 개인적 신념이 이론 형성에 영향을 미치기도 한다. 이론은 실험이나 관측을 통해 만들어지기도 하고, 과학자의 지식을 기반으로 하여 정립되기도 한다. 특히 지식을 기반으로 정립된 이론은 후대 과학자들의 실증적인 방법에 의해 입증되기도 하고 수정되거나 버려지기도 한다.

① 아인슈타인은 연구 결과보다 개인적 신념에 더 의지하여 이론을 정립했다.
② 허블의 실증적인 방법에 의하여 우주 팽창에 대한 아인슈타인의 이론은 무의미해졌다.
③ 가모프와 앨퍼는 허블이 망원경으로 관측한 결과를 이론으로 정립했다.
④ 펜지어스와 윌슨은 가모프와 앨퍼의 이론을 입증하는 관측 결과를 내놓았다.
⑤ 슈미트와 크리슈너는 초신성 관측을 통해 가모프와 앨퍼의 이론을 수정했다.

09 다음 〈보기〉를 참고할 때, [A]에 나타난 '도덕적 해이 현상'의 사례로 가장 적절한 것은?

경제·사회 발전의 과정에서 경제적 자원과 활동의 집적이나 집중은 자연스러운 일이지만 불균형적인 결과를 만들어낼 가능성이 많다. 예컨대 경제·사회 발전은 열심히 하는 경제 주체에게 더 많은 자원의 집적을 가능하게 하기 때문에 경제·사회 발전이 심화될수록 부의 분배가 더 불평등해질 수 있다는 것이다. 그러나 시지윅(Sidgwick)은 경제적 차별화에 따른 분배, 즉 각자가 자신이 이뤄낸 성과에 부합하는 보상을 받는 분배는 정의롭다고 보았다.

그렇다면 차별화 패러다임하에서 상대적으로 뒤떨어질 수밖에 없는 소위 음지의 사람들에 대한 배려는 없어도 좋다는 것인가? 이 질문에 대한 답은 '그렇지 않다'일 뿐만 아니라 인간은 그렇게 해서는 안 되는 존재라고 할 수밖에 없다. 아담 스미스의 '동정과 자비', 존 롤스의 '가장 어려운 처지의 공동체 구성원에 대한 배려'는 사회 공동체의 존속을 위한 불가피한 도덕적 명령이다. 따라서 복지 정책이 없는 국가를 상정할 수는 없다.

국민의 복지를 위한 정부 개입의 정도는 시대나 상황의 요구에 따라 달랐다. 나치 독일의 전쟁국가에 대한 대립 개념으로 등장한 복지국가는 1942년 「베버리지 보고서」에 의해 '요람에서 무덤까지' 개인의 복지를 국가가 책임진다는 개념으로 정착되었다. 즉, 복지국가란 일반 국민들에게 최저 소득의 보장, 사회 안전망의 제공, 최상의 사회 서비스의 보장 등을 위한 목적으로 국가가 개입하는 한 형태를 지칭한다. 선진국에서는 제2차 세계대전 이후 사회주의 국가와의 대결 과정에서 이러한 복지 지출의 과다로 복지병에 시달린 경험이 많아 최근에는 복지국가 개념이 크게 쇠퇴하고 있다. 하지만 국민소득이 높은 북유럽의 국가들은 여전히 높은 수준의 복지제도를 유지하고 있다. 결국 복지의 정도는 국가의 경제력 유무에 달려 있다고 해야 할 것이다.

여기서 우리는 복지의 정도가 아니라 어떠한 복지제도가 지속 가능할 것인가에 대해 관심을 가질 필요가 있다. 이를 위해 우리는 앞에서 언급한 시지윅의 경제적 차별화에서 해법을 찾아 볼 수 있을 것이다. 아무리 강한 경제에서 출발하여 복지국가를 지향한다 하더라도 발전의 기본 원리인 차별화를 부정하는 방식으로 복지가 시행된다면 경제 자체의 발전이 잠식됨으로써 복지국가의 지속 가능성이 훼손될 가능성이 있다. 이러한 가능성은 두 가지 경로를 통해 나타나게 된다.

[A] ⎡ 첫째, 복지를 위한 재원의 조달 과정에서 스스로 노력하는 자들에게 지나치게 과도한 세금을 부과하게 되면 차별화 원리에 훼손이 오고 나아가 경제·사회 발전의 역동성이 약화된다. 둘째, 복지의 지출 방식이 단지 '그늘진 환경에 있다'는 이유만으로 지원하게 될 때 도덕적 해이 현상이 나타날 수 있다. 건강한 노동력을 보유한 계층이 단지 그늘진 계층이라는 이유만으로 지원을 받게 되면 그 계층에 계속 안주하려는 도덕적 해이가 발생할 뿐만 아니라, 그보다 형편이 더 나은 계층으로 하여금 그늘진 계층으로 내려가게 하는 또 다른 형태의 도덕적 해이를 ⎣ 유발하게 된다.

따라서 경제의 역동성을 유지하면서도 복지국가로서의 기능을 다하려면 다음의 방식이 매우 유용하다. 즉, 복지 재원 조달 방식이 스스로 노력하는 자들을 역차별할 정도로 지나치게 고율이어서는 안 된다는 것과 복지제도가 음지에 있는 사람들을 양지로 이끌어내는 데 그 근본 목적을 두어야 한다는 것이다. 결국 복지 지출은 자력갱생의 길로 이끌어낼 수 있도록 '스스로 돕는 자'가 되려고 노력하는 사람들을 더 우대하는 방향으로 이루어져야 한다는 점이다.

> **보기**
>
> 도덕적 해이란 자기의 역할에 최선을 다하지 않으려는 마음가짐이나 행동, 즉 다른 사람들의 이익을 희생한 대가로 자신만의 이익을 추구하는 행위를 말한다.

① 보험 가입자인 주부 A씨는 교통사고로 부상을 입은 후 사고 후유증을 염려하여 정밀 검사를 요구하였다.

② B은행이 예금 유치를 위해 높은 금리의 상품을 개발하자 많은 예금주들이 거래 은행을 바꾸는 현상이 나타났다.

③ 회사원 C씨는 등산 중에 다리를 다치자 국가에 생활 보조금을 신청하고 직장을 퇴직한 후 직업을 구하려는 노력을 포기하였다.

④ 의사인 D씨는 환자의 병증이 일반적인 상황과 다른 것을 확인하고 의료보험으로 처리되지 않는 고가의 검사를 실시하였다.

⑤ 실업자인 E씨는 정부에서 무상으로 실시하는 직업훈련 교육을 받았으나 직업을 구하지 못해 또 다른 직업훈련 교육을 신청하였다.

10 다음 글의 내용이 참일 때, 항상 거짓인 것은?

일반적으로 최초의 망원경은 네덜란드의 안경 제작자인 한스 리퍼쉬(Hans Lippershey)에 의해 만들어졌다고 알려져 있다. 이 최초의 망원경 발명에는 출처가 분명하지는 않지만 재미있는 일화가 전해진다.

1608년 리퍼쉬의 아들이 리퍼쉬의 작업실에서 렌즈를 가지고 놀다가 두 개의 렌즈를 어떻게 조합을 하였더니 멀리 있는 교회의 뾰족한 첨탑이 매우 가깝게 보였다. 리퍼쉬의 아들은 이러한 사실을 아버지에게 알렸고 이것을 본 리퍼쉬가 망원경을 발명하였다. 리퍼쉬가 만들었던 망원경은 당시 그 지역을 다스리던 영주에게 상납되었다. 유감스럽게도 리퍼쉬가 망원경 제작에 사용한 렌즈의 조합은 현재 정확하게 알려져 있지는 않지만, 아마도 두 개의 볼록렌즈를 사용했을 것으로 추측된다. 이렇게 망원경이 발명되었다는 소식은 유럽 전역으로 빠르게 전파되어, 약 1년 후에는 이탈리아의 갈릴레오에게까지 전해졌다.

1610년, 갈릴레오는 초점거리가 긴 볼록렌즈를 망원경의 대물렌즈로 사용하고 초점 거리가 짧은 오목렌즈를 초점면 앞에 놓아 접안렌즈로 사용하였다. 이 같은 설계는 물체와 상의 상하좌우가 같은 정립상을 제공하므로 지상 관측에 적당하다. 이러한 광학적 설계 방식을 갈릴레이식 굴절 망원경이라고 한다.

갈릴레오가 자신이 만든 망원경으로 천체를 관측하여 발견한 천문학적 사실 중 가장 중요한 것은 바로 금성의 상변화이다. 금성의 각크기가 변한다는 것을 관측함으로써 금성이 지구를 중심으로 공전하는 것이 아니라 태양을 중심으로 공전하고 있다는 것을 증명하였으며, 따라서 코페르니쿠스의 지동설을 지지하는 강력한 증거를 제공하였다. 그러나 갈릴레이식 굴절 망원경은 초점 거리가 짧은 오목렌즈 제작의 어려움으로 배율에 한계가 있었으며, 시야도 좁고 색수차가 심하여 17세기 초반까지만 사용되었다. 오늘날에는 갈릴레이식 굴절 망원경은 오페라 글라스와 같은 작은 쌍안경에나 쓰일 뿐 거의 사용되지 않고 있다.

이후 케플러가 설계했다는 천체 관측용 망원경이 만들어졌는데, 이 망원경은 갈릴레이식보다 진일보한 형태로 오늘날 천체 관측용 굴절 망원경의 원형이 되고 있다. 케플러식 굴절 망원경은 장초점의 볼록렌즈를 대물렌즈로 하고 단초점의 볼록렌즈를 초점면 뒤에 놓아 접안렌즈로 사용한 구조이다. 이러한 설계 방식은 상의 상하좌우가 뒤집힌 도립상을 보여주기 때문에 지상용으로는 부적절하지만 천체를 관측할 때는 별다른 문제가 없다.

① 케플러식 망원경은 볼록렌즈만 사용하여 만들어졌다.

② 갈릴레오의 망원경은 볼록렌즈를 대물렌즈로, 오목렌즈를 접안렌즈로 사용하였다.

③ 갈릴레오는 자신이 발명한 망원경으로 금성의 상변화를 관측하여 금성이 태양을 중심으로 공전한다는 것을 증명하였다.

④ 네덜란드의 안경 제작자인 한스 리퍼쉬는 아들의 렌즈 조합 발견을 계기로 망원경을 제작할 수 있었다.

⑤ 케플러식 망원경은 갈릴레오식 망원경과 다르게 상의 상하좌우가 같은 정립상을 보여준다.

많이 보고 많이 겪고 많이 공부하는 것은 배움의 세 기둥이다.

– 벤자민 디즈라엘리 –

3일차

주관식

정렬 대표유형

※ 다음 설명을 읽고, 이어지는 문제의 입력값이 몇 번 정렬되어야 다음의 결괏값이 나오는지 추론하시오.
   [1~5]

[오름차순 정렬]

6	5	7	2	8	9

① 인접한 1, 2번 배열의 크기를 비교해 작은 값이 앞으로 위치하도록 자리를 교환하고 이는 정렬을 1번 한 것이다.

6	5	7	2	8	9	→	5	6	7	2	8	9

② 인접한 2, 3번 배열의 크기를 비교해 작은 값이 앞으로 위치하도록 자리를 교환한다. 이 경우엔 자리가 교환되지 않았으므로 정렬 횟수에 포함하지 않는다.

5	6	7	2	8	9	→	5	6	7	2	8	9

③ 인접한 3, 4번 배열의 크기를 비교해 작은 값이 앞으로 위치하도록 자리를 교환한다.

5	6	7	2	8	9	→	5	6	2	7	8	9

④ 마지막 데이터까지 ①~③의 방식을 반복하여 끝맺으면 1회전이고, 1회전 완료 시 다시 인접한 1, 2번 배열부터 정렬을 시작한다.

예제

입력값						→	결괏값					
7	4	1	6	5	2		1	4	6	5	2	7

풀이 1)

정렬의 정의에 따라 첫 번째 배열부터 인접한 1, 2번 크기를 비교하여 차례대로 적용하여 마지막 배열을 구하면 다음과 같다. 따라서 6번의 정렬을 시행하면 원하는 배열이 나온다.

7	4	1	6	5	2	→	4	7	1	6	5	2	→	4	1	7	6	5	2

→	4	1	6	7	5	2	→	4	1	6	5	7	2	→	4	1	6	5	2	7

→	1	4	6	5	2	7

풀이 2)

한 회전의 규칙은 다음과 같다.

ⅰ) 왼쪽에 정렬되어 있는 수부터 대소비교를 하여 오른쪽으로 이동 가능한 숫자를 찾는다.

ⅱ) ⅰ)에서 찾은 숫자가 이동할 수 있는 최대 위치(자기 자신보다 큰 숫자를 만나면 정지)까지 이동하고 정지한 뒤, 정지한 자리의 오른쪽에 위치한 숫자를 가지고 ⅰ) 규칙을 재시행한다.

ⅲ) 맨 오른쪽 자리까지 시행하였을 때 이동한 숫자의 이동 횟수를 합한 값이 한 회전에서 시행된 정렬 횟수이다.

ⅳ) 다음 회전에서는 바로 전 회전의 이동한 숫자가 움직인 칸만큼을 이동하여 입력값으로 정하고 ⅰ), ⅱ), ⅲ) 규칙을 시행한다.

ⅴ) 결괏값이 나오는 회전에서는 마지막 입력값과 결괏값을 놓고 이동한 숫자의 이동 횟수만 구한다.

① 1회전

7	4	1	6	5	2	→	4	1	6	5	2	7

| 7 | : 5칸 이동
|---|

② 2회전

4	1	6	5	2	7	→	1	4	6	5	2	7

| 4 | : 1칸 이동
|---|

∴ 5+1=6번

정답 6번

01

입력값							결괏값					
15	2	4	3	7	12	→	2	3	4	7	12	15

정답 해설 ─────────────────────────────────○

풀이 1)

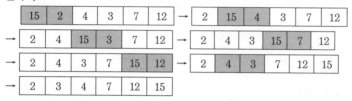

풀이 2)

① 1회전

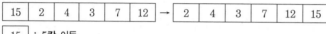

15	2	4	3	7	12	→	2	4	3	7	12	15

15	: 5칸 이동

② 2회전

2	4	3	7	12	15	→	2	3	4	7	12	15

4	: 1칸 이동

∴ 5+1=6번

정답 6번

02

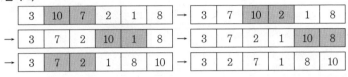

		입력값						결괏값			
3	10	7	2	1	8	3	2	7	1	8	10

정답 해설

풀이 1)

3	10	7	2	1	8	→	3	7	10	2	1	8

→	3	7	2	10	1	8	→	3	7	2	1	10	8

→	3	7	2	1	8	10	→	3	2	7	1	8	10

풀이 2)

① 1회전

3	10	7	2	1	8	→	3	7	2	1	8	10

10	: 4칸 이동

② 2회전

3	7	2	1	8	10	→	3	2	7	1	8	10

7	: 1칸 이동

∴ 4+1=5번

정답 5번

입력값								결괏값						
4	3	7	12	25	10	1	→	1	3	4	7	10	12	25

정답 해설

풀이 1)

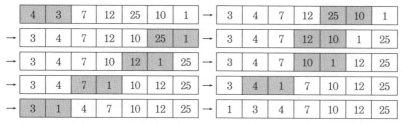

4	3	7	12	25	10	1	→	3	4	7	12	25	10	1
→ 3	4	7	12	10	25	1	→	3	4	7	12	10	1	25
→ 3	4	7	10	12	1	25	→	3	4	7	10	1	12	25
→ 3	4	7	1	10	12	25	→	3	4	1	7	10	12	25
→ 3	1	4	7	10	12	25	→	1	3	4	7	10	12	25

풀이 2)

① 1회전

4	3	7	12	25	10	1	→	3	4	7	12	10	1	25

4	: 1칸 이동

25	: 2칸 이동

② 2회전

3	4	7	12	10	1	25	→	3	4	7	10	1	12	25

12	: 2칸 이동

③ 3회전

3	4	7	10	1	12	25	→	3	4	7	1	10	12	25

10	: 1칸 이동

④ 4회전

3	4	7	1	10	12	25	→	3	4	1	7	10	12	25

7	: 1칸 이동

⑤ 5회전

3	4	1	7	10	12	25	→	3	1	4	7	10	12	25

4	: 1칸 이동

⑥ 6회전

3	1	4	7	10	12	25	→	1	3	4	7	10	12	25

3	: 1칸 이동

∴ 1+2+2+1+1+1+1=9번

정답 9번

04

입력값									결괏값							
17	22	19	8	35	4	21	20	→	8	17	4	19	20	21	22	35

풀이 1)

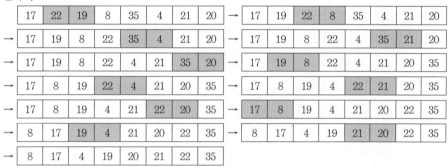

17	22	19	8	35	4	21	20	→	17	19	22	8	35	4	21	20
→ 17	19	8	22	35	4	21	20	→	17	19	8	22	4	35	21	20
→ 17	19	8	22	4	21	35	20	→	17	19	8	22	4	21	20	35
→ 17	8	19	22	4	21	20	35	→	17	8	19	4	22	21	20	35
→ 17	8	19	4	21	22	20	35	→	17	8	19	4	21	20	22	35
→ 8	17	19	4	21	20	22	35	→	8	17	4	19	21	20	22	35
→ 8	17	4	19	20	21	22	35									

풀이 2)

① 1회전

17	22	19	8	35	4	21	20	→	17	19	8	22	4	21	20	35

22 : 2칸 이동

35 : 3칸 이동

② 2회전

17	19	8	22	4	21	20	35	→	17	8	19	4	21	20	22	35

19 : 1칸 이동

22 : 3칸 이동

③ 3회전

17	8	19	4	21	20	22	35	→	8	17	4	19	20	21	22	35

17 : 1칸 이동

19 : 1칸 이동

21 : 1칸 이동

∴ 2+3+1+3+1+1+1=12번

정답 12번

05

입력값									→	결괏값								
35	21	15	17	28	5	55	72	51		15	17	21	5	28	35	51	55	72

풀이 1)

35	21	15	17	28	5	55	72	51
21	35	15	17	28	5	55	72	51
21	15	35	17	28	5	55	72	51
21	15	17	35	28	5	55	72	51
21	15	17	28	35	5	55	72	51
21	15	17	28	5	35	55	72	51
21	15	17	28	5	35	55	51	72
15	21	17	28	5	35	55	51	72
15	17	21	28	5	35	55	51	72
15	17	21	5	28	35	55	51	72
15	17	21	5	28	35	51	55	72

→ 각 행 앞에 화살표

풀이 2)

① 1회전

35	21	15	17	28	5	55	72	51
21	15	17	28	5	35	55	51	72

35 : 5칸 이동

72 : 1칸 이동

② 2회전

21	15	17	28	5	35	55	51	72
15	17	21	5	28	35	51	55	72

21 : 2칸 이동

28 : 1칸 이동

55 : 1칸 이동

∴ 5+1+2+1+1=10번

정답 10번

CHAPTER 01 정렬 유형점검

정답 및 해설 p.038

※ 다음 단어를 오름차순으로 정렬하였을 때, 찾는 단어가 왼쪽에서 몇 번째에 위치하고 있는지 구하시오. [1~5]

예제

every	duck	cook	cry	line

찾는 단어 : every

정답 3번째

01

baby	chair	actor	dry	early

찾는 단어 : chair

02

bank	door	east	and	cheese	ear

찾는 단어 : ear

03

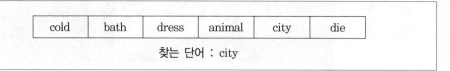

cold	bath	dress	animal	city	die

찾는 단어 : city

04

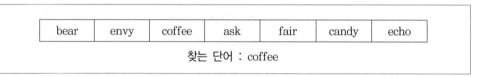

bear	envy	coffee	ask	fair	candy	echo

찾는 단어 : coffee

05

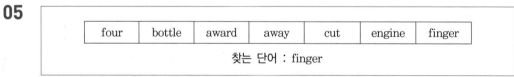

four	bottle	award	away	cut	engine	finger

찾는 단어 : finger

※ 다음 설명을 읽고, 이어지는 문제의 입력값이 몇 번 정렬되어야 다음의 결괏값이 나오는지 추론하시오.
[6~10]

[오름차순 정렬]

3	6	2	7	8	4

① 주어진 리스트 중에 최솟값을 찾는다. 만약 맨 앞에 있는 값이 최솟값이라면 ② 과정을 생략하고, 정렬 횟수에 포함하지 않는다.

3	6	2	7	8	4

② 찾은 최솟값을 리스트의 맨 앞에 있는 값과 교체한다.

3	6	2	7	8	4	→	2	6	3	7	8	4

③ 리스트의 제일 앞에 있는 값을 고정한다.

2	6	3	7	8	4

④ 리스트의 모든 숫자가 고정될 때까지, 고정되지 않은 숫자들에 한해서 ① ~ ③ 과정을 반복한다.

예제

입력값						→	결괏값					
3	6	2	7	8	4		2	3	6	7	8	4

정답 2번

06

입력값						→	결괏값					
5	2	8	4	7	3		2	5	8	4	7	3

07

입력값							결괏값					
6	4	7	8	9	3	→	3	4	6	8	9	7

08

입력값							결괏값					
1	2	5	8	7	3	→	1	2	3	5	7	8

09

입력값						→	결괏값					
2	4	5	7	8	3		2	3	4	5	8	7

10

입력값						→	결괏값					
1	5	3	2	8	7		1	2	3	5	7	8

정답 및 해설 p.041

※ 민수는 학생 여러 명의 수행평가 점수를 다음 선택 정렬에 따라 왼쪽에서 오른쪽으로 오름차순으로
  정렬하고자 한다. 모든 수행평가 점수의 정렬이 완료될 때까지 필요한 이동 횟수를 구하시오. **[1~5]**

[선택 정렬]

13	28	16	22	10	17

① 주어진 리스트에서 가장 작은 값인 10을 가장 앞에 위치한 13과 교환하고 10을 고정한다.

13	28	16	22	10	16	→	10	28	16	22	13	17

이동 횟수 : 1회

② 고정된 값을 제외한 나머지 값에서 가장 작은 값인 13을 10의 다음 값인 28과 교환하고 28을 고정한다.

10	28	16	22	13	17	→	10	13	16	22	28	17

이동 횟수 : 2회

③ 고정된 두 값을 제외한 나머지 값에서 가장 작은 값을 찾는다. 이 경우 16은 정렬되어 있으므로 교환이
  이루어지지 않고, 16을 고정한다.

10	13	16	22	28	17	→

이동 횟수 : 2회

④ 고정된 세 값을 제외한 나머지 값에서 가장 작은 값인 17을 16의 다음 값인 22와 교환하고 17을 고정한다.

10	13	16	22	28	17	→	10	13	16	17	28	22

이동 횟수 : 3회

⑤ 고정된 네 값을 제외한 나머지 값에서 가장 작은 값인 22를 17의 다음 값인 28과 교환하고 22를 고정한다.

10	13	16	17	28	22	→	10	13	16	17	22	28

이동 횟수 : 4회

⑥ 모든 값이 오름차순으로 정렬되어 있으므로 정렬이 완료되었다.

10	13	16	17	22	28

예제

8	10	1	6	23	30

정답 2회

01

2	10	24	5	26	30

02

7	10	12	15	30	5

03

1	8	13	9	15	22	25

04

30	3	15	24	23	5	29

05

8	11	20	17	23	19	30	25

※ 경리는 행사에 참여하는 사람의 이름 목록을 받아 가나다 기준 오름차순으로 정리하려고 한다. 움직인 이름의 수를 최소로 할 때, 움직이는 이름의 수를 구하시오(단, 이름을 맨 앞 또는 맨 뒤로 이동할 수 있으며, 다른 이름들의 중간에 삽입하여 넣을 수도 있다. 중간에 삽입 시, 움직이는 이름의 수는 하나로 카운트한다). [6~10]

예제

| 김지민 | 윤민수 | 남희수 | 진하림 |

정답 1개

06

| 신후석 | 김호석 | 이지민 | 김휘수 | 오다영 | 이재근 |

07

이도영	이영진	김휘수	정원준	이경용	고미숙

08

김성륜	이영진	변관우	김상원	이동우	노한승

09

| 류다영 | 신서리 | 이지혜 | 김도희 | 이다영 | 홍원주 |

10

| 김성주 | 김태희 | 성유진 | 김성수 | 하철희 | 이도희 | 금수빈 | 양희제 |

※ 민지가 방문한 체험관에는 N개의 활동을 운영한다. 각 활동의 시작 시각 및 종료 시각이 다음과 같을 때, 최대한 많은 활동을 할 수 있는 활동 순서를 구하시오(단, 한 가지 활동을 진행하는 동안 다른 활동을 동시에 진행할 수 없으며, 활동 수가 같으면 종료 시각이 더 빠른 것을 고른다). [1~5]

구분	A활동	B활동	C활동
시작 시각	18:00	16:00	13:00
종료 시각	19:00	17:00	14:00

정답 해설

종료 시각이 가장 빠른 C를 먼저 선택해야 한다. 활동끼리 시간이 겹치지 않기 때문에 남은 활동도 종료 시각 순서대로 배열하면 다음과 같다.

구분	C활동	B활동	A활동
시작 시각	13:00	16:00	18:00
종료 시각	14:00	17:00	19:00

따라서 C − B − A 순서로 활동하게 된다.

풀이 꿀팁

활동 시간이 겹치는 경우가 있기 때문에 종료 시각을 기준으로 정렬하는 것이 핵심이다. 종료 시각이 가장 빠른 활동을 배치한 뒤, 다음 선택할 수 있는 활동을 찾는 과정을 반복하면 최대한 많은 활동을 할 수 있다.

정답 C − B − A

01

구분	A활동	B활동	C활동	D활동
시작 시각	15:00	13:00	17:00	15:00
종료 시각	16:00	14:00	19:00	18:00

정답 해설

종료 시각이 가장 빠른 B를 먼저 배치한다. 다음으로 종료 시각이 빠른 A를 배치하면 활동 시간이 겹치는 D를 제외하고 B-A-C 순으로 활동할 수 있다.

구분	B활동	A활동	C활동	D활동
시작 시각	13:00	15:00	17:00	15:00
종료 시각	14:00	16:00	19:00	18:00

정답 B-A-C

02

구분	A활동	B활동	C활동	D활동
시작 시각	17:00	15:00	14:00	13:00
종료 시각	19:00	16:00	15:00	16:00

정답 해설

종료 시각이 가장 빠른 C를 먼저 배치한다. 활동 시간이 겹치는 D를 제외하고 종료 시각 순으로 배치하면 C-B-A 순으로 활동할 수 있다.

구분	C활동	B활동	A활동	D활동
시작 시각	14:00	15:00	17:00	13:00
종료 시각	15:00	16:00	19:00	16:00

정답 C-B-A

03

구분	A활동	B활동	C활동	D활동
시작 시각	16:00	14:00	13:00	18:00
종료 시각	17:00	15:00	17:00	19:00

정답 해설

종료 시각이 가장 빠른 B를 먼저 배치한다. 활동 시간이 겹치는 C를 제외하고 종료 시각 순으로 배치하면 B − A − D 순으로 활동할 수 있다.

구분	B활동	A활동	D활동	C활동
시작 시각	14:00	16:00	18:00	13:00
종료 시각	15:00	17:00	19:00	17:00

정답 B − A − D

04

구분	A활동	B활동	C활동	D활동	E활동
시작 시각	14:00	17:00	19:00	13:00	12:00
종료 시각	16:00	19:00	20:00	14:00	13:00

정답 해설

활동끼리 시간이 겹치지 않으므로 시작 시각 또는 종료 시각 순으로 나열하면 E − D − A − B − C이다.

구분	E활동	D활동	A활동	B활동	C활동
시작 시각	12:00	13:00	14:00	17:00	19:00
종료 시각	13:00	14:00	16:00	19:00	20:00

정답 E − D − A − B − C

05

구분	A활동	B활동	C활동	D활동	E활동
시작 시각	18:00	14:00	15:00	16:00	11:00
종료 시각	21:00	16:00	18:00	17:00	14:00

정답 **해설**

종료 시각이 빠른 E와 B 순으로 먼저 배치한다. 활동 시간이 겹치는 C를 제외하고 종료 시각 순으로 D와 A를 배치하면 E − B − D − A 순으로 활동할 수 있다.

구분	E활동	B활동	D활동	A활동	C활동
시작 시각	11:00	14:00	16:00	18:00	15:00
종료 시각	14:00	16:00	17:00	21:00	18:00

정답 E − B − D − A

정답 및 해설 p.044

※ S사에서는 물품번호를 정할 때 8진수 또는 16진수를 사용한다. 그러나 수출용으로 채택된 물품은 2진수로 물품번호를 바꾸어 내수용 물품과 구분하고자 한다. 다음 〈보기〉를 보고 수출용 물품번호를 2진수로 바꾸시오. [1~5]

보기

- 괄호 안의 숫자는 '진수'를 말한다.
- 16진수에서 '10=A, 11=B, 12=C, 13=D, 14=E, 15=F'로 표시한다.
- 16진수

  자릿값)

...	16^3	16^2	16^1	16^0
...	4096의 자리	256의 자리	16의 자리	1의 자리

  예 16진수 $1010_{(16)}$은 10진수로 나타냈을 때 $1\times16^3+0\times16^2+1\times16^1+0\times16^0=4,112$이다.

- 10진수

  자릿값)

...	10^3	10^2	10^1	10^0
...	1000의 자리	100의 자리	10의 자리	1의 자리

  예 10진수 $1010_{(10)}$은 10진수로 나타냈을 때 $1\times10^3+0\times10^2+1\times10^1+0\times10^0=1,010$이다.

- 8진수

  자릿값)

...	8^3	8^2	8^1	8^0
...	512의 자리	64의 자리	8의 자리	1의 자리

  예 8진수 $1010_{(8)}$은 10진수로 나타냈을 때 $1\times8^3+0\times8^2+1\times8^1+0\times8^0=520$이다.

- 2진수

  자릿값)

...	2^3	2^2	2^1	2^0
...	8의 자리	4의 자리	2의 자리	1의 자리

  예 2진수 $1010_{(2)}$은 10진수로 나타냈을 때 $1\times2^3+0\times2^2+1\times2^1+0\times2^0=10$이다.

예제

$$65_{(8)}, \ 12_{(16)}$$

정답 $65_{(8)}=110101_{(2)}$, $12_{(16)}=10010_{(2)}$

01

$$34_{(8)}$$

02

$$8B_{(16)}$$

03

$$571_{(8)}$$

04

$$25D_{(16)}$$

05

$$2146_{(8)}$$

※ 몇 가지 작업이든 동시에 멀티프로세싱이 가능한 컴퓨터가 있다. 처리해야 하는 작업들은 적혀져 있는 숫자만큼 초 단위의 시간이 걸린다. 모든 작업을 최소한의 시간으로 처리하려 한다. 단, 멀티프로세싱을 하는 작업의 개수만큼 프로세싱되고 있는 각 작업의 시간에 추가된다. 작업들의 시간이 다음과 같을 때, 전체 작업의 최소 작업 시간을 구하시오(단, 0초부터 시작하며 작업의 동시처리 개수는 임의로 변경할 수 있다). [6~10]

예제

1 2 3

정답 6초

06
2 2 2

07

	1 2 3 7

08

	1 1 1 1 1 1 1 1 1

09

$$2 \quad 4 \quad 6 \quad 8 \quad 10 \quad 12 \quad 14 \quad 16 \quad \cdots \quad 1{,}024$$

10

$$1 \quad 12 \quad 123 \quad 1234 \quad 12345 \quad 123456 \quad 1234567 \quad 12345678 \quad 123456789$$

정답 및 해설 p.047

※ 어느 소개팅 프로그램에 남성 m명과 여성 n명이 참가하였다. 여성의 수는 남성의 수보다 적었고, 프로그램이 끝난 후 여성의 수만큼 커플이 탄생하였다. 이 프로그램에서는 키가 큰 여성부터 남성을 선택하며 특정 남성이 선택되었을 때, 선택된 남성과 해당 남성보다 키가 더 큰 남성은 다른 여성에게서 선택을 받을 수 없게 된다. 남성의 키가 모두 다르다고 할 때 커플이 탄생하는 경우의 수를 구하시오. [1~5]

예제

남성 : 5, 여성 : 3

정답 10가지

01

남성 : 4, 여성 : 2

02

남성 : 7, 여성 : 4

03

남성 : 10, 여성 : 4

04

> 남성 : 12, 여성 : 7

05

> 남성 : 15, 여성 : 11

완전탐색/DFS/BFS 대표유형

※ 어느 시골마을은 구청의 지원을 받아 관수시설을 건설할 계획이다. 시설설계자는 논에 임의로 이름을 지정하여 연결된 두 개의 논을 나열하는 방식으로 설계 현황을 표시했다. 〈보기〉를 참고하여 이어지는 물음에 답하시오. [1~5]

<u>보기</u>

• 물을 주는 논과 직·간접적으로 연결된 논에는 물이 공급된다.
• 물을 공급받는 논의 개수는 물이 처음 공급되는 논을 제외한다.

<u>예제</u>

'마' 논에 물을 처음 댈 경우 몇 개의 논에 물이 공급되는가?

관수시설 설계도 : 가 – 마, 나 – 바, 다 – 마, 가 – 라

<u>정답</u> <u>해설</u>

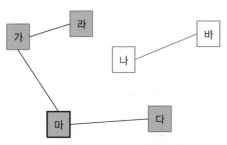

'마' 논과 직접 연결된 논은 '가, 다'이고, '가' 논을 거쳐 '라' 논에도 물이 공급된다.
그림으로 나타내지 않고 직접 연결과 간접 연결로 나누어 생각할 수 있다.

직접 연결	간접 연결
마 – 가	가 – 라
마 – 다	

따라서 '마' 논에 물을 댈 경우 연결된 '가, 다, 라' 논에 물이 공급된다.

<u>정답</u> 3개

01 'B' 논에 물을 처음 댈 경우 몇 개의 논에 물이 공급되는가?

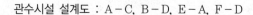

관수시설 설계도 : A-C, B-D, E-A, F-D

정답 | 해설

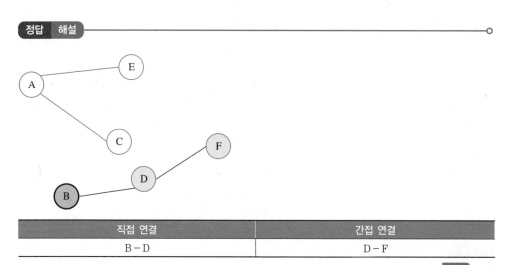

직접 연결	간접 연결
B-D	D-F

정답 **2개**

02 'd' 논에 물을 처음 댈 경우 몇 개의 논에 물이 공급되는가?

관수시설 설계도 : b-f, a-c, e-f, d-b, g-a

정답 | 해설

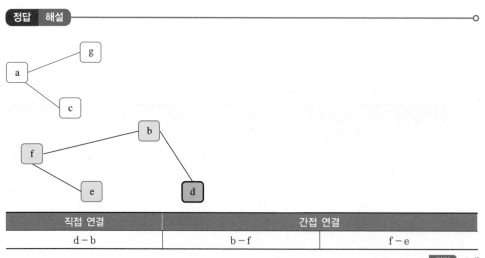

직접 연결	간접 연결	
d-b	b-f	f-e

정답 **3개**

03 '카' 논에 물을 처음 댈 경우 몇 개의 논에 물이 공급되는가?

관수시설 설계도 : 사 – 타, 아 – 파, 하 – 카, 차 – 자, 파 – 하, 카 – 파

정답 해설

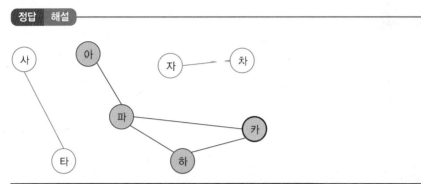

직접 연결	간접 연결
카 – 하	
카 – 파	파 – 아

정답 **3개**

04 'I' 논에 물을 처음 댈 경우 몇 개의 논에 물이 공급되는가?

관수시설 설계도 : J – M, I – K, N – I, L – O, H – J, P – L, I – H

정답 해설

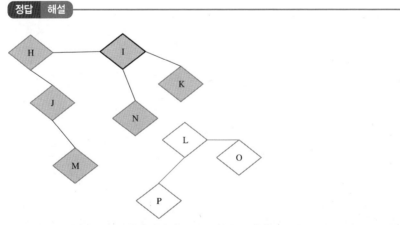

직접 연결	간접 연결	
I – K		
I – N		
I – H	H – J	J – M

정답 **5개**

05 'Ⅵ' 논에 물을 처음 댈 경우 몇 개의 논에 물이 공급되는가?

> 관수시설 설계도 : Ⅰ - Ⅴ, Ⅲ - Ⅵ, Ⅴ - Ⅸ, Ⅳ - Ⅱ, Ⅲ - Ⅸ, Ⅹ - Ⅴ, Ⅱ - Ⅶ, Ⅹ - Ⅷ

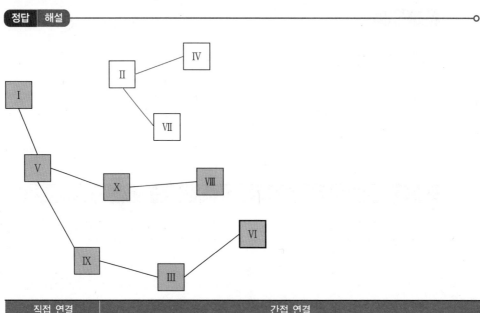

정답 해설

직접 연결	간접 연결			
Ⅵ - Ⅲ	Ⅲ - Ⅸ	Ⅸ - Ⅴ	Ⅴ - Ⅰ	
			Ⅴ - Ⅹ	Ⅹ - Ⅷ

정답 6개

※ 영희는 친구들에게 나누어줄 팔찌를 만들 예정이다. 영희는 다음과 같이 구슬의 색깔별로 숫자를 부여하여 종이에 팔찌 모양을 구상해보았다. 영희가 작성한 내용으로 판단했을 때 각 친구에게 선물할 팔찌에 사용되지 않은 구슬색의 최소 개수를 적으시오. **[1~5]**

- 팔찌는 실에 구슬을 한 개 이상 꿰어 만든다.
- 팔찌를 나눠줄 친구에게 같은 색의 구슬을 사용하지 않는다.
- 처음과 끝 구슬이 만났을 때 팔찌가 완성된다.
  - 예 1 → 1(빨간색 구슬 1개로 만들어진 팔찌)
  - 1 → 2, 2 → 3, 3 → 1(빨간색, 주황색, 노란색 구슬로 만들어진 팔찌)
- 연결되지 않은 구슬은 선물하지 않는다.
- 구슬은 친구들에게 나누어주고도 남을 만큼 색별로 넉넉하게 준비되어 있다.
- 친구 한 명당 여러 개의 팔찌를 선물할 수 있다.
- 영희가 가지고 있는 구슬 색상과 색상별 번호는 다음과 같다.

빨간색 구슬	주황색 구슬	노란색 구슬	초록색 구슬	파란색 구슬	남색 구슬	보라색 구슬
1	2	3	4	5	6	7

예제

〈지영이에게 선물할 팔찌〉

1 → 4, 5 → 6, 2 → 1, 5 → 3, 4 → 7, 7 → 2

정답 3개

01

〈지수에게 선물할 팔찌〉

2 → 7, 4 → 2, 1 → 1, 7 → 4, 3 → 6

02

<유진이에게 선물할 팔찌>

$1 \rightarrow 4, 6 \rightarrow 3, 3 \rightarrow 5, 1 \rightarrow 5, 4 \rightarrow 2, 4 \rightarrow 6, 5 \rightarrow 6, 2 \rightarrow 1, 6 \rightarrow 2$

03

<미선이에게 선물할 팔찌>

$6 \rightarrow 1, 7 \rightarrow 6, 4 \rightarrow 7, 6 \rightarrow 4, 1 \rightarrow 3, 7 \rightarrow 5, 5 \rightarrow 7, 3 \rightarrow 6$

04

〈지민이에게 선물할 팔찌〉
$4 \to 5,\ 7 \to 4,\ 2 \to 2,\ 5 \to 7,\ 6 \to 5,\ 4 \to 3,\ 3 \to 4,\ 5 \to 6$

05

〈경미에게 선물할 팔찌〉
$2 \to 4,\ 3 \to 4,\ 1 \to 6,\ 5 \to 2,\ 4 \to 3,\ 4 \to 5,\ 6 \to 7,\ 4 \to 1,\ 7 \to 4$

※ 두 문자열이 주어졌을 때 문자열 사이에서 최장 공통 문자열의 길이를 찾으시오. [6~10]

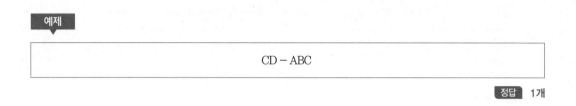

예제

CD − ABC

정답 1개

06

ACDEFG − CDAEFG

07

> ASEFSDCA − SESDASEF

08

> EGGEG − GEGGEGGE

09

ASSINTTA – TSITTNSI

10

OTUBOOTT – OTDAIBTT

※ 어느 한 염기서열이 있다. 해당 염기서열을 복제하면 복제된 염기서열은 기존 염기서열을 좌우 대칭한 구조로 변한다. 두 염기서열을 합성하려는데 대칭 상태에서 합성을 해야 하며, 최대한 같은 염기끼리 합성되도록 해야 한다. 복제된 염기서열은 임의로 맨 앞의 염기를 맨 뒤로 옮기거나 맨 뒤의 염기를 맨 앞으로 옮길 수 있으며, 이에 대한 횟수의 제한은 없다. 복제된 염기서열을 변환하여 최대 합성 결과를 얻으려 할 때, 합성되는 복제 염기서열의 염기 수를 구하시오. [11~15]

예제

| A – C – B – B |

정답 2개

11

| A – B – C |

12

A–A–B–B–C–C–A–A–B–B–C–C–A–A–B–B–C–C

13

C–B–B–C–B–B–C–C–C–C–B–C

14

B – C – A – B – C – A – B – C – A – A – A – B – B – C

15

C – B – A – C – C – A – A – B – C – A

※ 정부는 도시들을 오갈 수 있는 고속도로를 건설하고자 한다. 고속도로를 통해 모든 도시들의 이동이
  가능하게 건설한다고 할 때, 건설해야 할 고속도로 총길이의 최솟값을 구하시오. [16~20]

예제

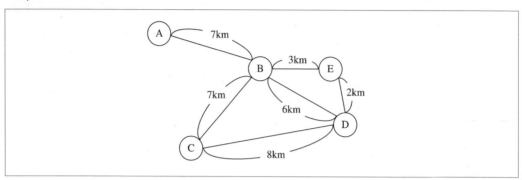

정답 19km

16

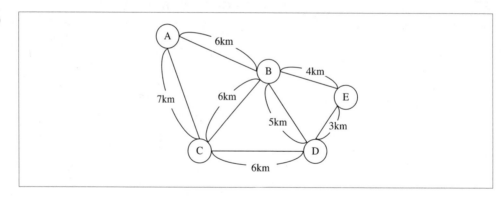

17

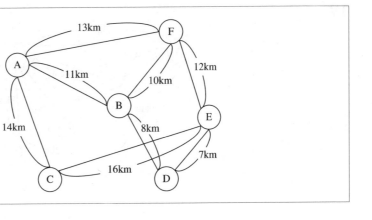

18

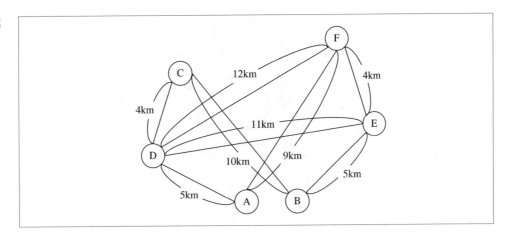

19

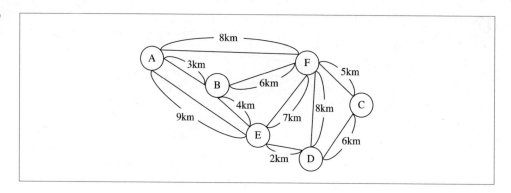

20

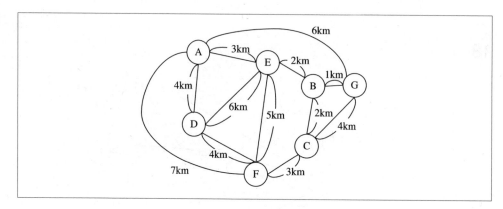

3일 차

주관식

※ 한 물류회사는 화물차를 이용하여 여러 도시를 오가며 물류를 정리하는 중이다. 현재 화물차가 머무르고 있는 도시에서 목표로 하는 도시까지 두 번째로 짧은 경로로 이동하려고 한다. 화물차가 출발하는 시작 위치의 도시와 목표로 하는 도시가 주어졌을 때, 화물차가 이동한 경로의 길이를 구하시오. **[1~5]**

예제

시작 위치 : A, 목표 도시 : E

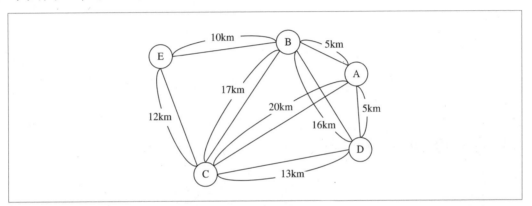

정답 30km

01 시작 위치 : B, 목표 도시 : D

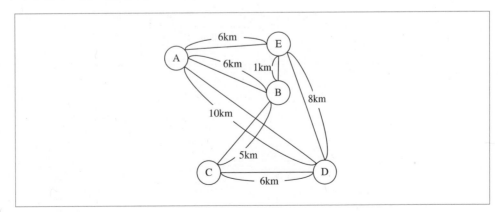

02 시작 위치 : A, 목표 도시 : D

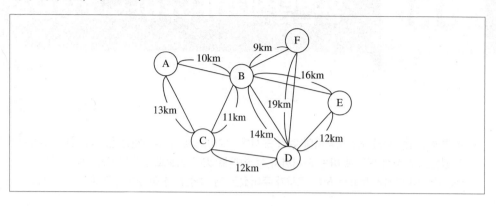

03 시작 위치 : D, 목표 도시 : E

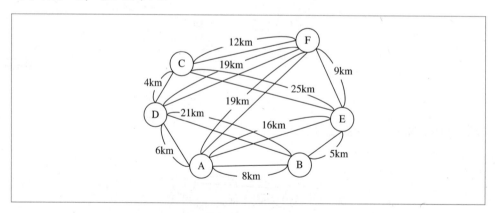

04 시작 위치 : A, 목표 도시 : C

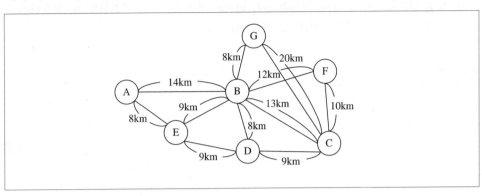

05 시작 위치 : C, 목표 도시 : E

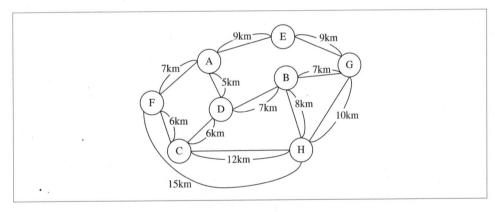

※ 어떤 퀴즈대회에서 숫자게임이 진행되었다. 숫자게임의 규칙은 주어진 범위 안의 숫자들을 더해 목표하는 수를 만드는 것이다. 사용 가능한 숫자 범위와 목표하는 수가 주어졌을 때, 목표하는 수를 만들 수 있는 최대 경우의 수를 구하시오. **[6~10]**

사용 가능한 숫자 범위 : 1 ~ 2, 목표하는 수 : 5

정답 3가지

06

사용 가능한 숫자 범위 : 1 ~ 3, 목표하는 수 : 5

07

사용 가능한 숫자 범위 : 1 ~ 3, 목표하는 수 : 8

08

사용 가능한 숫자 범위 : 1 ~ 5, 목표하는 수 : 8

09

사용 가능한 숫자 범위 : 1 ~ 5, 목표하는 수 : 10

10

사용 가능한 숫자 범위 : 2 ~ 4, 목표하는 수 : 6

※ 영희와 철수는 가위바위보 게임을 진행하였다. 총 N번 동안 가위바위보 게임을 진행하면서 철수가 세 번 연속 이기거나 두 번 이상 비길 경우, 철수가 상금을 획득하는 것으로 규칙을 정하였으며 그 외의 경우 영희가 상금을 획득한다고 정하였다. 가위바위보 게임 횟수에 따른 영희가 상금을 획득할 수 있는 경우의 수는 몇 가지인지 구하시오. [11~15]

예제

가위바위보 게임은 3번 진행된다.

정답 513가지

11

가위바위보 게임은 4번 진행된다.

12

가위바위보 게임은 5번 진행되며 이미 2번은 철수가 승리했다.

13

가위바위보 게임은 5번 진행되며 이미 2번은 영희가 승리했다.

14

가위바위보 게임은 5번 진행되며 이미 1번은 철수가 승리했다.

15

가위바위보 게임은 5번 진행된다.

CHAPTER

04 다이나믹 프로그래밍 대표유형

※ 다음과 같은 정사각형의 배양판에 A, B 두 가지 세포가 있다. A세포는 1초에 한 번씩 자신의 8방향 주위로 한 칸씩 복제하고 B세포는 2초에 한 번씩 자신의 8방향 주위로 한 칸씩 복제한다. 단, A세포가 B세포와 겹치게 되면 B세포로 변환된다. 문제에서 제시된 배양판에서 A세포가 가장 많을 때는 몇 초인지 구하시오. **[1~5]**

예제

4×4 크기의 배양판

정답 해설

A세포가 가장 끝에 있는 배열에 도달했을 때 B세포로 변환도 덜 되고 가장 많다.
해당 조건만 대입하면 배양판 크기(한쪽 변의 크기)의 −1만큼 초단위의 시간이 걸리는 것을 알 수 있다.

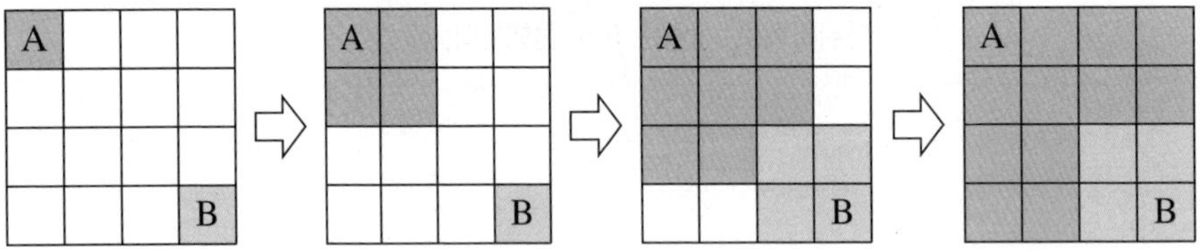

위의 그림처럼 3초가 됐을 때 A세포가 가장 많을 때이므로 총 3초가 걸린다.

정답 3초

01

2×2 크기의 배양판

정답 해설

$2-1=1$

정답 1초

02

11×11 크기의 배양판

정답 **해설** ────────────────────────○

$11-1=10$

정답 10초

주관식

03

100×100 크기의 배양판

정답 **해설** ────────────────────────○

$100-1=99$

정답 99초

04

1,024×1,024 크기의 배양판

정답 해설

1,024−1=1,023

정답 1,023초

05

4,800×4,800 크기의 배양판

정답 해설

4,800−1=4,799

정답 4,799초

CHAPTER

04

다이나믹 프로그래밍 유형점검

정답 및 해설 p.068

※ 철수는 매일 점심에 짜장면 또는 짬뽕을 먹는다. 짬뽕을 먹는 것에 제한은 없지만 짜장면은 반드시
   2일, 4일, 6일, … 의 짝수일 연속으로 먹어야 한다. 다음과 같이 시험기간이 n일 남았다고 할 때,
   철수의 점심식사 메뉴에 대한 경우의 수를 모두 구하시오. [1~5]

예제

$$n=1, \ n=2$$

정답 1가지, 2가지

01
$$n=5$$

02

$$n = 7$$

03

$$n = 10$$

04

$$n = 12$$

05

$$n = 17$$

※ 철수는 복도에 타일을 새로 설치하려고 한다. 복도의 가로, 세로가 각각 x, 2라고 할 때 철수가 설치할 수 있는 타일은 두 종류로 각 타일의 가로×세로는 2×1(또는 1×2)과 2×2이다. 복도의 길이에 따라서 철수가 복도에 타일을 설치하는 모든 경우의 수를 구하시오. **[6~10]**

예제

$x=2$

정답 3가지

06

$x=3$

07

$$x=5$$

08

$$x=8$$

09

$$x = 10$$

10

$$x = 12$$

정답 및 해설 p.071

※ 아래 그림은 하노이의 탑을 나타낸 것이다. 세 개의 막대와 해당 막대에 꽂을 수 있는 크기가 다른 원반들이 존재하며, 처음 시작할 때 모든 원반들은 제일 왼쪽 막대에 원반의 크기 순서대로 쌓여있다. 한 번에 하나의 원반을 옮길 수 있으며, 큰 원반은 작은 원반 위에 있으면 안 된다. 다음과 같이 왼쪽 막대에 원반이 존재한다고 할 때 모든 원반을 제일 오른쪽 막대에 옮기기까지 최소로 걸리는 시간을 구하시오. [1~5]

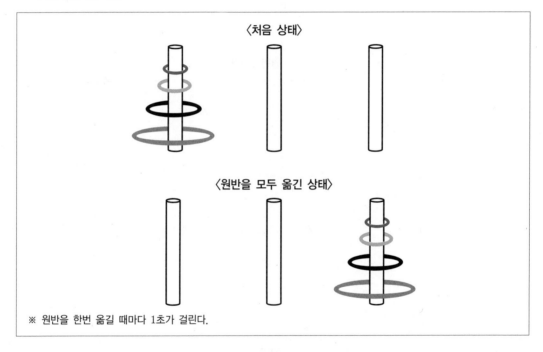

〈처음 상태〉

〈원반을 모두 옮긴 상태〉

※ 원반을 한번 옮길 때마다 1초가 걸린다.

예제

원반 : 2개

정답 3초

01

원반 : 3개

02

원반 : 5개

03

원반 : 7개

04

원반 : 10개

05

원반 : 12개

※ 물건을 구매할 때, 지폐를 사용하여 금액에 맞게 지불하려고 한다. 지폐는 〈조건〉에 따라 장수 제한 없이 지불할 수 있으며, 가지고 있는 지폐의 종류를 사용하여 제시된 금액을 지불할 경우 총 지폐 개수의 최솟값을 구하시오. **[1~5]**

조건
• 지폐 종류는 2,000원, 5,000원, 10,000원, 30,000원권이 있다.
• 물건 금액에 딱 맞게 지불한다.

예제

금액 : 56,000원

정답 해설

지폐의 단위가 모두 천 단위 이상이므로 1,000원 미만의 단위는 제외하고 숫자 계산을 한다. 네 종류의 지폐로 금액 56,000원을 구성할 때, 최소 지폐 개수를 구해야 하므로 먼저 지폐 단위와 지불해야 할 금액의 단위에서 1,000원 미만을 제외하고 간단한 숫자로 만든다. 따라서 2, 5, 10, 30을 이용하여 56을 구성할 때 최소 개수를 구하는 것과 같다.

56을 가장 큰 수인 30으로 나누면 몫은 1이고, 나머지는 26이다. 나머지 26을 30 다음으로 큰 수인 10으로 나누면 몫은 2, 나머지는 6이다. 나머지 6은 5보다 크지만 5로 나누게 되면 나머지가 1이므로 나머지를 지불할 수 있는 지폐가 없다. 따라서 나머지 6을 2로 나누면 몫이 3이 나오고 나머지는 없다. 총 사용된 지폐의 최소 개수는 1+2+3=6장이다.

풀이 방법은 다음과 같다.

① 물건 금액을 나눌 수 있는 지폐의 최대 액수로 나눴을 때 나머지 금액을 구한다.
② 나머지 금액으로 ①을 반복하여 시행하고 나머지 금액이 없으면 멈춘다. 나머지가 있는데 더 이상 나눌 수 있는 지폐의 종류가 없다면 ③을 시행한다.
③ 바로 전 단계를 시행하기 전으로 돌아가 마지막으로 나눈 지폐의 종류보다 더 적은 액수의 지폐로 나누는 시행을 반복한다.

정답 6장

01

금액 : 74,000원

정답 | 해설

$74 \div 30 = 2 \cdots 14$
$14 \div 10 = 1 \cdots 4$
$4 \div 2 = 2$
$\therefore 2 + 1 + 2 = 5$장

정답 5장

02

금액 : 107,000원

정답 | 해설

$107 \div 30 = 3 \cdots 17$
$17 \div 10 = 1 \cdots 7$
$7 \div 5 = 1 \cdots 2$
$2 \div 2 = 1$
$\therefore 3 + 1 + 1 + 1 = 6$장

정답 6장

03

금액 : 547,000원

정답 | 해설

$547 \div 30 = 18 \cdots 7$
$7 \div 5 = 1 \cdots 2$
$2 \div 2 = 1$
$\therefore 18 + 1 + 1 = 20$장

정답 20장

04

금액 : 21,818,000원

정답 해설 ──────────────────────────────○

$21,818 \div 30 = 727 \cdots 8$

$8 \div 2 = 4$

$\therefore 727 + 4 = 731$장

정답　731장

05

금액 : 1,219,000원

정답 해설 ──────────────────────────────○

$1,219 \div 30 = 40 \cdots 19$

$19 \div 10 = 1 \cdots 9$

$9 \div 5 = 1 \cdots 4$

$4 \div 2 = 2$

$\therefore 40 + 1 + 1 + 2 = 44$장

정답　44장

CHAPTER

05 그리디 유형점검

정답 및 해설 p.073

※ A와 B, C로 이루어진 문자열이 존재한다. 문자열의 각 문자는 '수정' 과정을 통해 A, B, C로 변화될 수 있다. '수정'은 연속적인 문자들을 하나의 공통된 문자로 변환시키며, 이때 변화되는 문자는 '수정' 전후가 달라야 한다. 다음 문자열을 하나의 문자로 통일하고 싶을 때, 최소로 시행되는 '수정' 작업의 횟수를 구하시오. **[1~5]**

예제

ABAABBAA

정답 2번

3일 차 주관식

01

AAABBAA

02

AABBAABB

03

AABBAAAC

04 ABCBBACA

05 AABACCBABA

※ 1부터 n까지의 카드가 있다. 수가 작은 카드는 수가 큰 카드의 오른쪽에 올 수 없고, 카드의 위치를 변경할 수 없다. 제시된 카드 배열에서 최소한으로 카드를 제거하여 위의 조건을 만족시킬 때, 카드를 제거하는 횟수를 구하시오. [6~10]

예제

| 1　5　4　9　7　10　14 |

정답　2회

06

| 8　1　5 |

07

3 25 56 57 8 96 102 101 111 45 120	

08

10 9 8 7 6 4 2 1	

09

| | | 7 6 4 3 1 2 3 4 5 | | |

10

| | 5 87 3 65 1 45 3 90 9 48 2 61 7 19 | |

※ 상인은 트럭에 판매할 물건들을 실으려고 한다. 물건의 무게와 가치가 표와 같을 때, 판매액이 가장 높도록 물건을 실으려고 한다. 트럭의 허용 하중에 따른 최대 판매액을 구하시오. [11~15]

구분	A물건	B물건	C물건	D물건
무게(kg)	60	40	30	50
가치(만 원)	13	8	6	12

※ 각 물건은 1개씩 있다.

> **예제**

트럭의 최대 적재량은 60kg이다.

정답 13만 원

11

트럭의 최대 적재량은 80kg이다.

12

트럭의 최대 적재량은 90kg이다.

13

트럭의 최대 적재량은 100kg이다.

14

> 트럭의 최대 적재량은 120kg이다.

15

> 트럭의 최대 적재량은 150kg이다.

※ K국가는 특정지역들 사이에 고속도로를 만들어 연결할 계획이다. 제시된 모든 지역을 갈 수 있도록 고속도로를 건설하고, 지역들 사이에는 고속도로 연결이 Circle을 생성하지 않아야 한다. 이때 건설된 고속도로의 총길이가 최단거리가 되는 경우, 그 길이는 얼마인지 구하시오. [16~20]

예제

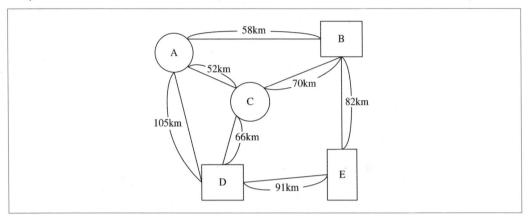

정답 258km

16

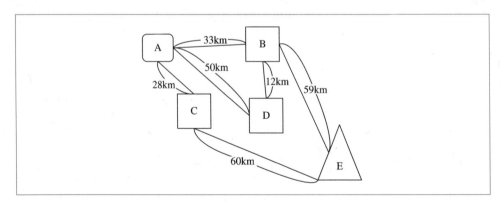

17

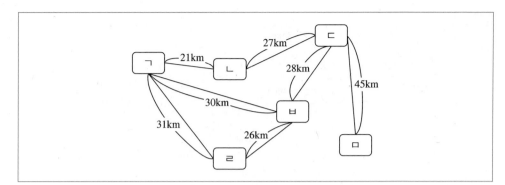

18

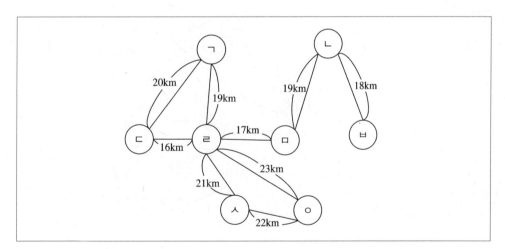

19

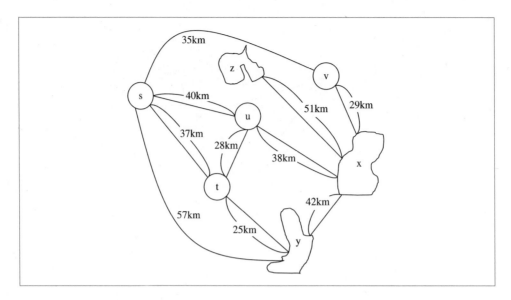

20

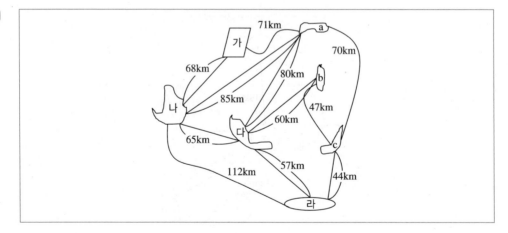

※ A마을에 살고 있는 어떤 신문사가 인접한 마을에 신문을 배달하려고 한다. 신문사는 각 마을을 연결하는 도로를 통해 모든 마을에 신문을 배달하며, 마을 간의 Circle을 만들지 않는다. 신문사가 신문을 배달할 때 지나는 도로 길이(편도)의 최댓값을 구하시오(단, 정해진 배달 순서와 효율은 고려하지 않고, 한 번 지나간 길은 돌아올 때를 제외하고는 다시 지나지 않는다). [1~5]

예제

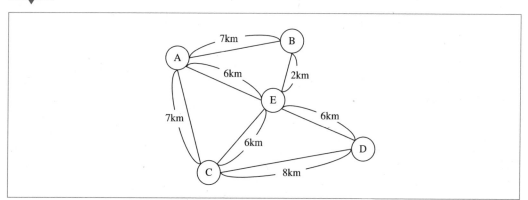

정답 28km

01

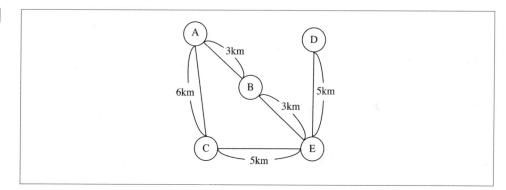

02

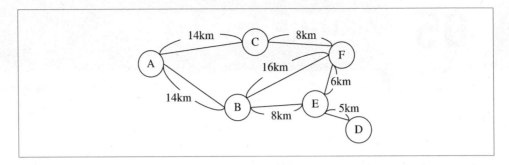

03

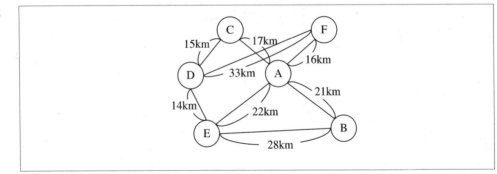

04

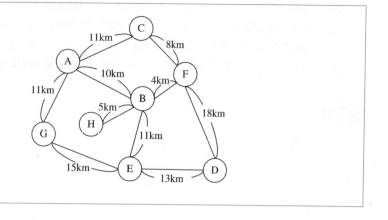

05

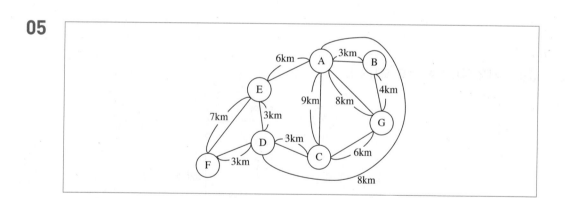

※ 영희는 현재 머무르고 있는 도시에서 목표로 하는 도시로 이동을 하려고 하며, 도로를 지나갈 때마다 일정 금액의 교통비를 지불해야 한다. 특정 도로들이 관광객들을 위해 교통비를 받지 않거나 여행 지원금을 제공하기도 할 때, 영희가 목표 도시에 도달하기까지 최소한으로 드는 여행비용을 구하시오(단, 도로에 표시된 금액은 해당 도로에서 영희가 내야 할 것으로 예상하는 여행비용이다). [6~10]

예제

시작 위치 : A, 목표 도시 : D

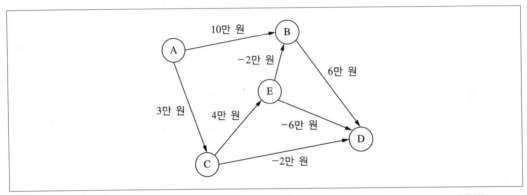

정답 1만 원

06 시작 위치 : A, 목표 도시 : E

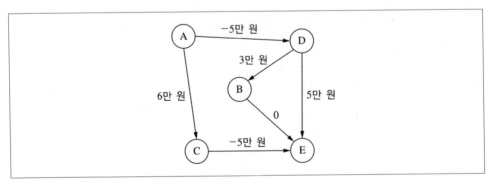

07 시작 위치 : A, 목표 도시 : D

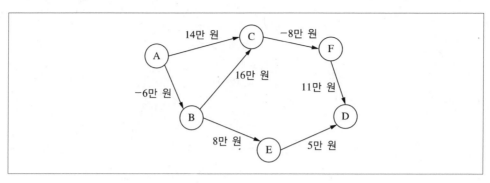

08 시작 위치 : C, 목표 도시 : B

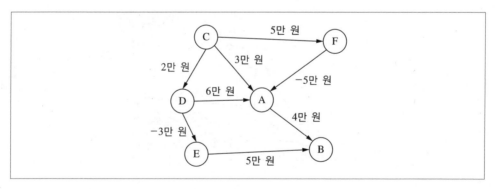

09 시작 위치 : A, 목표 도시 : D

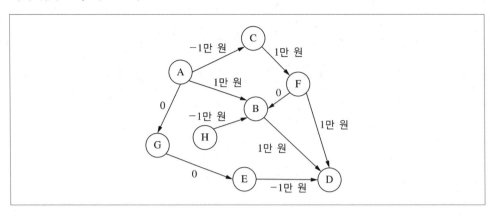

10 시작 위치 : F, 목표 도시 : B

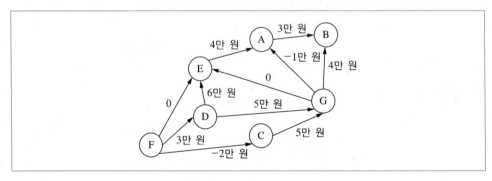

※ A등산가는 여러 산을 등산할 계획이며, 최대한 많은 점수를 얻는 것이 목표이다. 한 산을 완봉할 때마다 그 산의 높이만큼 점수를 계속해서 얻는다. 반드시 모든 산을 오를 필요는 없으며, 다음 산으로 이동하는 거리만큼 점수를 차감한다(산과 산의 거리는 두 산의 높이 차의 절댓값이다). 다음과 같은 배열로 산들이 있을 때, A등산가가 최대로 얻을 수 있는 점수를 구하시오(단, 완봉한 산의 왼쪽 산은 오를 수 없다). [11~15]

예제

4 2 6 7

정답 14점

11

5 1 7

12

4	4	4	10	4	4	4

13

8	1	9	2	10	3	15

14

5 8 3 36 45 3 8 5

15

4 2 9 5 45 1 35 6 8 78

※ 어느 좁은 해협에 짐을 가득 실은 배들이 왼쪽 배열부터 순서대로 하나씩 지나가려 한다. 하루에 한 척의 배만 통과할 수 있으며, 하루가 지날 때마다 전체 배들의 연료가 1씩 줄어든다. 배들이 다음과 같은 연료량을 갖고 있을 때, 해협을 통과할 수 있는 배의 수는 몇 척인지 구하시오(단, 통과할 배의 순서는 임의로 변경할 수 있으며, 변경한 배의 연료량은 1을 차감한다. 연료가 0이 된 배는 배열에서 제외된다). [16~20]

예제

2 4 3

정답 3척

16

1 2 3

17

1 2 5 1 5 2

18

3 3 5 5 4 4 2 2

19

| 7 8 5 6 4 3 2 1 |

20

| 4 8 6 4 9 3 2 4 2 3 |

4일 차

최종점검 모의고사

제1회 최종점검 모의고사

제2회 최종점검 모의고사

영역	문항 수	제한시간
객관식	15문항	30분
주관식	5세트 / 25문항	40분

01 객관식

01 S사원은 지하철을 타고 출근한다. 속력이 60km/h인 지하철에 이상이 생겨 평소 속력의 0.4배로 운행하게 되었다. 지하철이 평소보다 45분 늦게 도착하였다면, S사원이 출발하는 역부터 도착하는 역까지 지하철의 이동거리는 얼마인가?

① 20km
② 25km
③ 30km
④ 35km
⑤ 40km

02 다음은 S기업의 2024년 상반기 신입사원 채용 현황에 대한 자료이다. 이에 대한 설명으로 옳지 않은 것은?

〈신입사원 채용 현황〉

(단위 : 명)

구분	입사지원자 수	합격자 수
남성	680	120
여성	320	80

① 남성 합격자 수는 여성 합격자 수의 1.5배이다.
② 전체 입사지원자 중 합격률은 20%이다.
③ 여성 입사지원자의 합격률은 25%이다.
④ 합격자 중 남성의 비율은 70% 이상이다.
⑤ 전체 입사지원자 중 여성 입사지원자의 비율은 30% 이상이다.

03 다음은 A, B국의 에너지원 수입액을 조사한 자료이다. 이에 대한 설명으로 옳은 것은?

〈A, B국의 에너지원 수입액〉

(단위 : 달러)

구분	연도	1983년	2003년	2023년
A국	석유	74	49.9	29.5
	석탄	82.4	60.8	28
	LNG	29.2	54.3	79.9
B국	석유	75	39	39
	석탄	44	19.2	7.1
	LNG	30	62	102

① 1983년 석유 수입액은 A국이 B국보다 많다.

② 2023년 석탄 수입액은 A국이 B국의 4배보다 적다.

③ 2003년 A국의 석유 및 석탄의 수입액의 합은 LNG 수입액의 2배보다 적다.

④ 1983년 대비 2023년의 LNG 수입액의 증가율은 A국이 B국보다 크다.

⑤ 1983년 대비 2023년의 석탄 수입액의 감소율은 A국이 B국보다 크다.

04 어느 지역에서 승객 수가 전 분기 대비 20% 이상 감소한 버스가 있는 운수회사에 보조금을 지원하고자 한다. 보조금을 받을 수 있는 운수회사는 몇 개인가?

〈2023년 분기별 버스 승객 수〉

(단위 : 만 명)

구분	버스	승객 수	
		2023년 1분기	2023년 2분기
A운수회사	K3615	130	103
	C3707	80	75
	C3708	120	100
B운수회사	B5605	100	90
	J7756	90	87
C운수회사	L3757	130	100
	L3759	85	75
	L3765	70	60
D운수회사	O1335	60	40
	O2338	75	70

① 0개   ② 1개

③ 2개   ④ 3개

⑤ 4개

다음은 선풍기 조립공장의 작업인원수별 시간당 생산량을 나타낸 자료이다. 인원수별 생산량의 관계가 주어진 자료와 같을 때 ㉠과 ㉡에 들어갈 숫자로 옳은 것은?

작업인원	1	2	3	4	5
생산량	8	㉠	48	–	㉡

※ (생산량) $= a \times$ (작업인원수)$^2 + b^2 \times$ (작업인원수), 단, $b > 0$

	㉠	㉡			㉠	㉡
①	16	248		②	24	240
③	16	960		④	24	120
⑤	32	282				

※ 제시된 명제가 모두 참일 때, 항상 참인 명제를 고르시오. [6~7]

06

> • 철수는 의사이거나 변호사이다.
> • 의사는 스포츠카와 오토바이를 가지고 있다.
> • 변호사는 스포츠카를 가지고 있지 않거나 오토바이를 가지고 있지 않다.

① 철수가 스포츠카를 가지고 있지 않다면 철수는 변호사이다.
② 철수가 스포츠카나 오토바이를 가지고 있다면 철수는 변호사가 아니다.
③ 철수가 변호사라면 오토바이를 가지고 있지 않다.
④ 철수는 의사이면서 변호사이다.
⑤ 철수는 스포츠카와 오토바이를 가지고 있다.

07

> • 연차를 쓸 수 있으면 제주도 여행을 한다.
> • 배낚시를 하면 회를 좋아한다.
> • 다른 계획이 있으면 배낚시를 하지 않는다.
> • 다른 계획이 없으면 연차를 쓸 수 있다.

① 제주도 여행을 하면 다른 계획이 없다.
② 연차를 쓸 수 있으면 배낚시를 한다.
④ 다른 계획이 있으면 연차를 쓸 수 없다.
③ 배낚시를 하지 않으면 제주도 여행을 하지 않는다.
⑤ 제주도 여행을 하지 않으면 배낚시를 하지 않는다.

08 A는 전국을 일주하고자 한다. 다음 〈조건〉에 따라 방문할 도시들을 결정한다고 할 때, A가 반드시 방문하는 도시가 아닌 곳은?

> **조건**
> • 대구를 방문하면, 경주는 방문하지 않는다.
> • 광주와 전주 중 한 도시만 방문한다.
> • A는 익산을 반드시 방문한다.
> • 대구를 방문하지 않으면, 익산을 방문하지 않는다.
> • 경주를 방문하지 않으면, 대전과 전주를 방문한다.

① 전주   ② 대구
③ 대전   ④ 경주
⑤ 익산

09 A~F 6명은 피자 3판을 모두 같은 양만큼 나누어 먹기로 하였다. 피자 3판은 각각 동일한 크기로 8조각으로 나누어져 있다. 다음 〈조건〉에 따라 앞으로 2조각을 더 먹어야 하는 사람을 고르면?

> **조건**
> • 현재 총 6조각이 남아있다.
> • A, B, E는 같은 양을 먹었고, 나머지는 모두 먹은 양이 달랐다.
> • F는 D보다 적게 먹었으며, C보다는 많이 먹었다.

① A, B, E   ② C
③ D   ④ F
⑤ 없다.

10 다음 제시된 단어의 대응 관계가 동일하도록 빈칸에 들어갈 가장 적절한 단어를 고르면?

여명 : 황혼 = 타의 : (　　)

① 수의   ② 자의

③ 종말   ④ 별의

⑤ 임의

11 다음 도식에서 기호들은 일정한 규칙에 따라 문자를 변화시킨다. 물음표에 들어갈 알맞은 문자를 고르면?(단, 규칙은 가로와 세로 중 한 방향으로만 적용된다)

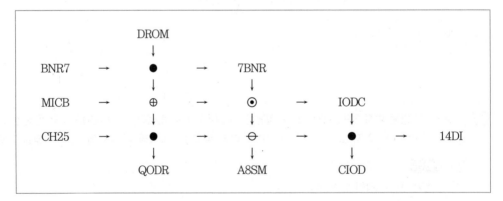

BUS8 → ⊙ → ⊕ → ?

① WB8U   ② BUW8

③ UB8S   ④ BUS8

⑤ SUB8

※ 다음 제시된 도형은 일정한 규칙으로 변화한다. 규칙을 보고 물음표에 들어갈 알맞은 도형을 고르시오.
　　[12~13]

12

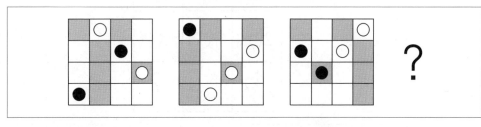

①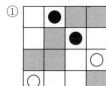

②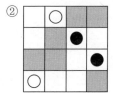

③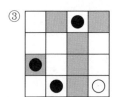

④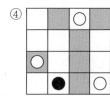

⑤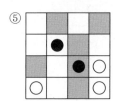

13

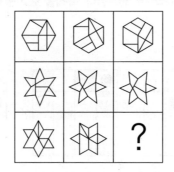

①

②

③

④

⑤

14 다음 글을 논리적 순서대로 바르게 나열한 것은?

> (가) 이러한 과정에서 문제는 압축 정도가 제한된다는 것이다. 만일 기화된 가솔린에 너무 큰 압력을 가하면 멋대로 점화되어 버리는데 이것이 엔진의 노킹 현상이다.
>
> (나) 이전에 오토가 발명한 가솔린 엔진의 효율은 당시에 무척 떨어졌으며, 널리 사용된 증기 기관의 효율 역시 10%에 불과했고 가동 비용도 많이 드는 단점이 있었다.
>
> (다) 이처럼 디젤 기관은 연료의 품질에 민감하지 않고, 연료의 소비 면에서도 경제성이 뛰어나 오늘날 자동차 엔진용으로 확고한 자리를 잡았다.
>
> (라) 환경론자들이 걱정하는 디젤 엔진의 분진 배출 역시 필터 기술이 발전하면서 점차 극복되고 있다.
>
> (마) 이와 달리 디젤 엔진의 기본 원리는 실린더 안으로 공기만을 흡입하여 피스톤으로 강하게 압축시킨 다음 그 압축 공기에 연료를 분사시켜 저절로 점화되도록 하는 것이다.
>
> (바) 독일의 발명가 루돌프 디젤이 새로운 엔진에 대한 아이디어를 내고 특허를 얻은 것은 1892년의 일이었다.
>
> (사) 또 디젤 엔진은 압축 과정에서 연료가 혼합되지 않았기 때문에 가솔린 엔진보다 훨씬 더 높은 25 : 1 정도의 압축 비율을 사용할 수 있다. 압축 비율이 높다는 것은 그만큼 효율이 높다는 것을 의미한다.
>
> (아) 보통의 가솔린 엔진은 기화기에서 공기와 연료를 먼저 혼합하고, 그 혼합 기체를 실린더 속으로 흡입하여 압축한 후 점화 플러그로 스파크를 일으켜 동력을 얻는다.

① (라) – (가)) – (다) – (아) – (나) – (사) – (마) – (바)

② (라) – (다) – (아) – (가) – (마) – (나) – (바) – (사)

③ (마) – (다) – (아) – (나) – (가) – (바) – (라) – (사)

④ (바) – (나) – (아) – (가) – (마) – (사) – (다) – (라)

⑤ (바) – (아) – (가) – (나) – (다) – (사) – (마) – (라)

15 다음 글의 빈칸에 들어갈 내용으로 가장 적절한 것은?

> 자연계는 무기적인 환경과 생물적인 환경이 상호 연관되어 있으며, 그것은 생태계로 불리는 한 시스템을 이루고 있음이 밝혀진 이래, 이 이론은 자연을 이해하기 위한 가장 기본이 되는 것으로 받아들여지고 있다. 그동안 인류는 보다 윤택한 삶을 누리기 위하여 산업을 일으키고 도시를 건설하며 문명을 이룩해 왔다. 이로써 우리의 삶은 매우 윤택해졌으나 우리의 생활환경은 오히려 훼손되고 있으며, 환경오염으로 인한 공해가 누적되고 있고, 우리 생활에서 없어서는 안 될 각종 자원도 바닥이 날 위기에 놓이게 되었다. _____ 따라서 우리는 낭비되는 자원 그리고 날로 황폐해져가는 자연에 대하여 우리가 해야 할 시급한 임무가 무엇인지를 깨닫고, 이를 실천하기 위해 우리 모두의 지혜와 노력을 모아야만 한다.

① 만약 우리가 이 위기를 슬기롭게 극복해내지 못한다면 인류는 머지않아 파멸에 이르게 될 것이다.
② 이러한 위기를 초래하게 된 인류의 무분별한 자연 이용과 자연 정복의 태도는 크게 비판받아 마땅하다.
③ 그리고 과학 기술을 제 아무리 고도로 발전시킨다 해도 이러한 위기가 근본적으로 해소되기를 기대할 수는 없는 노릇이다.
④ 이처럼 인류가 환경 및 자원의 위기에 놓이게 된 것은 각국이 자국의 이익만을 앞세워 발전을 꾀했기 때문이다.
⑤ 때문에 과학기술을 이용하여 환경오염 방지 시스템을 신속히 개발해 더 이상의 자연훼손이 일어나지 않도록 막아야 한다.

02 주관식

※ 다음 단어를 오름차순으로 정렬하였을 때, 오른쪽에서 N번째 위치에 있는 단어를 구하시오.
[1~5]

예제

carrot	apple	banana	fall	quiz

N : 3

정답 carrot

01

air	zero	coke	daddy	bus

N : 4

02

| bell | hand | alloy | corn | glory | advise |

$N : 3$

03

| back | grade | hammer | hand | gun | angry |

$N : 5$

04

camera	buy	arm	seal	tower	fight	steel

$N : 5$

05

frog	card	date	egg	dog	face	ear

$N : 2$

※ 어떤 컴퓨터가 10진수를 16진수로 변환하고 있다. 10진수인 n에 대한 값이 주어질 때, 다음 표를 참고하여 이를 16진수로 변환하여 출력하시오. **[6~10]**

10진수	0	1	2	3	4	5	6	7	8	9	10	11	12	13	14	15
16진수	0	1	2	3	4	5	6	7	8	9	A	B	C	D	E	F

예제

17

정답 11

06

31

07

530

08

2,580

09

4,196

10

43,772

※ 숫자를 중복 없이 몇 개의 3의 거듭제곱 숫자들의 합으로 만들어지는지 알아보고자 한다. 예를 들어 30은 3^3+3으로 표현할 수 있으므로 조건을 만족하고, 15는 3^2+3+3으로 표현할 수 있으므로 조건을 만족하지 않는다. 다음 수를 3의 거듭제곱 숫자들의 합으로 표현할 때 필요한 3의 개수를 구하시오 (단, 거듭제곱에 들어가는 3은 셈하지 않고 1은 3^0으로 조건을 만족하며 조건을 만족하지 않으면 0개이다). **[11~15]**

예제

27

정답 1개

11

4

12

6

13

10

14

	12

15

	18

※ 신년 식당 예약을 오픈하여, 가장 많은 수의 예약을 확정하려 한다. 다음과 같은 표의 신청들을 받았을 때, 최대한 많은 수의 예약을 확정할 수 있는 수를 구하시오(단, 식당 예약은 예약자가 시작 시각과 종료 시각을 정해서 신청하며, 이 식당은 여러 팀을 같은 시각에 받지 않는다. 예약 시각의 시작과 종료는 겹칠 수 있어도 한 예약자가 식사 중일 경우 중간에 중단될 수 없다). [16~20]

예제

예약 이름	A	B	C	D	E
시작 시각	10:30	12:00	12:00	14:00	11:00
종료 시각	11:00	12:30	14:30	15:00	12:00

정답 4개

16

예약 이름	A	B	C	D	E
시작 시각	13:00	14:00	11:00	11:00	12:00
종료 시각	15:00	15:00	12:30	12:00	14:00

17

예약 이름	A	B	C	D	E
시작 시각	13:00	10:00	10:00	11:00	12:00
종료 시각	13:30	14:30	11:30	12:00	14:00

18

예약 이름	A	B	C	D	E
시작 시각	12:00	11:00	12:00	13:00	14:00
종료 시각	13:00	12:30	15:00	13:30	15:00

19

예약 이름	A	B	C	D	E
시작 시각	11:00	12:00	11:00	11:00	14:00
종료 시각	11:30	15:00	12:00	13:00	15:00

20

예약 이름	A	B	C	D	E
시작 시각	11:00	11:30	13:00	10:00	14:00
종료 시각	12:00	15:00	14:00	12:00	15:00

※ 거스름돈으로 사용할 500원, 100원, 50원, 10원짜리 동전이 무한하게 있다. 손님에게 거슬러 줘야 할 돈이 N원이고 동전을 가능한 한 적게 사용하고 싶을 때, 거슬러 줘야 할 동전의 최소 개수를 구하시오(단, 거슬러 줘야 할 돈 N은 항상 10의 배수이다). [21~25]

예제

$$N=760$$

정답 5개

21

$$N=920$$

22

$N=480$

23

$N=1,540$

24

$$N=870$$

25

$$N=1,320$$

SSAFY

제 2 회

최종점검 모의고사

정답 및 해설 p.098

01 객관식

01 농도 10%의 소금물 300g을 농도 15%로 만들기 위해서는 몇 g의 물을 증발시켜야 하는가?

① 75g
② 100g
③ 125g
④ 150g
⑤ 175g

02 S사의 남녀 성비는 3 : 2이며, 여직원 중 경력직은 15%, 남직원 중 경력직은 25%이다. 경력직 직원 중 1명을 뽑을 때, 그 직원이 여직원일 확률은?

① $\frac{1}{4}$
② $\frac{3}{10}$
③ $\frac{2}{7}$
④ $\frac{5}{21}$
⑤ $\frac{3}{5}$

03 다음은 A, B국의 월별 이민자 수에 대한 자료이다. 이에 대한 설명으로 옳은 것은?

〈A, B국의 이민자 수 추이〉

(단위 : 명)

구분	A국	B국
2023년 12월	3,400	2,720
2024년 1월	3,800	2,850
2024년 2월	4,000	2,800

① 2023년 12월 B국 이민자 수는 A국 이민자 수의 75% 미만이다.

② 월별 이민자 수 차이는 2023년 12월이 가장 크다.

③ 2024년 2월 A국 이민자 수는 2024년 2월 A, B국의 이민자 수의 평균보다 800명 더 많다.

④ A국 이민자 수에 대한 B국 이민자 수의 비는 2023년 12월이 가장 크다.

⑤ 2024년 1월 A국과 B국 이민자 수의 차이는 2024년 1월의 A국 이민자 수의 30% 이상이다.

04 다음은 S사 서비스 센터에서 A지점의 만족도를 조사한 자료이다. 이에 대한 설명으로 옳지 않은 것은?

〈서비스 만족도 조사 결과〉

(단위 : 명, %)

구분	응답자 수	비율
매우 만족	(A)	20
만족	33	22
보통	(B)	(C)
불만족	24	16
매우 불만족	15	(D)
합계	150	100

① 방문 고객 150명을 대상으로 서비스 만족도를 조사하였다.

② 응답한 고객 중 30명이 A지점의 서비스에 '매우 만족'한다고 평가하였다.

③ 내방 고객의 약 $\frac{1}{3}$이 A지점의 서비스 만족도를 '보통'으로 평가하였다.

④ '불만족' 이하 구간이 26%의 비중을 차지하고 있다.

⑤ 응답한 고객 중 $\frac{1}{5}$이 '매우 불만족'으로 평가하였다.

05 다음은 S국가의 2023년 월별 반도체 수출 동향을 나타낸 표이다. 이 자료를 나타낸 그래프로 옳지 않은 것은?(단, 그래프 단위는 모두 '백만 달러'이다)

〈2023년 월별 반도체 수출액 동향〉

(단위 : 백만 달러)

구분	수출액	구분	수출액
1월	9,681	7월	10,383
2월	9,004	8월	11,513
3월	10,804	9월	12,427
4월	9,779	10월	11,582
5월	10,841	11월	10,684
6월	11,157	12월	8,858

① 2023년 월별 반도체 수출액

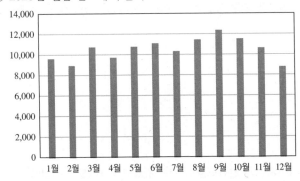

② 2023년 월별 반도체 수출액

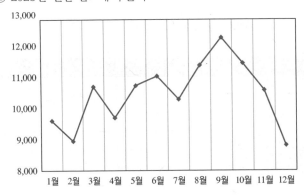

③ 2023년 월별 반도체 수출액

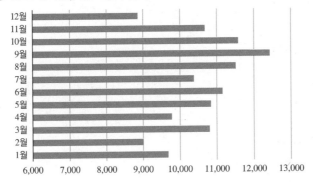

④ 2 ~ 12월까지 전월 대비 반도체 수출증감액

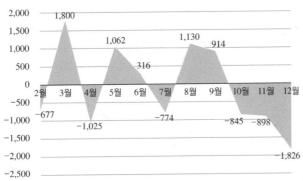

⑤ 2 ~ 12월까지 전월 대비 반도체 수출 증감액

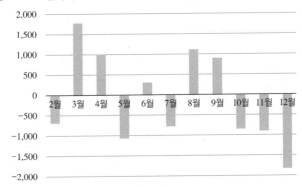

※ **제시된 명제가 모두 참일 때, 빈칸에 들어갈 명제로 옳은 것을 고르시오. [6~7]**

06

전제1. 날씨가 좋으면 야외활동을 한다.
전제2. 날씨가 좋지 않으면 행복하지 않다.
결론. ____________________

① 야외활동을 하지 않으면 행복하지 않다.
② 날씨가 좋으면 행복한 것이다.
③ 야외활동을 하면 날씨가 좋은 것이다.
④ 날씨가 좋지 않으면 야외활동을 하지 않는다.
⑤ 행복하지 않으면 날씨가 좋지 않은 것이다.

07

전제1. 속도에 관심 없는 사람은 디자인에도 관심이 없다.
전제2. 연비를 중시하는 사람은 내구성도 따진다.
전제3. 내구성을 따지지 않는 사람은 속도에도 관심이 없다.
결론. ____________________

① 연비를 중시하지 않는 사람도 내구성은 따진다.
② 디자인에 관심 없는 사람도 내구성은 따진다.
③ 연비를 중시하는 사람은 디자인에는 관심이 없다.
④ 속도에 관심 있는 사람은 연비를 중시하지 않는다.
⑤ 내구성을 따지지 않는 사람은 디자인에도 관심이 없다.

08 어떤 보안회사에서는 매일 7개의 사무실 A ~ G에 보안점검을 실시한다. 다음과 같은 〈조건〉에 따라 E가 3번째로 점검을 받는다면, 7개의 사무실 중 반드시 은행인 곳은?

> **조건**
> • 보안점검은 한 번에 한 사무실만 실시하게 되며, 하루에 같은 사무실을 중복해서 점검하지는 않는다.
> • 7개의 사무실은 은행 아니면 귀금속점이다.
> • 귀금속점은 연속해서 점검하지 않는다.
> • F는 B와 D를 점검하기 전에 점검한다.
> • F를 점검하기 전에 점검하는 사무실 가운데 정확히 두 곳은 귀금속점이다.
> • A는 6번째로 점검받는다.
> • G는 C를 점검하기 전에 점검한다.

① B
② C
③ D
④ E
⑤ G

09 경찰은 어떤 테러범의 아지트를 알아내 급습했다. 그 테러범 아지트에는 방이 3개 있는데, 그중 2개의 방에는 지역특산물과 폭발물이 각각 들어 있고, 나머지 1개의 방은 비어 있다. 진입하기 전 건물을 확인한 결과 각 방에는 다음과 같은 안내문이 붙어 있었고, 안내문 중 단 하나만 참이라고 할 때, 항상 참인 것은?

> • A방의 안내문 : B방에는 폭발물이 들어 있다.
> • B방의 안내문 : 이 방은 비어 있다.
> • C방의 안내문 : 이 방에는 지역특산물이 들어 있다.

① A방에는 반드시 지역특산물이 들어 있다.
② B방에는 지역특산물이 들어 있을 수 있다.
③ 폭발물을 피하려면 B방을 택하면 된다.
④ C방에는 반드시 폭발물이 들어 있다.
⑤ C방에는 지역특산물이 들어 있을 수 있다.

10 다음 제시된 단어의 대응 관계가 동일하도록 빈칸에 들어갈 가장 적절한 단어를 고르면?

자유 : (   ) = 소크라테스 : 돼지

---

① 빵　　　　　　　　　　② 피

③ 물　　　　　　　　　　④ 소금

⑤ 먹이

11 다음 도식에서 기호들은 일정한 규칙에 따라 문자를 변화시킨다. 물음표에 들어갈 알맞은 문자를 고르면?(단, 규칙은 가로와 세로 중 한 방향으로만 적용된다)

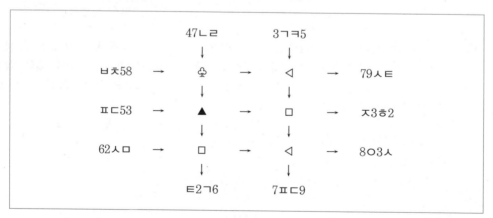

ㄷ5ㅇ6 → ◁ → ▲ → ?

① ㅊ4ㅂ6　　　　　　　　② ㅂ3ㅊ7

③ ㄴ6ㅎ9　　　　　　　　④ ㄱ3ㅅ7

⑤ ㄴ4ㅂ8

※ 다음 제시된 도형은 일정한 규칙으로 변화한다. 규칙을 보고 물음표에 들어갈 알맞은 도형을 고르시오.
　[12~13]

12

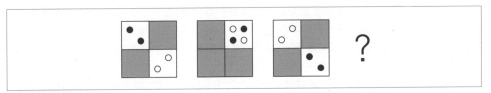

① 　②

③ 　④

⑤

13

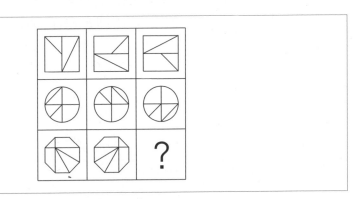

① 　②

③ 　④

⑤

14 다음 글에 대한 반론으로 가장 적절한 것은?

경제 문제는 대개 해결이 가능하다. 대부분의 경제 문제에는 몇 개의 해결책이 있다. 그러나 모든 해결책은 누군가가 상당한 손실을 반드시 감수해야 한다는 특징을 갖고 있다. 하지만 누구도 이 손실을 자발적으로 감수하고자 하지 않으며, 우리의 정치제도는 누구에게도 이 짐을 짊어지라고 강요할 수 없다. 우리의 정치적·경제적 구조로는 실질적으로 제로섬(Zero-sum)적인 요소를 지니는 경제 문제에 전혀 대처할 수 없기 때문이다.

대개의 경제적 해결책은 대규모의 제로섬적인 요소를 갖기 때문에 큰 손실을 수반한다. 모든 제로섬 게임에는 승자가 있다면 반드시 패자가 있으며, 패자가 존재해야만 승자가 존재할 수 있다. 경제적 이득이 경제적 손실을 초과할 수도 있지만, 손실의 주체에게 손실의 의미란 상당한 크기의 경제적 이득을 부정할 수 있을 만큼 매우 중요하다. 어떤 해결책으로 인해 평균적으로 사회는 더 잘살게 될 수도 있지만, 이 평균이 훨씬 더 잘살게 된 수많은 사람과 훨씬 더 못살게 된 수많은 사람을 감춘다. 만약 당신이 더 못살게 된 사람 중 하나라면 내 수입이 줄어든 것보다 다른 누군가의 수입이 더 많이 늘었다고 해서 위안을 얻지는 않을 것이다. 결국 우리는 우리 자신의 수입을 보호하기 위해 경제적 변화가 일어나는 것을 막거나 혹은 사회가 우리에게 손해를 입히는 공공정책이 강제로 시행되는 것을 막기 위해 싸울 것이다.

① 빈부격차를 해소하는 것만큼 중요한 정책은 없다.
② 사회의 총생산량이 많아지게 하는 정책이 좋은 정책이다.
③ 경제 문제에서 모두가 만족하는 해결책은 존재하지 않는다.
④ 경제적 변화에 대응하는 정치제도의 기능에는 한계가 존재한다.
⑤ 경제 정책의 효율성을 높이는 방법은 일관성을 유지하는 것이다.

15 다음 글의 내용과 상충하는 것만을 〈보기〉에서 모두 고르면?

> 벼슬에 나아감과 물러남의 도리에 밝은 옛 군자는 조금이라도 관직에 책임을 다하지 못하거나 의리의 기준으로 보아 직책을 더 이상 수행할 수 없을 경우, 반드시 몸을 이끌고 급히 물러났습니다. 그들도 임금을 사랑하는 정(情)이 있기에 차마 물러나기 어려웠을 터이나, 정 때문에 주저하여 자신이 물러나야 할 때를 놓치지는 않았으니, 이는 정보다는 의리를 지키지 않을 수 없었기 때문입니다. 임금과 어버이는 일체이므로 모두 죽음으로 섬겨야 할 대상입니다. 그러나 부자관계는 천륜이어서 자식이 어버이를 봉양하는 데 한계가 없지만, 군신관계는 의리로 합쳐진 것이라 신하가 임금을 받드는 데 한계가 있습니다. 한계가 없는 경우에는 은혜가 항상 의리에 우선하므로 관계를 떠날 수 없지만, 한계가 있는 경우에는 때때로 의리가 은혜보다 앞서기도 하므로 떠날 수 있는 상황이 생기는 것입니다. 의리의 문제는 사람과 때에 따라 같지 않습니다. 공들의 경우는 벼슬에 나가는 것이 의리가 되지만 나에게 공들처럼 하도록 요구해서는 안 되며, 내 경우는 물러나는 것이 의리가 되니 공들에게 나처럼 하도록 바라서도 안 됩니다.

보기

ㄱ. 부자관계에서는 은혜가 의리보다 중요하다.
ㄴ. 군신관계에서 의리가 은혜에 항상 우선하는 것은 아니다.
ㄷ. 군신관계에서 신하들이 임금에 대해 의리를 실천하는 방식은 누구에게나 동일하다.

① ㄱ
② ㄷ
③ ㄱ, ㄴ
④ ㄴ, ㄷ
⑤ ㄱ, ㄴ, ㄷ

※ S사에 근무하는 은재는 고객 관리를 위해 알파벳과 숫자로 조합된 고객 코드를 정리하고자 한다. 무작위로 섞인 고객 코드를 다음 선택 정렬에 따라 오름차순으로 정렬할 때, 모든 고객 코드를 오름차순으로 정렬할 때까지 필요한 이동 횟수를 구하시오. **[1~5]**

[선택 정렬]

1	9	7	6	2	4

① 주어진 리스트에서 가장 큰 값인 9를 가장 뒤에 위치한 4와 교환하고 9를 고정한다.

1	9	7	6	2	4

→

1	4	7	6	2	9

이동 횟수 : 1회

② 고정된 값을 제외한 나머지 값에서 가장 큰 값인 7을 9의 앞의 값인 2와 교환하고 7을 고정한다.

1	4	7	6	2	9

→

1	4	2	6	7	9

이동 횟수 : 2회

③ 고정된 두 값을 제외한 나머지 값에서 가장 큰 값을 찾는다. 이 경우 6은 정렬되어 있으므로 교환이 이루어지지 않고, 6을 고정한다.

1	4	2	6	7	9

이동 횟수 : 2회

④ 고정된 세 값을 제외한 나머지 값에서 가장 큰 값인 4를 6의 앞의 값인 2와 교환하고 2를 고정한다.

1	4	2	6	7	9

→

1	2	4	6	7	9

이동 횟수 : 3회

⑤ 모든 값이 오름차순으로 정렬되어 있으므로 정렬이 완료되었다.

1	2	4	6	7	9

예제

B4C3	D6A1	F4F5	A5G9	E6F9	C4Q9

정답 3회

01

C1C4	D5A3	A4A9	B4A6	E6F9	F3F4

02

B2A4	B4A6	F2A7	E8Q9	F5F6	C9C7

03

| F9F7 | A6A9 | A4C6 | D9D4 | D9B7 | F9E1 |

04

| D4A1 | E8F4 | B9A4 | B9B5 | B9E4 | E9E1 |

05

| F5E4 | F5F4 | F6E4 | F6F5 | F7F9 | F7E4 |

※ 다음 쪼개진 문자를 합하여 하나의 단어를 만들어야 한다. 쪼개진 단어를 합칠 때마다 에너지를 사용한다고 할 때, 단어 하나가 완전히 만들어질 때까지 필요한 최소한의 에너지를 구하시오. [6~10]

> **보기**
> • 문자는 'a'같이 낱개의 문자를 의미하고, 문자 묶음은 단어가 만들어지기 전 여러 개의 문자를 묶어놓은 'ap' 같은 것을 의미하며 단어는 주어진 모든 문자 묶음을 합쳐 완성된 문자인 'apple' 같은 것을 의미한다.
> • 문자 한 개당 에너지는 1이다.
> • 문자는 한 번에 두 묶음만 합칠 수 있고, 합쳐진 문자는 한 묶음이 된다.
> • 합치는 횟수는 무제한이다.
> • 합칠 때마다 만들어지는 문자의 개수만큼 에너지가 필요하다.
> • 합칠 때 문자 순서는 상관없다.

> **예제**
>
> el, e, pha, nt → elephant

정답 16

06

> a, pp, le → apple

07

me, ss, a, ge → message

08

pr, o, xim, i, ty → proximity

09

co, m, pul, sive → compulsive

10

geog, ra, phi, c, al → geographical

※ 다음은 '갑, 을, 병'으로 이루어진 배열이다. 〈보기〉의 A, B 중 하나의 행동을 할 수 있을 때, 입력값에 'B행동 → A행동' 순서대로 적용시키고 얻을 수 있는 결괏값의 경우의 수를 구하시오. [11~15]

> **보기**
>
> A : '을'과 '병'은 한 번만 자리교체가 가능하다.
> B : '갑'과 '병'은 한 번만 자리교체가 가능하다.

예제

	〈입력값〉		〈결괏값〉
	병갑을을갑	→	?

정답 4가지

11

	〈입력값〉		〈결괏값〉
	갑갑병병을	→	?

12

⟨입력값⟩		⟨결괏값⟩
갑병병을병갑	→	?

13

⟨입력값⟩		⟨결괏값⟩
갑갑을병병갑을	→	?

14

〈입력값〉		〈결괏값〉
병갑을병을갑을갑갑	→	?

15

〈입력값〉		〈결괏값〉
을을갑을을병갑을병병	→	?

※ S제약회사에서 2년간의 연구로 W, C, E, G성분을 추출하는 데 성공했고 현재는 이 네 가지 성분을 이용한 신약 개발에 집중하고 있다. 신약은 이 성분들로 이루어진 두 물질을 합성하여 만들어지며, 두 물질이 합성될 때 각 성분은 결합된다. 신약의 성능 수치는 각 성분 결합 시 성능 수치 합의 최댓값일 때, 다음 〈보기〉를 참고하여 신약의 성능 수치를 구하시오. [16~20]

〈성분 결합 시 성능 수치〉

성분	W	C	E	G	#
W	10	−7	−5	−3	−1
C	−7	10	1	3	5
E	−5	1	10	−5	−3
G	−3	3	−5	10	−1
#	−1	5	−3	−1	×

보기

• 물질은 W, C, E, G성분으로 이루어져 있다.
• 물질의 성분 배열은 인위적으로 조작할 수 없다.
• 두 물질을 합성하기 전에 두 물질 중 더 적은 성분으로 이루어진 물질에 다른 물질의 성분 개수와 같게 성분 #을 추가한다.
• 성분 #은 물질의 성분 배열 어디든 추가될 수 있다.
  예 WGC → W#G#C#, ##WG#C
• 성분의 개수가 같아진 두 물질의 배열에 따라 같은 자리의 각 성분을 결합시켜 두 물질을 합성한다.
• 각 자리의 성분을 결합했을 때 성능 수치의 합이 최댓값인 경우 신약 개발이 진행된다.

예제

> 물질 1 : WCCCGEG
> 물질 2 : WGC

정답 35

16

> 물질 1 : GGC
> 물질 2 : EWCE

17

물질 1 : CEECG
물질 2 : WG

18

물질 1 : EWWGCC
물질 2 : CEGC

19

물질 1 : WEGEECG
물질 2 : EGCW

20

물질 1 : CWWCE
물질 2 : EGGWCECEW

※ 목걸이 공방에서 일하는 이장인은 $(n+1)$일에 퇴사할 예정이다. 따라서 남은 n일 동안 최대한 많은 목걸이를 주문받을 수 있도록 공방 주인에게 부탁을 했고, 주인은 매일 다른 목걸이 주문을 받는다. 각각의 목걸이를 완성하는 데 걸리는 기간과 목걸이의 금액이 주문 일정에 정리되어 있다. 다음 자료와 〈보기〉를 보고 퇴사 전 이장인의 수익이 가장 클 때의 금액을 구하시오. **[21~25]**

보기

- 퇴사일 전날까지 업무는 완료되어야 한다.
- 목걸이를 만드는 기간은 주문받은 다음 날부터 시작이다.
- 다음 주문은 전에 주문받은 목걸이가 완성되는 날부터 다시 받을 수 있다.

예제

$n=7$인 경우에 다음과 같은 주문 일정을 받았다. 이장인의 수익이 가장 클 때의 금액은?

날짜	1일	2일	3일	4일	5일	6일	7일
기간(일)	2	3	1	3	2	2	2
금액(만 원)	30	40	20	15	21	19	28

정답 71만 원

21 $n=8$인 경우에 다음과 같은 주문 일정을 받았다. 이장인의 수익이 가장 클 때의 금액은?

날짜	1일	2일	3일	4일	5일	6일	7일	8일
기간(일)	2	3	1	2	3	2	2	1
금액(만 원)	20	40	15	25	12	23	35	30

22 $n=10$인 경우에 다음과 같은 주문 일정을 받았다. 이장인의 수익이 가장 클 때의 금액은?

날짜	1일	2일	3일	4일	5일	6일	7일	8일	9일	10일
기간(일)	4	3	2	2	1	4	5	2	3	2
금액(만 원)	28	30	29	27	7	23	50	22	30	50

23 $n=12$인 경우에 다음과 같은 주문 일정을 받았다. 이장인의 수익이 가장 클 때의 금액은?

날짜	1일	2일	3일	4일	5일	6일
기간(일)	2	4	3	2	3	3
금액(만 원)	30	23	15	21	12	23

날짜	7일	8일	9일	10일	11일	12일
기간(일)	5	4	3	3	3	1
금액(만 원)	40	32	24	40	19	11

24 $n = 13$인 경우에 다음과 같은 주문 일정을 받았다. 이장인의 수익이 가장 클 때의 금액은?

날짜	1일	2일	3일	4일	5일	6일	7일
기간(일)	4	3	5	3	1	4	5
금액(만 원)	22	20	17	25	12	30	40

날짜	8일	9일	10일	11일	12일	13일
기간(일)	2	4	3	3	2	2
금액(만 원)	19	24	30	28	19	25

25 $n = 14$인 경우에 다음과 같은 주문 일정을 받았다. 이장인의 수익이 가장 클 때의 금액은?

날짜	1일	2일	3일	4일	5일	6일	7일
기간(일)	5	2	2	4	3	2	3
금액(만 원)	23	24	20	17	16	20	30

날짜	8일	9일	10일	11일	12일	13일	14일
기간(일)	2	2	1	4	2	3	4
금액(만 원)	14	18	21	30	33	20	40

5일 차

에세이 + 면접

CHAPTER

01

에세이

01 작성 방법

01 에세이란 무엇인가?

1. 기업의 채용에 있어 지원자에게 작성하라는 에세이란?

10년 전만 해도 외국계 컨설팅 회사에서만 사용하는 독특한 채용방식이었던 에세이가 한국의 채용시장에 신입사원 채용전형 요소로 들어오기 시작하면서, 대기업을 중심으로 '경험과 경력을 기술할 수 있는 에세이'로 자기소개서를 제출하는 방식이 탈스펙 채용과 함께 확산되고 있다. SSAFY에서도 에세이는 지원자가 SW를 알고 있는지를 확인하는 것이 아니라 SW에 얼마나 관심이 있는지 확인하는 일련의 과정이다.

지원할 때 제출 또는 입력하는 서류전형 요소는 이력사항과 자기소개서가 있다. 이력사항의 경우, 정부의 개인정보보호 법률에 따라 과거에 기록했던 주민등록번호, 신체사항 그리고 재산여부를 묻는 항목들은 사라지고 있으며, 경력사항이나 자격, 교육수료사항을 더 자세하게 적는 방향으로 바뀌고 있다. 자기소개서도 성장과정, 성격의 장단점, 사회경험, 지원동기 등의 정형화된 항목에서 벗어나, 에세이 형식의 '학업 이외에 관심과 열정을 가지고 했던 다양한 경험 중 가장 기억에 남는 것을 구체적으로 기술해 주세요.'와 같이 지원자의 변화되어 온 과정과 함께 지금 가지고 있는 생각을 글로써 알아보기 위한 구체적인 항목으로 대체되고 있다.

스토리텔링과 에세이 작성은 자신의 생각이나 의도를 상대방에게 알린다는 공통점이 있지만, 스토리텔링으로만 자기소개서를 구성하다 보면 다른 사람의 스토리에 나의 소재만 이식하여 스토리형식을 베끼는 형태로 글을 작성하는 경우가 많다. 이와 달리, 에세이는 자신의 논리력과 설득력을 잘 드러내기 위해서 상대적으로 자신이 스펙 중에 열위에 있다고 판단되는 부분에서부터 우위에 있다고 판단되는 것까지 모두 생각해서 적어야 한다. 즉, 글을 읽는 사람이 어느 정도의 개요를 한눈에 볼 수 있을 정도로 구성력이 있으면서 완성된 글의 형태로 작성해야 하기 때문에 단순한 스토리텔링의 글과는 다른 부분이 존재한다. 에세이의 경우, 면접관으로 들어오는 회사의 관계자들이 모두 읽어보거나 지참해서 가지고 오기 때문에 면접을 편안하게 보기 위해서는 반드시 시간과 노력을 투자하여 작성하는 것이 좋다.

2. 그렇다면 왜 기업들은 에세이 작성을 요구하게 된 것일까?

기업의 인사담당자를 만나면 가장 많이 하는 이야기 중 하나가 바로 신입사원들의 조기퇴사이다. 실제로 한 대기업의 신입 채용을 담당하는 과장은 신입사원 연수 수료에 대한 임원보고에서, 많은 비용을 들여서 선발을 하고 교육을 함에도 불구하고 왜 퇴사자가 있는지 다시 보고하라며 문책을 당했던 이야기를 털어 놓았다. 기업에서 채용기준이 변화하고 있는 이유는 바로 어렵게 선발한 직원들의 조기퇴사에서 비롯되었다고 할 수 있다. 직무내용과 인간관계 문제가 대졸 신입사원의 조기퇴사의 주된 원인으로 지목되며 과거 범용적 인재를 선발하던 기준을 바꾸었다. 즉, 학창 시절의 경험 기술을 통하여 대학 시절부터 직무에 관심을 가지고 쌓아온 노력과 원만한 대인관계, 조직 내에서 수행할 수 있는 역할 등을 알아보고자 하며 전문적인 지식과 인성에 바탕을 둔 통섭형 인재를 선발하는 방향으로 점차 변화하게 된 것이다. 삼성경제연구소에서도 신세대의 특성과 조직관리방안이라는 연구보고서를 통해 국내에서도 신세대 직장인을 올바르게 이해하고 이들의 강점을 기업의 경쟁력으로 연결시키기 위한 조직관리 방안을 심도 있게 연구해야 한다고 밝히고 있다. 한국직업능력개발원을 비롯한 국책연구기관들 그리고 언론사들의 특집기사에서 신입사원들이 1년도 되지 않아 퇴사하는 이유와 원인에 대해 집중적으로 보도하는 사례 등을 통하여 이제는 기업과 사회에서 신입사원과 저경력 사원들에 대해 관심을 가지고 연구를 하고 있다는 것을 알 수가 있다.

이러한 내용들을 종합해 보면 바늘구멍을 뚫고 입사한 신입사원들이 떠나는 주된 이유를 '직무적응 실패'와 '대기업에 맞춰져 있는 신입사원의 눈높이'를 꼽고 있다. 그렇기 때문에, 기업에서는 입사하고자 하는 구직자가 어떠한 생각을 가지고 있으며 직무에 어느 정도 관심을 가지고 있는지에 대한 판단을 보다 심도 있게 하기 위하여, 에세이 제출과 구조화된 면접전형 등의 다각적인 평가를 진행하여 신입사원을 선발하는 인사정책으로 변화시키고 있다고 볼 수 있다.

SSAFY 모집에서도 같은 이유로 에세이 작성을 요구한다. 1년이라는 긴 시간 동안 한 번도 배우지 않은 SW를 포기하지 않고 학습해낼 수 있는 인재를 찾기 위해서인 것이다.

02 에세이 작성요령 및 유의사항

에세이 작성은 '과정분석 에세이(The process Analysis Essay) 방식'이나 '원인결과분석 에세이(The cause and effective Analysis Essay) 방식'을 통해 글을 작성하여 이 직무에 대한 관심을 논리적으로 서술하는 방법을 선택해야 한다.

> • 과정분석 에세이 작성법 : 어떠한 사건이나 일이 완성되기까지 이어지는 단계를 서술하는 기술법
> • 원인결과분석 에세이 작성법 : 두괄식으로 사건이나 결과를 놓고 그 원인과 결과를 분석하는 기술법

전통적 방식인 '서론 – 본론 – 결론' 구조를 가지거나 프레젠테이션에서 많이 사용하는 '결 – 승 – 전(결론 – 소주제 1 – 소주제 2)' 구조 방식으로 작성한다면 전체적인 짜임새와 함께 에세이를 읽는 인사담당자로부터 관심을 지속시키며 판단을 내리는 데 도움을 줄 수가 있을 것이다.

하나의 항목을 작성하기 위해서는 일단 비슷한 경험들을 끌어다가 억지로 스토리텔링으로 만들어 내기보다는 틀(Frame)을 가지고 에세이를 완성하려고 노력하는 것이 가장 좋은 방법이라고 할 수 있다.

> ※ 에세이 작성 시 유의해야 할 사항
> • 취업만이 목표인 사람으로 글을 쓰지 말 것
> • 수상경력이나 짧은 기간 동안 한 일에 대해서 부풀리지 말 것
> • 다양한 아르바이트, 다양한 경험 식의 표현은 쓰지 말 것
> • 과정부터 천천히 써야 할지 결론부터 써야 할지 고민하고 시작할 것
> • 누구나 겪는 경험을 자신만의 경험으로 확대하지 말 것
> • 문어체로 쓸 것

01 1 · 2 · 3기 자기소개서 항목

기출 에세이 01 본 과정의 지원동기와 향후 진로에 대해 SW관련 경험을 중심으로 상세히 작성하시오.

기출 에세이 02 공모전, 대외활동, 프로젝트 등 장기간에 걸쳐 과제를 완수했던 경험 또는 실패했던 사례에 대해서 상세히 작성하시오.

기출 에세이 01 SW에 관심을 갖게 된 계기와 향후 어떤 SW개발자로 성장하고 싶은지, 그 이유는 무엇인지 SW관련 경험(학습, 취미 등)을 토대로 작성하시오.

기출 에세이 02 취업을 목표로 한 활동(인턴, 프로젝트, 경진대회 등)을 구체적으로 기재하고, 이와 같은 노력과 결과를 통해 배우고 느낀 점을 작성하시오.

03 6기 자기소개서 항목

기출 에세이 01 SW에 관심을 갖게 된 계기와 향후 어떤 SW개발자로 성장하고 싶은지, 이유는 무엇인지 SW관련 경험(학습, 취미, 사용경험 등)을 토대로 작성하시오.

기출 에세이 02 취업을 목표로 했던 활동(회사 입사지원 및 면접참석, 인턴 및 직무체험, 취업을 위한 학습 및 자격증 취득 등) 중에 가장 기억에 남는 경험을 기술하고, 이를 통해 배우고 느낀 점 등을 작성하시오.

04 7 · 8기 자기소개서 항목

기출 에세이 01　SSAFY에 지원한 동기와 향후 어떤 개발자로 성장하고 싶은지 SW경험을 토대로 작성하시오.

05 9기 자기소개서 항목

기출 에세이 01　학업 및 취업준비를 하며 가장 어려웠던 경험과 이를 해결하기 위해 했던 노력과 SSAFY 지원 동기를 작성하시오.

06 10기 자기소개서 항목

기출 에세이 01　향후 어떤 개발자로 성장하고 싶은지 SW개발, 프로젝트, 대회 등의 경험을 바탕으로 기술하시오.

07 11·12기 자기소개서 항목

기출 에세이 01 향후 어떤 SW개발자로 성장하고 싶은지 SW 관련 경험을 토대로 기술하고, SSAFY에 지원하신 동기에 대해서도 작성하시오(SW 관련 경험 : SW개발, SW프로젝트 및 SW 경진대회 경험, IT 관련 자격증 취득 등).

기출 에세이 02 학업 및 취업준비를 하며 가장 어려웠던 경험과 이를 해결하기 위해 했던 노력을 기술하고, SSAFY에 지원하신 동기에 대해서도 작성하시오.

CHAPTER 02 면접

01 면접 소개

01 면접 주요사항

면접의 사전적 정의는 면접관이 지원자를 직접 만나보고 인품(人品)이나 언행(言行) 따위를 시험하는 일로, 흔히 필기시험 후에 최종적으로 심사하는 방법이다.

최근 주요 기업의 인사담당자들을 대상으로 채용 시 면접이 차지하는 비중을 설문조사했을 때, 50~80% 이상이라고 답한 사람이 전체 응답자의 80%를 넘었다. 이와 대조적으로 지원자들을 대상으로 취업 시험에서 면접을 준비하는 기간을 물었을 때, 대부분의 응답자가 2~3일 정도라고 대답했다.

지원자가 일정 수준의 스펙을 갖추기 위해 자격증 시험과 토익을 치르고 이력서와 자기소개서까지 쓰다 보면 면접까지 챙길 여유가 없는 것이 사실이다. 그리고 서류전형과 인적성검사를 통과해야만 면접을 볼 수 있기 때문에 자연스럽게 면접은 취업시험 과정에서 그 비중이 작아질 수밖에 없다. 하지만 아이러니하게도 실제 채용 과정에서 면접이 차지하는 비중은 절대적이라고 해도 과언이 아니다.

기업들은 채용 과정에서 토론 면접, 인성 면접, 프레젠테이션 면접, 역량 면접 등의 다양한 면접을 실시한다. 1차 커트라인이라고 할 수 있는 서류전형을 통과한 지원자들의 스펙이나 능력은 서로 엇비슷하다고 판단되기 때문에 서류상 보이는 자격증이나 토익 성적보다는 지원자의 인성을 파악하기 위해 면접을 더욱 강화하는 것이다. 일부 기업은 의도적으로 압박 면접을 실시하기도 한다. 지원자가 당황할 수 있는 질문을 던져서 그것에 대한 지원자의 반응을 살펴보는 것이다.

면접은 다르게 생각한다면 '나는 누구인가'에 대한 물음에 해답을 줄 수 있는 가장 현실적이고 미래적인 경험이 될 수 있다. 취업난 속에서 자격증을 취득하고 토익 성적을 올리기 위해 앞만 보고 달려온 지원자들은 자신에 대해서 고민하고 탐구할 수 있는 시간을 평소 쉽게 가질 수 없었을 것이다. 자신을 잘 알고 있어야 자신에 대해서 자신감 있게 말할 수 있다. 대체로 사람들은 자신에게 관대한 편이기 때문에 스스로에 대해서 어떤 기대와 환상을 가지고 있는 경우가 많다. 하지만 면접은 제삼자에 의해 개인의 능력을 객관적으로 평가받는 시험이다. 어떤 지원자들은 다른 사람에게 자신을 표현하는 것을 어려워한다. 평소에 잘 사용하지 않는 용어를 내뱉으면서 거창하게 자신을 포장하는 지원자도 많다. 면접에서 가장 기본은 자기 자신을 면접관에게 알기 쉽게 표현하는 것이다.

이러한 표현을 바탕으로 자신이 앞으로 하고자 하는 것과 그에 대한 이유를 설명해야 한다. 최근에는 자신감을 향상시키거나 말하는 능력을 높이는 학원도 많기 때문에 얼마든지 자신의 단점을 극복할 수 있다.

1. 자기소개의 기술

자기소개를 시키는 이유는 면접자가 지원자의 자기소개서를 압축해서 듣고, 지원자의 첫인상을 평가할 시간을 가질 수 있기 때문이다. 면접을 위한 워밍업이라고 할 수 있으며, 첫인상을 결정하는 과정이므로 매우 중요한 순간이다.

(1) 정해진 시간에 자기소개를 마쳐야 한다.

쉬워 보이지만 의외로 지원자들이 정해진 시간을 넘기거나 혹은 빨리 끝내서 면접관에게 지적을 받는 경우가 많다. 본인이 면접을 받는 마지막 지원자가 아닌 이상, 정해진 시간을 지키지 않는 것은 수많은 지원자를 상대하기에 바쁜 면접관과 대기 시간에 지친 다른 지원자들에게 불쾌감을 줄 수 있다.

또한 회사에서 시간관념은 절대적인 것이므로 반드시 자기소개 시간을 지켜야 한다. 말하기는 1분에 200자 원고지 2장 분량의 글을 읽는 만큼의 속도가 가장 적당하다. 이를 A4 용지에 10point 글자 크기로 작성하면 반 장 분량이 된다.

(2) 간단하지만 신선한 문구로 자기소개를 시작하자.

요즈음 많은 지원자가 이 방법을 사용하고 있기 때문에 웬만한 소재의 문구가 아니면 면접관의 관심을 받을 수 없다. 이러한 문구는 시대적으로 유행하는 광고 카피를 패러디하는 경우와 격언 등을 인용하는 경우, 그리고 지원한 회사의 IC나 경영이념, 인재상 등을 사용하는 경우 등이 있다. 지원자는 이러한 여러 문구 중에 자신의 첫인상을 북돋아 줄 수 있는 것을 선택해서 말해야 한다. 자신의 이름을 문구 속에 적절하게 넣어서 말한다면 좀 더 효과적인 자기소개가 될 것이다.

(3) 무엇을 먼저 말할 것인지 고민하자.

면접관이 많이 던지는 질문 중 하나가 지원동기이다. 그래서 성장기를 바로 건너뛰고, 지원한 회사에 들어오기 위해 대학에서 어떻게 준비했는지를 설명하는 자기소개가 대세이다.

(4) 면접관의 호기심을 자극해 관심을 불러일으킬 수 있게 말하라.

면접관에게 질문을 많이 받는 지원자의 합격률이 반드시 높은 것은 아니지만, 질문을 전혀 안 받는 것보다는 좋은 평가를 기대할 수 있다. 지원한 분야와 관련된 수상 경력이나 프로젝트 등을 말하는 것도 좋다. 이는 지원자의 업무 능력과 직접 연결되는 것이므로 효과적인 자기 홍보가 될 수 있다. 일부 지원자들은 자신만의 특별한 경험을 이야기하는데, 이때는 그 경험이 보편적으로 사람들의 공감대를 얻을 수 있는 것인지 다시 생각해봐야 한다.

(5) 마지막 고개를 넘기가 가장 힘들다.

첫 단추도 중요하지만, 마지막 단추도 중요하다. 하지만 왠지 격식을 따지는 인사말은 지나가는 인사말 같고, 다르게 하자니 예의에 어긋나는 것 같은 기분이 든다. 이때는 처음에 했던 자신만의 문구를 다시 한 번 말하는 것도 좋은 방법이다. 자연스러운 끝맺음이 될 수 있도록 적절한 연습이 필요하다.

2. 1분 자기소개 시 주의사항

(1) 자기소개서와 자기소개가 똑같다면 감점일까?

아무리 자기소개서를 외워서 말한다 해도 자기소개가 자기소개서와 완전히 똑같을 수는 없다. 자기소개서의 분량이 더 많고 회사마다 요구하는 필수 항목들이 있기 때문에 군이 고민할 필요는 없다. 오히려 자기소개서의 내용을 잘 정리한 자기소개가 더 좋은 결과를 만들 수 있다. 하지만 자기소개서와 상반된 내용을 말하는 것은 적절하지 않다. 지원자의 신뢰성이 떨어진다는 것은 곧 불합격을 의미하기 때문이다.

(2) 말하는 자세를 바르게 익혀라.

지원자가 자기소개를 하는 동안 면접관은 지원자의 동작 하나하나를 관찰한다. 그렇기 때문에 바른 자세가 중요하다는 것은 우리가 익히 알고 있다. 하지만 문제는 무의식적으로 나오는 습관 때문에 자세가 흐트러져 나쁜 인상을 줄 수 있다는 것이다. 이러한 습관을 고칠 수 있는 가장 좋은 방법은 캠코더 등으로 자신의 모습을 담는 것이다. 거울을 사용할 경우에는 시선이 자꾸 자기 눈과 마주치기 때문에 집중하기 힘들다. 하지만 촬영된 동영상은 제삼자의 입장에서 자신을 볼 수 있기 때문에 많은 도움이 된다.

(3) 정확한 발음과 억양으로 자신 있게 말하라.

지원자의 모양새가 아무리 뛰어나도, 목소리가 작고 발음이 부정확하면 큰 감점을 받는다. 이러한 모습은 지원자의 좋은 점에까지 악영향을 끼칠 수 있다. 직장을 흔히 사회생활의 시작이라고 말하는 시대적 정서에서 사람들과 의사소통을 하는 데 문제가 있다고 판단되는 지원자는 부적절한 인재로 평가될 수밖에 없다.

3. 대화법

전문가들이 말하는 대화법의 핵심은 '상대방을 배려하면서 이야기하라.'는 것이다. 대화는 나와 다른 사람의 소통이다. 내용에 대한 공감이나 이해가 없다면 대화는 더 진전되지 않는다.

베스트셀러 『카네기 인간관계론』의 작가인 철학자 카네기가 말하는 최상의 대화법은 자신의 경험을 토대로 이야기하는 것이다. 즉, 살아오면서 직접 겪은 경험이 상대방의 관심을 끌 수 있는 가장 좋은 이야깃거리인 것이다. 특히, 어떤 일을 이루기 위해 노력하는 과정에서 겪은 실패나 희망에 대해 진솔하게 얘기한다면 상대방은 어느새 당신의 편에 서서 그 이야기에 동조할 것이다.

독일의 사업가이자 동기부여 트레이너인 위르겐 힐러의 연설법 중 가장 유명한 것은 '시즐(Sizzle)'을 잡는 것이다. 시즐이란, 새우튀김이나 돈가스가 기름에서 지글지글 튀겨질 때 나는 소리이다. 즉, 자신의 말을 듣고 시즐처럼 반응하는 상대방의 감정에 적절하게 대응하라는 것이다.

말을 시작한 지 10 ~ 15초 안에 상대방의 '시즐'을 알아차려야 한다. 자신의 이야기에 대한 상대방의 첫 반응에 따라 말하기 전략도 달라져야 한다. 첫 이야기의 반응이 미지근하다면 가능한 한 그 이야기를 빨리 마무리하고 새로운 이야깃거리를 생각해내야 한다. 길지 않은 면접 시간 내에 몇 번 오지 않는 대답의 기회를 살리기 위해서 보다 전략적이고 냉철해야 하는 것이다.

4. 차림새

(1) 구두

면접에 어떤 옷을 입어야 할지를 며칠 동안 고민하면서 정작 구두는 면접 보는 날 현관을 나서면서 즉흥적으로 신고 가는 지원자들이 많다. 구두를 보면 그 사람의 됨됨이를 알 수 있다고 한다. 면접관 역시 이러한 것을 놓치지 않기 때문에 지원자는 자신의 구두에 더욱 신경을 써야 한다. 스타일의 마무리는 발끝에서 이루어지는 것이다. 아무리 멋진 옷을 입고 있어도 구두가 어울리지 않는다면 전체 스타일이 흐트러지기 때문이다.

정장용 구두는 디자인이 깔끔하고, 에나멜 가공처리를 하여 광택이 도는 페이턴트 가죽 소재 제품이 무난하다. 검정 계열 구두는 회색과 감색 정장에, 브라운 계열의 구두는 베이지나 갈색 정장에 어울린다. 참고로 구두는 오전에 사는 것보다 발이 충분히 부은 상태인 저녁에 사는 것이 좋다. 마지막으로 당연한 일이지만 반드시 면접을 보는 전날 구두 뒤축이 닳지는 않았는지 확인하고 구두에 광을 내 둔다.

(2) 양말

양말은 정장과 구두의 색상을 비교해서 골라야 한다. 특히 검정이나 감색의 진한 색상의 바지에 흰 양말을 신는 것은 시대에 뒤처지는 일이다. 일반적으로 양말의 색깔은 바지의 색깔과 같아야 한다. 또한 양말의 길이도 신경 써야 한다. 바지를 입을 경우, 의자에 바르게 앉거나 다리를 꼬아서 앉을 때 다리털이 보여서는 안 된다. 반드시 긴 정장 양말을 신어야 한다.

(3) 정장

지원자는 평소에 정장을 입을 기회가 많지 않기 때문에 면접을 볼 때 본인 스스로도 옷을 어색하게 느끼는 경우가 많다. 옷을 불편하게 느끼기 때문에 자세마저 불안정한 지원자도 볼 수 있다. 그러므로 면접 전에 정장을 입고 생활해보는 것도 나쁘지는 않다.

일반적으로 면접을 볼 때는 상대방에게 신뢰감을 줄 수 있는 남색 계열의 옷이나 어떤 계절이든 무난하고 깔끔해보이는 회색 계열의 정장을 많이 입는다. 정장은 유행에 따라서 재킷의 디자인이나 버튼의 개수가 바뀌기 때문에 너무 오래된 옷을 입어서 다른 사람의 옷을 빌려 입고 나온 듯한 인상을 주어서는 안 된다.

(4) 헤어스타일과 메이크업

헤어스타일에 자신이 없다면 미용실에 다녀오는 것도 좋은 방법이다. 또한 자신에게 어울리는 메이크업을 하는 것도 괜찮다. 메이크업은 상대에 대한 예의를 갖추는 것이므로 지나치게 화려한 메이크업이 아니라면 보다 준비된 지원자처럼 보일 수 있다.

5. 첫인상

취업을 위해 성형수술을 받는 사람들에 대한 이야기는 더 이상 뉴스거리가 되지 않는다. 그만큼 많은 사람이 좁은 취업문을 뚫기 위해 이미지 향상에 신경을 쓰고 있다. 이는 면접관에게 좋은 첫인상을 주기 위한 것으로, 지원서에 올리는 증명사진을 이미지 프로그램을 통해 수정하는 이른바 '사이버 성형'이 유행하는 것과 같은 맥락이다. 실제로 외모가 채용 과정에서 영향을 끼치는가에 대한 설문조사에서도 60% 이상의 인사담당자들이 그렇다고 답변했다.

하지만 외모와 첫인상을 절대적인 관계로 이해하는 것은 잘못된 판단이다. 외모가 첫인상에서 많은 부분을 차지하지만, 외모 외에 다른 결점이 발견된다면 그로 인해 장점들이 가려질 수도 있다. 이러한 현상은 아래에서 다시 논하겠다.

첫인상은 말 그대로 한 번밖에 기회가 주어지지 않으며 몇 초 안에 결정된다. 첫인상을 결정짓는 요소 중 시각적인 요소가 80% 이상을 차지한다. 첫눈에 들어오는 생김새나 복장, 표정 등에 의해서 결정되는 것이다. 면접을 시작할 때 자기소개를 시키는 것도 지원자별로 첫인상을 평가하기 위해서이다. 첫인상이 중요한 이유는 만약 첫인상이 부정적으로 인지될 경우, 지원자의 다른 좋은 면까지 거부당하기 때문이다. 이러한 현상을 심리학에서는 초두효과(Primacy Effect)라고 한다.

그래서 한 번 형성된 첫인상은 여간해서 바꾸기 힘들다. 이는 첫인상이 나중에 들어오는 정보까지 영향을 주기 때문이다. 첫인상의 정보가 나중에 들어오는 정보 처리의 지침이 되는 것을 심리학에서는 맥락효과(Context Effect)라고 한다. 따라서 평소에 첫인상을 좋게 만들기 위한 노력을 꾸준히 해야만 하는 것이다. 좋은 첫인상이 반드시 외모에만 집중되는 것은 아니다. 오히려 깔끔한 옷차림과 부드러운 표정 그리고 말과 행동 등에 의해 전반적인 이미지가 만들어진다. 누구나 이러한 것 중에 한두 가지 단점을 가지고 있다. 요즈음은 이미지 컨설팅을 통해서 자신의 단점들을 보완하는 지원자도 있다. 특히, 표정이 밝지 않은 지원자는 평소 웃는 연습을 의식적으로 하여 면접을 받는 동안 계속해서 여유 있는 표정을 짓는 것이 중요하다. 성공한 사람들은 인상이 좋다는 것을 명심하자.

02 면접의 유형 및 실전 대책

1. 면접의 유형

과거 천편일률적인 일대일 면접과 달리 면접에는 다양한 유형이 도입되어 현재는 "면접은 이렇게 보는 것이다."라고 말할 수 있는 정해진 유형이 없어졌다. 그러나 대기업 면접에서는 현재까지는 집단 면접과 다대일 면접이 진행되고 있으므로 어느 정도 유형을 파악하여 사전에 대비가 가능하다. 면접의 기본인 단독 면접부터, 다대일 면접, 집단 면접의 유형과 그 대책에 대해 알아보자.

(1) 단독 면접

단독 면접이란 응시자와 면접관이 1대1로 마주하는 형식을 말한다. 면접위원 한 사람과 응시자 한 사람이 마주 앉아 자유로운 화제를 가지고 질의응답을 되풀이하는 방식이다. 이 방식은 면접의 가장 기본적인 방법으로 소요시간은 10 ~ 20분 정도가 일반적이다.

① 장점

필기시험 등으로 판단할 수 없는 성품이나 능력을 알아내는 데 가장 적합하다고 평가받아 온 면접방식으로 응시자 한 사람 한 사람에 대해 여러 면에서 비교적 폭넓게 파악할 수 있다. 응시자의 입장에서는 한 사람의 면접관만을 대하는 것이므로 상대방에게 집중할 수 있으며, 긴장감도 다른 면접방식에 비해서는 적은 편이다.

② 단점

면접관의 주관이 강하게 작용해 객관성을 저해할 소지가 있으며, 면접 평가표를 활용한다 하더라도 일면적인 평가에 그칠 가능성을 배제할 수 없다. 또한 시간이 많이 소요되는 것도 단점이다.

> **단독 면접 준비 Point**
>
> 단독 면접에 대비하기 위해서는 평소 1대1로 논리 정연하게 대화를 나눌 수 있는 능력을 기르는 것이 중요하다. 그리고 면접장에서는 면접관을 선배나 선생님 혹은 아버지를 대하는 기분으로 면접에 임하는 것이 부담도 훨씬 적고 실력을 발휘할 수 있는 방법이 될 것이다.

(2) 다대일 면접

다대일 면접은 일반적으로 가장 많이 사용되는 면접방법으로 보통 2 ~ 5명의 면접관이 1명의 응시자에게 질문하는 형태의 면접방법이다. 면접관이 여러 명이므로 다각도에서 질문을 하여 응시자에 대한 정보를 많이 알아낼 수 있다는 점 때문에 선호하는 면접방법이다.

하지만 응시자의 입장에서는 질문도 면접관에 따라 각양각색이고 동료 응시자가 없으므로 숨 돌릴 틈도 없게 느껴진다. 또한 관찰하는 눈도 많아서 조그만 실수라도 지나치는 법이 없기 때문에 정신적 압박과 긴장감이 높은 면접방법이다. 따라서 응시자는 긴장을 풀고 한 시험관이 묻더라도 면접관 전원을 향해 대답한다는 기분으로 또박또박 대답하는 자세가 필요하다.

① 장점

면접관이 집중적인 질문과 다양한 관찰을 통해 응시자가 과연 조직에 필요한 인물인가를 완벽히 검증할 수 있다.

② 단점

면접시간이 보통 10 ~ 30분 정도로 좀 긴 편이고 응시자에게 지나친 긴장감을 조성하는 면접방법이다.

> **다대일 면접 준비 Point**
>
> 질문을 들을 때 시선은 면접위원을 향하고 다른 데로 돌리지 말아야 하며, 대답할 때에도 고개를 숙이거나 입속에서 우물거리는 소극적인 태도는 피하도록 한다. 면접위원과 대등하다는 마음가짐으로 편안한 태도를 유지하면 대답도 자연스러운 상태에서 좀 더 충실히 할 수 있고, 이에 따라 면접위원이 받는 인상도 달라진다.

(3) 집단 면접

집단 면접은 다수의 면접관이 여러 명의 응시자를 한꺼번에 평가하는 방식으로 짧은 시간에 능률적으로 면접을 진행할 수 있다. 각 응시자에 대한 질문내용, 질문횟수, 시간배분이 똑같지는 않으며, 모두에게 같은 질문이 주어지기도 하고, 각각 다른 질문을 받기도 한다.

또한 어떤 응시자가 한 대답에 대한 의견을 묻는 등 그때그때의 분위기나 면접관의 의향에 따라 변수가 많다. 집단 면접은 응시자의 입장에서는 개별 면접에 비해 긴장감은 다소 덜한 반면에 다른 응시자들과의 비교가 확실하게 나타나므로 응시자는 몸가짐이나 표현력·논리성 등이 결여되지 않도록 자신의 생각이나 의견을 솔직하게 발표하여 집단 속에 묻히거나 밀려나지 않도록 주의해야 한다.

① 장점

집단 면접의 장점은 면접관이 응시자 한 사람에 대한 관찰시간이 상대적으로 길고, 비교 평가가 가능하기 때문에 결과적으로 평가의 객관성과 신뢰성을 높일 수 있다는 점이며 응시자는 동료들과 함께 면접을 받기 때문에 긴장감이 다소 덜하다는 것을 들 수 있다. 또한 동료가 답변하는 것을 들으며 자신의 답변 방식이나 자세를 조정할 수 있다는 것도 큰 이점이다.

② 단점

응답하는 순서에 따라 응시자마다 유리하고 불리한 점이 있고, 면접위원의 입장에서는 각각의 개인적인 문제를 깊게 다루기가 곤란하다는 것이 단점이다.

> **집단 면접 준비 Point**
>
> 너무 자기 과시를 하지 않는 것이 좋다. 대답은 자신이 말하고 싶은 내용을 간단명료하게 말해야 한다. 내용이 없는 발언을 한다거나 대답을 질질 끄는 태도는 좋지 않다. 또 말하는 중에 내용이 주제에서 벗어나거나 자기중심적으로만 말하는 것도 피해야 한다. 집단 면접에 대비하기 위해서는 평소에 설득력을 지닌 자신의 논리력을 계발하는 데 힘써야 하며, 다른 사람 앞에서 자신의 의견을 조리 있게 개진할 수 있는 발표력을 갖추는 데에도 많은 노력을 기울여야 한다.
> • 실력에는 큰 차이가 없다는 것을 기억하라.
> • 동료 응시자들과 서로 협조하라.
> • 답변하지 않을 때의 자세가 중요하다.
> • 개성 표현은 좋지만 튀는 것은 위험하다.

(4) 집단 토론식 면접

집단 토론식 면접은 집단 면접과 형태는 유사하지만 질의응답이 아니라 응시자들끼리의 토론이 중심이 되는 면접방법으로 최근 들어 급증세를 보이고 있다. 이는 공통의 주제에 대해 다양한 견해들이 개진되고 결론을 도출하는 과정, 즉 토론을 통해 응시자의 다양한 면에 대한 평가가 가능하다는 집단 토론식 면접의 장점이 널리 확산된 데 따른 것으로 보인다. 사실 집단 토론식 면접을 활용하면 주제와 관련된 지식 정도와 이해력, 판단력, 설득력, 협동성은 물론 리더십, 조직 적응력, 적극성과 대인관계 능력 등을 쉽게 파악할 수 있다.

토론식 면접에서는 자신의 의견을 명확히 제시하면서도 상대방의 의견을 경청하는 토론의 기본자세가 필수적이며, 지나친 경쟁심이나 자기 과시욕은 접어두는 것이 좋다. 또한 집단 토론의 목적이 결론을 도출해 나가는 과정에 있다는 것을 감안하여 무리하게 자신의 주장을 관철시키기보다 오히려 토론의 질을 높이는 데 기여하는 것이 좋은 인상을 줄 수 있다는 점을 알아야 한다. 취업 희망자들은 토론식 면접이 급속도로 확산되는 추세임을 감안해 특히 철저한 준비를 해야 한다. 평소에 신문의 사설이나 매스컴 등의 토론 프로그램을 주의 깊게 보면서 논리 전개방식을 비롯한 토론 과정을 익히도록 하고, 친구들과 함께 간단한 주제를 놓고 토론을 진행해 볼 필요가 있다. 또한 사회·시사문제에 대해 자기 나름대로의 관점을 정립해두는 것도 꼭 필요하다.

(5) PT 면접

PT 면접, 즉 프레젠테이션 면접은 최근 들어 집단 토론 면접과 더불어 그 활용도가 점차 커지고 있다. PT 면접은 기업마다 특성이 다르고 인재상이 다른 만큼 인성 면접만으로는 알 수 없는 지원자의 문제해결 능력, 전문성, 창의성, 기본 실무능력, 논리성 등을 관찰하는 데 중점을 두는 면접으로, 지원자 간의 변별력이 높아 대부분의 기업에서 적용하고 있으며, 확산되는 추세이다.

면접 시간은 기업별로 차이가 있지만, 전문지식, 시사성 관련 주제를 제시한 다음, 보통 20~50분 정도 준비하여 5분가량 발표할 시간을 준다. 면접관과 지원자의 단순한 질의응답식이 아닌, 주제에 대해 일정 시간 동안 지원자의 발언과 발표하는 모습 등을 관찰하게 된다. 정확한 답이나 지식보다는 논리적 사고와 의사표현력이 더 중시되기 때문에 자신의 생각을 어떻게 설명하느냐가 매우 중요하다.

PT 면접에서 같은 주제라도 직무별로 평가요소가 달리 나타난다. 예를 들어, 영업직은 설득력과 의사소통 능력에 중점을 둘 수 있겠고, 관리직은 신뢰성과 창의성 등을 더 중요하게 평가한다.

> ### PT 면접 준비 Point
>
> - 면접관의 관심과 주의를 집중시키고, 발표 태도에 유의한다.
> - 모의 면접이나 거울 면접을 통해 미리 점검한다.
> - PT 내용은 세 가지 정도로 정리해서 말한다.
> - PT 내용에는 자신의 생각이 담겨 있어야 한다.
> - 중간에 자문자답 방식을 활용한다.
> - 평소 지원하는 업계의 동향이나 직무에 대한 전문지식을 쌓아둔다.
> - 부적절한 용어 사용이나 무리한 주장 등은 하지 않는다.

2. 면접의 실전 대책

(1) 면접 대비사항

① 지원 회사에 대한 사전지식을 충분히 준비한다.

필기시험에서 합격 또는 서류전형에서의 합격통지가 온 후 면접시험 날짜가 정해지는 것이 보통이다. 이때 수험자는 면접시험을 대비해 사전에 자기가 지원한 계열사 또는 부서에 대해 폭넓은 지식을 준비할 필요가 있다.

> **지원 회사에 대해 알아두어야 할 사항**
>
> - 회사의 연혁
> - 회장 또는 사장의 이름, 출신학교, 관심사
> - 회장 또는 사장이 요구하는 신입사원의 인재상
> - 회사의 사훈, 사시, 경영이념, 창업정신
> - 회사의 대표적 상품, 특색
> - 업종별 계열회사의 수
> - 해외지사의 수와 그 위치
> - 신 개발품에 대한 기획 여부
> - 자기가 생각하는 회사의 장단점
> - 회사의 잠재적 능력개발에 대한 제언

② 충분한 수면을 취한다.

충분한 수면으로 안정감을 유지하고 첫 출발의 상쾌한 마음가짐을 갖는다.

③ 얼굴을 생기 있게 한다.

첫인상은 면접에 있어서 가장 결정적인 당락요인이다. 면접관에게 좋은 인상을 줄 수 있도록 화장하는 것도 필요하다. 면접관들이 가장 좋아하는 인상은 얼굴에 생기가 있고 눈동자가 살아 있는 사람, 즉 기가 살아 있는 사람이다.

④ 아침에 인터넷 뉴스를 읽고 간다.

그날의 뉴스가 질문 대상에 오를 수가 있다. 특히 경제면, 정치면, 문화면 등을 유의해서 볼 필요가 있다.

> **출발 전 확인할 사항**
>
> 이력서, 자기소개서, 성적증명서, 졸업(예정)증명서, 지갑, 신분증(주민등록증), 손수건, 휴지, 볼펜, 메모지, 예비스타킹 등을 준비하자.

(2) 면접 시 옷차림

면접에서 옷차림은 간결하고 단정한 느낌을 주는 것이 가장 중요하다. 색상과 디자인 면에서 지나치게 화려한 색상이나, 노출이 심한 디자인은 자칫 면접관의 눈살을 찌푸리게 할 수 있다. 단정한 차림을 유지하면서 자신만의 독특한 멋을 연출하는 것, 지원하는 회사의 분위기를 파악했다는 센스를 보여주는 것 또한 코디네이션의 포인트이다.

> **복장 점검**
>
> • 구두는 잘 닦여 있는가?
> • 옷은 깨끗이 다려져 있으며 스커트 길이는 적당한가?
> • 손톱은 길지 않고 깨끗한가?
> • 머리는 흐트러짐 없이 단정한가?

(3) 면접요령

① 첫인상을 중요시한다.

상대에게 인상을 좋게 주지 않으면 어떠한 얘기를 해도 이쪽의 기분이 충분히 전달되지 않을 수 있다. 예를 들어, '저 친구는 표정이 없고 무엇을 생각하고 있는지 전혀 알 길이 없다.'처럼 생각되면 최악의 상태이다. 우선 청결한 복장, 바른 자세로 침착하게 들어가야 한다. 건강하고 신선한 이미지를 주어야 하기 때문이다.

② 좋은 표정을 짓는다.

얘기를 할 때의 표정은 중요한 사항의 하나다. 거울 앞에서 웃는 연습을 해본다. 웃는 얼굴은 상대를 편안하게 하고, 특히 면접 등 긴박한 분위기에서는 천금의 값이 있다 할 것이다. 그렇다고 하여 항상 웃고만 있어서는 안 된다. 자기의 할 얘기를 진정으로 전하고 싶을 때는 진지한 얼굴로 상대의 눈을 바라보며 얘기한다. 면접을 볼 때 눈을 감고 있으면 마이너스 이미지를 주게 된다.

③ 결론부터 이야기한다.

자기의 의사나 생각을 상대에게 정확하게 전달하기 위해서 먼저 무엇을 말하고자 하는가를 명확히 결정해 두어야 한다. 대답을 할 경우에는 결론을 먼저 이야기하고 나서 그에 따른 설명과 이유를 덧붙이면 논지(論旨)가 명확해지고 이야기가 깔끔하게 정리된다.

한 가지 사실을 이야기하거나 설명하는 데는 3분이면 충분하다. 복잡한 이야기라도 어느 정도의 길이로 요약해서 이야기하면 상대도 이해하기 쉽고 자기도 정리할 수 있다. 긴 이야기는 오히려 상대를 불쾌하게 할 수가 있다.

④ 질문의 요지를 파악한다.

면접 때의 이야기는 간결성만으로는 부족하다. 상대의 질문이나 이야기에 대해 적절하고 필요한 대답을 하지 않으면 대화는 끊어지고 자기의 생각도 제대로 표현하지 못하여 면접자로 하여금 수험생의 인품이나 사고방식 등을 명확히 파악할 수 없게 한다. 무엇을 묻고 있는지, 무슨 이야기를 하고 있는지 그 요점을 정확히 알아내야 한다.

면접에서 고득점을 받을 수 있는 성공요령

1. 자기 자신을 겸허하게 판단하라.
2. 지원한 회사에 대해 100% 이해하라.
3. 실전과 같은 연습으로 감각을 익히라.
4. 단답형 답변보다는 구체적으로 이야기를 풀어나가라.
5. 거짓말을 하지 말라.
6. 면접하는 동안 대화의 흐름을 유지하라.
7. 친밀감과 신뢰를 구축하라.
8. 상대방의 말을 성실하게 들으라.
9. 근로조건에 대한 이야기를 풀어나갈 준비를 하라.
10. 끝까지 긴장을 풀지 말라.

01 온라인 사전학습

• 소개 : 적성검사 합격 후 면접 전에 들어야 하는 SW 관련 강의
• 진행 : 세 개의 파트로 나뉜 강의를 하나 이상 수강

02 CT(Computational Thinking)

• 문항 수 : 2문항
• 제한시간 : 12분
• 유형 : SW적성검사의 CT 유형과 동일

03 면접

• 면접 유형 : 다대일(면접관 2명, 면접자 1명)

1. PT 면접
   − PT 주제 : 주어진 두 가지 주제 중 택 1
   − 준비 시간 : 30분

2. 인성 면접
   − 질문 유형 : 지원자의 자기소개서를 바탕으로 질문

[인성 면접 예상 질문]
• 프로그램 과정마다 팀 단위로 활동하는 게 많은데 팀 활동을 무리 없이 할 수 있겠는가?
• 팀 활동 중 참여하지 않는 팀원이 있었던 경험이 있는가? 있었다면 어떻게 대처하였는가?
• 본 프로그램은 1년 동안 진행되는데 힘들어도 끈기 있게 할 수 있겠는가?
• 중간에 본인과 IT 직무가 맞지 않는다고 판단이 될 때 어떻게 하겠는가?
• 자신보다 나이가 어린 사람에게 도움을 받아야 할 때에는 어떻게 하겠는가?
• 본 프로그램을 모두 이수하고 나서 어떤 일을 하고 싶은가?
• 본인이 아직 SW 학습이 덜 된 시점에서 취업 제안이 들어온다면 어떻게 하겠는가?
• SSAFY 지원 동기를 말해 보시오.
• 마지막으로 할 말이 있으면 말해 보시오.

3D Printing

3D Printing이란 3차원 공간의 물체를 구현할 수 있도록 제작해주는 출력기를 의미한다. 재사용 플라스틱부터 고무, 식료품, 흙 등 많은 재료로 제작이 가능하며 구현할 수 있는 분야도 재료의 종류만큼이나 다양하다.

일례로 중국에서는 최근에 3D Printing을 이용하여 건축물을 만들고 있다. 기존의 건설 작업과 비교했을 때, 작업 속도는 약 3배 이상 빠르다고 한다. 생산공장에서 미리 3D Printing으로 건축물의 일부를 만들고 건설을 하려는 현장에서 조립을 하는 형태로 진행된다. 미리 만들어 놓을 수 있기에 제조된 건축물의 일부는 따로 건조시간을 갖지 않아도 이동 중에 완성되어 가는 장점도 있다. 따라서 대량생산이 가능하며 원하는 형태와 재료를 사용할 수 있기에 사용자 맞춤형이라고 할 수 있다.

4차 산업혁명

4차 산업혁명은 많은 기술들이 합쳐진 융합 과학 산업혁명을 뜻하며 다른 시대적 산업혁명과 다른 점은 기계, 목축, 농업, 등 특정 분야에 집중되어 있는 산업혁명이 아니라 다양한 산업에 같이 섞여 있는 것이 특징이다. 특히나 4차 산업혁명을 통해 많은 분야에서 발전을 하게 되었는데 특히 서비스업이 눈에 띄게 발전하게 되었다. 실제로 직접적으로 사람들이 이용해야 하는 시설들은 디지털 플랫폼으로 대체되거나 사람이 하는 업무의 일부 또한 인공지능이나 그밖의 디지털 기술로 대체되는 중이다.

특히 4차 산업혁명을 통해 금융업은 크게 발전하고 있다. 신한은행, 국민은행, 우리은행 등 국내에 있는 많은 은행들이 실제 지점의 수를 줄이고 점점 인터넷 뱅킹과 모바일 뱅킹으로 시스템을 전환하고 있다. 실제로 20 ~ 30대의 젊은 층부터 최근에는 40 ~ 50대의 중 장년층까지 인터넷과 모바일을 이용하여 금융 업무를 볼 수 있도록 다양한 시스템들을 만들고 활용하고 있다. 대표적인 예가 지점에서 입출금 시에는 수수료가 있다면, 모바일을 이용했을 때 수수료를 면제해주거나 혜택을 제공하면서 디지털 업무로 유도하고 있다는 것이다. 이에 대해 노년층 사용자에 대한 많은 우려도 있지만, 기업으로써는 장기적으로 봤을 때 디지털로 전환하는 것이 이윤에서 더 긍정적인 효과를 볼 수 있다.

금융업뿐만 물류업에서도 4차 산업혁명의 영향을 크게 받고 있다. 생산부터 배송까지 모든 시스템이 하나의 체계를 이루고 있으며 자동화할 수 있는 기술들은 현재 꾸준히 발전하고 시험 운행이 되고 있다.

5G

5G란 5세대 무선 네트워크 기술로 짧은 지연시간과 높은 데이터 속도를 갖는 차세대 통신기술을 의미한다. 이전의 통신망의 속도와 단순히 비교를 하게 된다면 적게는 10배에서 크게는 100배까지 통신 속도가 향상됐다. 또한 통신 속도만 향상된 것뿐만이 아니라 통신이 되는 데이터량과 소음에 대한 저항성, 보안성도 향상되었다. 5G는 통신간격이 매우 짧기 때문에 실시간 통신에 유리하여 GPS를 사용하는 자율주행 자동차나 그 밖에 실시간 네트워킹이 필요한 모든 시스템에 유리한 장점을 갖고 있다.

5G는 국내 대중교통에서 대표적으로 사용되고 있다. 최근 대중교통에 탑재되는 공공 와이파이는 4G에서 5G로 넘어가는 추세이며 국제적인 점유율이 50% 수준일 때, 우리나라는 95% 정도 되는 것으로 보아 통신에 있어서 상당히 선진국이라고 할 수 있다. 공공시설에서도 국민의 대다수가 차세대 이동통신 시스템을 사용할 수 있는 것이다.

5G는 국방 분야에서도 잘 활용될 수 있다. 국방은 매우 특수한 분야로 평시가 아니라 유사시에 필요한 조직과 시스템이다. 특히 어떠한 상황이 발생하게 되면 군대는 즉각적으로 대응을 해야 하는데 대부분 무전기와 같은 단방향 아날로그 통신을 사용한다. 연결성도 낮고 도청도 쉬우며 악천후에 영향을 받는다. 반면에 5G를 사용하는 디지털 통신망을 사용하게 된다면 실시간으로 양방향 통신이 가능하며, 빠르게 원하는 대상과 소통을 할 수 있다는 장점이 있다.

STT(Speech-To-Text)

STT란 사용자의 음성을 듣고 이를 텍스트 데이터로 변환하는 기술이다. 단순히 음성을 인식하는 단계를 넘어서 음성을 이해해야 하는 기술인 것이다. 그렇기 때문에 반드시 인공지능 기술이 사용되어야 하고 해당 인공지능을 학습시키는 데 많은 시간과 비용이 들 수밖에 없다. 지역마다 통용되는 언어도 다르고 표현도 다르기 때문에 실제로는 같은 의미를 말하더라도 인공지능이 받아들이는 의미가 다를 수도 있다.

STT의 대표적인 활용사례로 '빅스비'나 '시리'처럼 사용자가 말한 문장을 알아듣고 저장하여 대신 문자를 보내거나 웹페이지 등에 입력하여 주는 기능이 있다. 실제로 많은 사람들이 운전 중에 사용하며 운전대에서 손을 놓지 않아도 되며 요리를 하거나 그 밖에 다른 작업을 하던 중에 손이 자유롭다는 긍정적인 반응들이 많다.

STT를 가장 잘 활용할 수 있는 분야 중 하나로 통역이 있다. 현재 실제로 제공되고 있는 서비스이며 사용할 수 있는 국가도 점점 늘어 가고 있는 추세이다. 그 나라의 문자나 단어를 몰라도 사용자의 나라말대로 말해도 듣고 자동으로 원하는 나라의 언어로 번역하여 텍스트화 시켜준다. 여전히 사투리나 세대에 따른 표현 방식에 의해 인공지능의 성숙도가 많이 필요한 단계이지만, 사용하는 사람들이 많아질수록 인공지능의 학습력이 향상되므로, 앞으로도 STT의 기술이 많이 보급되어 더 많은 사람들이 문화를 넘어 교류가 이루어질 것이라 예상된다.

Web

Web(웹)이란 현대의 의미로는 우리가 사용하는 인터넷을 의미하며 네트워크에 의해 단말기를 사용하는 사람들이 서로 연결되어있는 모습이 거미줄 같다고 하여 표현한 것이다. 보통 웹이라고 하면 웹브라우저를 많이 연상시키며 현대의 의미로 틀린 말은 아니다. 포괄적인 의미이지만 웹브라우저를 통해 네트워크를 사용하고 커뮤니티를 형성하니 통신적인 관점으로는 맞는 말이라고 할 수 있다. 최근에는 웹의 형태가 점점 축소화 및 다양화되고 있으며 국가나 기관, 혹은 개인이 웹을 제작하고 소유할 수 있다.

우리가 사용하는 인터넷이나 핸드폰, 심지어 지하철에도 웹은 언제 어디서나 존재한다. 물론 네트워킹이 되고 있다는 가정하에 해당 조건이 성립하지만 그만큼 많은 부분을 차지하고 있다는 뜻이다. 예전에 관공서나 은행에 직접 가서 처리해야 하는 일들은 대부분 웹으로 대체되었으며, 접수 및 처리 속도는 비교도 안 되게 빨라졌다. 물론 그만큼 일자리에 대한 부분에 우려하는 의견도 있으나 디지털을 이용하는 시대는 언제나 변하고 발전하게 된다.

예전에는 웹을 이용하기 위해 반드시 PC를 이용해야 했지만 최근에는 PC가 없어도 핸드폰으로 거의 모든 작업을 할 수 있다. 심지어 문서작업 또한 가능하며 제한적이지만 프로그래밍 또한 가능하다. 이런 다양한 기술들을 사용할 수 있는 것은 웹의 발전이 있기에 가능한 것이다. 네트워크를 이용한 정보의 교류는 점점 간편화되는 단말기들과 융합되어 고도로 진화된 맞춤형 웹으로 그 형태가 변하고 있다.

가상현실(Virtual Reality)

가상현실이란 실제 현실 세계에 있는 정보나 공상에 있는 정보를 이용하여 가상의 공간에 구현해 놓은 기술로 해당 공간을 통해 사용자들에게 감각적인 피드백이 가능한 디지털 기술을 의미한다. 가상현실을 통해서 많은 사람들이 대리만족을 느낄 수 있다. 대체로 판타지에 나올 법한 세계를 구축하거나, 자신의 모습을 원하는 모습으로 바꾸면서 가상현실을 즐길 수 있기 때문에 색다른 체험을 하게 해준다.

가상현실이 사용되는 가장 대표적인 사례로 비행기 시뮬레이션이나 자동차 시뮬레이션 같은 게임이 있다. 해당 시뮬레이션들은 현실에 있는 비행기와 자동차의 기능을 똑같이 구현하고 실제로 탑승하여 운행하기 전에 연습을 하며 조종사들의 숙련도를 높여준다. 이런 가상현실 시뮬레이션을 구현하기 위해서는 많은 비용이 소모되지만 조종사들의 사고를 예방하기 위해서는 충분히 기업이나 국가에서 투자 가치가 높다고 판단한다.

공유 경제

공유 경제란 물리적인 재산이나 지적인 재산을 소유자가 혼자서 소유하는 것이 아니라 여러 사용자에게 대여해주고 차용할 수 있도록 공유하는 경제 활동을 의미한다. 공유 경제 시스템의 가장 큰 장점은 당장 큰 비용을 지불할 능력이 없어도 사용하고자 하는 대상을 활용할 수 있다는 점이다.

요즘 거리에 자주 보이는 전동 킥보드가 가장 대표적인 공유 경제 활용 사례라고 할 수 있다. 실제 소유자는 법인의 회사가 소유하고 있고, 사용자들은 모바일 애플리케이션을 통해 일정 비용을 지불하고 몇 시간 동안 해당 킥보드를 이용할 수 있다. 사용자들은 필요한 만큼 이용하고 관리는 소유자가 따로 하게 되니 굉장히 효율적인 시스템이라고 할 수 있다.

공유 경제를 가장 잘 활용할 수 있는 분야는 지적재산권이다. 실제 현실에 존재하지는 않지만 가상에 있는 디지털 저작권도 여기에 속하며 글이나 시와 같이 만질 수는 없으나 보고 읽을 수 있는 것들이 해당된다.

대체 직업

대체 직업이란 통상적인 의미로는 새로운 기술이나 시스템에 의해 이전에 있던 직업이 다른 직업으로 대체 되는 것을 의미한다. 기존의 직업이 없어지는 것이니 부정적인 의미를 담고 있지만 그에 대해서 새로운 직업이 발생 되는 긍정적인 의미도 함께 담고 있다. 현대의 우리 사회에서는 많은 부분이 자동화되어 가면서 일자리를 잃는 사람들이 늘어나고 있다. 그에 반해 새로운 일자리가 발생되는 것은 비교적 적다는 것이 현실이다.

대체 직업의 일례로 청소원을 들 수 있다. 실제로 소형 로봇들이 청소원의 업무를 대체하고 있거나 최근의 고급 건물들의 외벽이나 창을 주기적으로 세척하는 장치들이 사용된다. 그만큼 사람이 그 일을 하지 않아도 된다는 것이다. 이것은 청소원에 국한된 일이 아니라 운전기사 또한 자율 주행의 인공지능에 의해 대체될 것이며 매표원도 점점 사라지게 될 것이다. 대신 그만큼 해당 기기들을 관리하거나 시스템을 관리하는 직업들은 늘어나고 있다.

대체 직업에 대해 우리가 나아가야 하는 방향은 기술의 발전과 그에 따른 보호 정책이다. 기술의 발전을 싫어하는 사람은 없다. 사람들이 두려워하는 것은 자신의 직업이나 직장이 사라져 제 구실을 하기 어려워지는 것이다. 때문에 그에 따른 보호 정책을 미리 사람들과 소통하며 만들고 기술이 발전되는 것을 막거나 와해시킬 것이 아니라 더 나은 방향으로 개발될 수 있도록 우리의 자세가 열려 있어야 한다.

데이터 레이크(Data Lake)

데이터 레이크란 빅데이터가 되기 전의 정제되지 않은 원시 데이터들이 모여 있는 거대한 집합으로 형체나 정체를 한 번에 알기 어렵다는 뜻에서 정보의 호수라는 의미이다. 원시 데이터란 정규화를 거치기 전의 데이터를 말하며 해당 데이터들은 개별이 어떤 의미를 갖고 있기보단 정보가 의미를 갖기 전에 대한 기록이라 생각하면 된다. 다소 애매한 존재인 데이터들이 다량으로 모여 있으면 어떤 그룹이나 흐름이 나타나는데 그것을 이용하려는 것이 바로 데이터 레이크이다.

아마존 웹서비스에서 제공하고 있는 데이터 레이크가 대표적인 예라고 볼 수 있다. 해당 서비스는 비정형 데이터, 반정형 데이터, 정형 데이터들을 적재할 수 있고 텍스트, 음성, 영상 등 다양한 형태의 데이터들을 저장하여 활용할 수 있도록 하였다. 데이터 레이크라는 이름에 걸맞게 거대한 용량에 많은 정보들을 저장할 수 있으며, 해당 정보를 가지고 머신러닝, 실시간 분석, 시각화 등 사용자에게 필요한 기능들이 연동될 수 있도록 꾸준히 업데이트되고 있다. 데이터 레이크가 가장 잘 활용될 수 있는 분야 중하나로 증권이 있다. 주식과 관련된 정보들은 단순히 해당 주에 관련된 기업의 소식만 담긴 것이 아니라 세계적인 이슈와 그와 관련된 인물이나 사건 등이 포함된다. 이런 정보들은 비정형, 반정형, 정형 데이터들이 함께 엮여있는 복잡한 구조를 갖고 있으므로 데이터 베이스화 시키기에는 시간도 너무 오래 걸리고 구조가 일정하지가 않다. 반면에 데이터 레이크는 구조가 일정하지 않아도 되며 다양한 종류의 데이터들을 적재하고 관리하고 있으니 증권 분야에 데이터 레이크가 활용되는 분야가 제일 적합한 형태라고 평가된다.

데이터 웨어하우스(Data Warehouse)

데이터 웨어하우스란 증명이 가능한 근거에 기반하여 의사결정을 하는 데 도움을 주는 데이터베이스 시스템을 의미한다. 일반적인 데이터베이스와 다른 점은 기존의 데이터베이스는 정보를 저장하고 보존하기 위해 시스템의 설계가 되어 있다면, 데이터 웨어하우스는 데이터들을 통해 기업의 분석가가 기업의 전략을 짤 수 있도록 통계나 수치화를 통해 일종의 간략한 보고서를 나타내 주는 역할도 수행한다. 즉, 데이터 웨어하우스 자체가 의사결정을 하는 것이 아니라 의사결정을 하기 위한 보조적인 도구라고 생각하면 된다.

데이터 웨어하우스의 일례로 아마존 웹서비스에서 제공하는 데이터 웨어하우스를 들 수 있다. 크고 작은 기업들이 해당 서비스를 이용하며 다량의 정보들을 저장하고 실제로 기록 데이터로써 가치를 사용할 수 있도록 도와준다. 시간별로 원하는 데이터의 종류를 이용하여 의사결정을 할 수 있기에 이전에 사람들이 사람들의 반응이나 설문을 통해 자료를 수집했던 과거와는 시간적으로 많은 차이가 있다. 구현하기 어렵다는 단점이 있지만, 그만한 비용을 지불하더라도 기업으로써는 전략을 구상하고 사업을 진행하는 데 많은 도움이 될 수 있다는 의미이다.

디지털 디바이드(Digital Divide)

디지털 디바이드란 정보의 격차를 말하며 부의 격차처럼 정보를 많이 받을 수 있는 사람과 그렇지 못한 사람들의 정보 수집 및 이용에 대한 격차를 의미한다. 정보화 시대에서 이런 문제는 중요한 이슈이다. 정보를 많이 보유한 사람일수록 부를 더 많이 축적할 확률이 높기 때문이다. 교육에 있어서도 인터넷을 사용할 줄 아는 사람과 그렇지 못한 사람이 사회적 혜택을 이용하는 데 있어서 아주 큰 차이를 빚는다.

디지털 디바이드의 대표적인 사례로는 코로나19 관련 대국민 지원금 제도를 들 수 있다. 해당 지원금을 전혀 받지 못한 사람들이 있었는데 가장 큰 이유가 바로 '몰라서'였다. TV를 보는 사람이나 혹은 핸드폰을 이용하는 사람이라면 누구나 알 수 있는 내용이었고, 특히나 어려운 상황에서 이런 혜택을 받지 못하는 것은 대부분 생계가 어려운 사람들이었기 때문에 그 타격은 더 심했다.

디지털 디바이드 현상을 해소할 수 있는 방안 중 하나는 아날로그 교육의 보완이 있다. 많은 사람들이 디지털에 의존하고 시스템 또한 디지털화되고 있는 상황에서 모든 것이 디지털이라고 좋은 것은 아니라고 볼 수 있다. 사회적 약자 중에서 일부는 디지털 정보를 받을 수 없는 환경에 놓여 있는 사람들도 있다. 이런 곳에 사회적인 제도와 인력이 투입되어야 할 것이다.

디지털 저작권

디지털 저작권이란 가상에 존재하는 저작물에 대한 권리를 의미하며, 해당 권리는 오로지 저작권자가 취할 수 있다. 저작권자가 가상 소유물에 대한 권리를 갖는 개념으로 가상 소유물의 가치와 존재를 인정해주고, 그와 동시에 해당 소유자에 대한 권리를 보호해주는 인증 수단이다. 디지털 저작권이 없다면, 아마 아무도 소프트웨어를 개발하려고 하지 않았을 것이다. 저작권에 대한 정책이 있기에 개발자들의 여러 가지 안전이 보장되고 꾸준한 발전을 도모할 수 있는 것이다.

디지털 저작권의 일례로 '빅스비'라는 인공지능의 저작권은 삼성이 갖는다. 실제로 사람들이 만지거나 볼 수는 없지만 가상의 세계에 존재하는 이 인공지능을 인지할 수는 있다. 만약 이 인공지능에게 저작권이 없다면 불특정 다수가 악용할 수도 있으며 기술의 발전을 도모하기에는 많은 난관이 있었을 것이다.

디지털 저작권이 가장 잘 활용되는 분야 중 하나로 소프트웨어 개발을 들 수 있다. 소프트웨어는 하드웨어 내에 존재하는 핵심 구동 시스템이다. 현존하는 모든 전자기기는 이 소프트웨어를 갖고 있다. 자동차나 냉장고, 핸드폰, 자판기까지 모든 전자기기에는 소프트웨어가 탑재된다. 이런 소프트웨어를 설계하고 관리할 수 있는 것은 소유자가 있다는 뜻이며, 소유자가 있다는 뜻은 곧 저작물에 대한 권리와 책임이 있다는 뜻으로 이어진다. 그렇기 때문에 IT분야에서 소프트웨어 개발에 대한 모든 분야는 개발하는 누구나 저작물에 대한 권리를 갖고 그에 대한 책임을 갖는다.

디지털 테라피(Digital Therapy)

디지털 테라피란 의약품을 사용하지 않고 응용프로그램이나 영상처럼 디지털적인 요소로 환자의 심신을 치료하는 기술을 넓게 포괄하는 의미이다. 디지털 테라피는 전문 치료보다는 식이요법과 같은 민간 치료법도 포함되기에 다소 신뢰성이 떨어질 수 있다는 의견도 있다. 반면에 장점으로는 어느 정도 검증된 디지털 치료라면 누구나 쉽게 디지털 치료를 받고 개발할 수 있기 때문에 확장성이 우수한 장점을 갖고 있다.

일례로 애플리케이션을 이용한 치매 예방 게임이 있다. 숫자나 그림을 기억하여 맞추고 의미를 엮어서 문장을 만들고 하는 이 게임을 통해 치매를 예방하는 효과가 어느 정도 입증되었기 때문에 가능한 일이다. 최근에는 모바일 게임으로 만들어져서 비용에 대한 부담도 적고 장소에 대한 제한도 없이 게임을 즐기며 두뇌를 활성화시킬 수 있다.

디지털 트윈(Digital Twin)

디지털 트윈이란 현실의 공간을 가상의 공간으로 재현하여 시뮬레이션을 할 수 있는 기술을 의미한다. 디지털 쌍둥이처럼 똑같은 환경을 만들어서 현실에서 하기 힘든 일들을 미리 가상으로 시뮬레이션해보는 것이다. 물론 그에 따른 물리 엔진이나 그래픽이 좋아야 그만큼 디지털 트윈으로써 제 기능을 발휘하겠지만, 해당 기술의 발상 자체는 천문학적인 실험을 최소 비용으로 최대 효율을 내며 줄일 수 있다는 장점을 갖고 있다.

디지털 트윈 기술을 활용하여 일본에서 실행하는 지진 시뮬레이션이나 해일 시뮬레이션과 같이 현실에서는 할 수 없는 실험들을 가상의 공간에서 할 수 있다. 이런 실험 결과를 토대로 피해 예상 지역과 복구비용 등을 미리 수치화하여 대응할 수 있도록 여러 가지 대책을 강구할 수 있게 해준다. 일본의 천재지변 시뮬레이션의 결과는 실제 피해와 매우 유사한 결괏값을 도출해 내기 때문에 성능이 우수한 디지털 트윈 프로그램이라고 할 수 있다.

디지털 헬스케어(Digital Healthcare)

디지털 헬스케어란 IT기술을 이용하여 의료산업 분야에 적용시키는 것으로 그중에서도 환자를 치료하는 데 밀접한 곳에 활용되는 디지털 기술을 의미한다. 일반적인 치료와는 다소 차이점이 있는 것은 반드시 의사의 손을 직접적으로 거치지 않아도 된다는 것이다. 물론 최종 오더는 의사에게 받아야 하지만, 치료를 받는 환자 입장에서는 결국 디지털 기계가 치료를 하게 되는 것이다. 치료를 하기 위한 검사 또한 마찬가지이다. CT나 MRI 등 해당 기계들도 디지털 헬스케어의 한 분야에 속한다.

디지털 헬스케어의 대표적인 활용 사례로는 혈당측정기가 있다. 기존의 혈당측정기는 채혈을 해야만 가능했는데 최근에 나오는 혈당 측정기는 채혈을 하지 않고도 타액이나 피부를 통해 혈당을 측정할 수 있게 되었다. 아직 완전 상용화 단계는 아니지만, 많은 연구가 진행되며 사용자에게 맞게끔 디지털 헬스케어 기기들이 진화하고 있다.

딥 러닝(Deep Learning)

딥 러닝이란 기계를 학습시키고 고차원화를 시키기 위해 사용하는 깊이 학습 방법으로 반복적인 알고리즘의 집합이나 함수를 이용하여 고도화시키는 기술이다. 쉽게 설명하면 많은 경우의 수를 단순화시켜 어떠한 결괏값으로 수치화하고 해당 수치를 데이터베이스에 저장하여 가장 적합한 답을 찾도록 하는 다소 복잡한 수식이다. 상황마다 사용되는 사고방식이 다르듯이 딥 러닝의 알고리즘 또한 종류가 굉장히 많다.

딥 러닝의 대표적인 사례로 Python 언어 기반의 딥 러닝 라이브러리인 'Theano'를 들 수 있다. 범용적인 딥러닝 작업에 유용하며 개발자들이 직접적으로 해당 라이브러리를 통해 새로운 인공지능 학습 방법을 만들거나, 딥 러닝에 필요한 또 다른 알고리즘을 개발할 수 있다. 오픈 라이브러리이기 때문에 무료로 사용이 가능하며 개발자들끼리 공유할 수도 있는 큰 장점을 갖고 있다.

딥 러닝을 가장 잘 활용할 수 있는 분야는 인공지능과 데이터 웨어하우스를 결합한 분야이다. 데이터 웨어하우스는 방대하게 쌓인 정보를 기반으로 의사결정에 도움을 주지만 의사결정 자체를 하는 것은 아니다.

하지만 여기에 인공지능 기술이 더해질 수 있다면, 실제 도움이 되는 의사결정을 제시하거나 여러 방안을 보여주는 등 사업을 전략화하는 데 큰 도움이 될 것이다. 따라서 인공지능과 데이터 웨어하우스를 결합하기 위해서는 반드시 적용할 수 있는 딥 러닝 알고리즘이 필요하며 그 활용도는 매우 높다.

로봇공학

로봇공학이란 넓은 범위의 자동화 기계가 오류 없이 정해진 일들을 순서에 맞게 할 수 있도록 기술을 연구·개발하는 학문이다. 실제로 우리의 일상에는 많은 로봇들이 일을 하고 있다. 공상 영화처럼 인간형 로봇이 일을 하진 않지만 그와 비슷한 드로이드형 로봇들이 공항이나 패스트푸드점 또는 관공서에서 일하고 있다. 공장에도 많은 로봇들이 일을 하고 있는데 사람이 하기 힘든 무거운 자동차의 부품을 조립하거나 고열의 작업 환경에서 많은 로봇들이 사람 대신 작업을 수행하고 있다.

로봇공학이 활용되는 대표적인 사례로 인천국제공항에 있는 '에어스타'라는 안내 로봇이 있다. 해당 로봇은 건물의 위치를 알려주거나 사람이 가고자 하는 상가까지 직접 안내하고 공항직원과 연결도 시켜주는 등 여러 가지 일을 수행한다. 가만히 제자리에 있지 않고, 일정한 범위 안에서 돌아다니며 자신을 사용할 수 있도록 광고도 한다. 데이터도 많이 쌓이고 있어 로봇의 사용성 또한 점점 개선되고 있다.

머신 러닝(Machine Learning)

머신 러닝이란 딥 러닝을 이용하여 기계학습을 하는 기술로 보통 인공지능을 학습시키기 위한 의미가 일반적이다. 복잡한 알고리즘을 반복적으로 학습을 시키기 때문에 성능이 좋은 고사양 컴퓨터에 적합하다. 머신 러닝의 가장 큰 단점은 하나의 기능을 학습시키는 데 많은 데이터와 많은 시간이 소요되는 작업이라는 것이다. 반면에 학습이 많이 진행될수록 인공지능의 성능은 좋아지기 때문에 어쩔 수 없이 많은 시간을 들일 수밖에 없다.

머신 러닝의 대표적인 활용사례로 인공지능 '알파고'가 있다. 알파고는 여러 사람과 대결을 하며 바둑에서 승리하는 방법을 익혔다. 여기에 사용되는 기술이 머신 러닝인 것이다. 바둑의 많은 경우의 수에서 유리한 조건을 찾기 위해 계속해서 최대한 많은

사람들과 많은 시합을 하며 알파고 자신은 점점 자신의 성능을 향상시켜 나갔다. 모두가 알고 있는 이세돌 선수와 알파고의 경기에 많은 사람들이 관심을 갖게 된 이유도 바둑의 경우의 수는 10의 171제곱에 해당하는 천문학적인 경우의 수를 갖고 있기 때문에 사람이 이길 거라는 기대감이 있었기 때문이다. 하지만 그런 기대와는 다르게 알파고가 결국에는 승리하게 되어 머신 러닝의 효과에 대해 많은 이들이 알게 되었다.

메타버스(Metaverse)

메타버스는 '현실에 존재하는, 혹은 허구의 상황을 가상의 세계로 끌고 와 만든 초월적인 우주'라는 뜻이다. 일반적인 가상현실보다 세계관이 더 넓고 사용자와 피드백에 더 초점을 둔 가상현실 세계이다. 물론 메타버스 또한 가상현실의 한 종류이긴 하지만 메타와 유니버스가 합성된 의미로 다양한 개념들이 다량으로 들어 있는 가상의 공간을 의미하는 바가 더 크다. 따라서 실제로 우리가 가본 곳이나 가보지 못한 곳, 또는 가고 싶은 곳을 구현하여 여러 사람이 네트워크를 통해 함께 즐길 수 있도록 구현하는 방향으로 많이 진화하였다.

국외에서는 마이크로소프트, 페이스북, 국내에서는 카카오 등의 기업들이 메타버스를 통한 가상의 공간에서 사용자들이 자유롭게 대화하며 국적 상관없이 만날 수 있는 플랫폼을 개발하고 있다. 해당 나라에 대한 문화나 생각 또한 어떤 지역에 대해 구현을 함으로써 사용자들이 대리만족과 직접만족의 중간에 해당하는 만족감을 충족시킬 수 있다는 기술이다. 아직까지는 개발 및 투자 단계라 완전 실용화되기까지 시간이 다소 걸릴 수 있지만 머지않아 많은 사용자들이 플랫폼과 장소에 구애받지 않고 메타버스를 즐길 수 있을 것으로 기대된다.

메타버스가 더 주목받고 발전하는 데에는 코로나19가 큰 역할을 하였다. 많은 사람들이 밖에 나가거나 모이는 데 있어서 많은 제약이 따르고 실제로 불특정 다수가 모이는 곳이라면 어김없이 코로나 확진자가 나왔다. 때문에 극장이나 박람회, 그밖에 다양한 문화시설에 메타버스를 적용하여 구현한다면 직접 서비스인 부분은 해결하기 힘들겠지만 간접 서비스 업계에서는 사용자와 제공자가 많은 부분을 해결할 수 있다고 평가받는다.

무인 기술

무인 기술이란 사람이 없이 자동으로 어떤 일을 처리하는 고도화된 모든 기술을 의미한다. 자동화 기술보다 향상된 개념으로 자동화란 말 그대로 수동으로 시켜서 구동되는 것이 아닌 자동으로 반복적인 일을 하는 것에 불과하다. 하지만 무인 기술은 사람이 없어도 활동이 가능한 것으로 낮은 수준의 비선형 처리도 가능한 수준을 의미한다. 즉, 자동화가 반복적인 일을 효율적으로 하는 시스템이라면 무인은 복잡한 일을 능동적으로 처리하는 시스템이다.

무인 기술의 활용 사례로는 비행기에 사용되는 자동 항법장치가 있다. 물론 해당 시스템을 구동하려면 몇 가지 조건들이 있지만 장애물이 거의 없는 하늘에서는 매우 유용한 시스템이다. 비행기로 운행하는 노선은 대부분 차로 이동하는 시간보다 길고 거리도 멀리 가기에 파일럿의 피로가 많이 쌓이게 된다. 이러한 문제점을 보완해주기 위해 무인 기술은 매우 유용하고 중요한 시스템인 것이다.

블록체인(Block Chain)

블록체인이란 정보와 정보가 서로 연결되어있는 형태로 데이터 분산 저장 기법을 의미한다. 작은 정보들이 서로의 정보 상태를 공유하고 불특정 다수의 물리적인 공간에 나눠져 저장되는 형태이다. 정보들 서로의 정보 상태를 공유하기 때문에 한 개체의 상태변화에 따른 민감도가 매우 높다. 때문에 한 개의 정보를 해킹하기 위해서는 전체의 정보를 해킹해야 하기 때문에 현재의 기술로는 블록체인 기술이 들어간 정보들을 해킹하는 것은 거의 불가능에 가깝다. 게다가 서로 정보와 상태를 공유하며 연결되어 있다 보니 어느 한 저장소의 네트워크가 끊기거나 중단되어도 다시 연결만 하면 동기화되어 정보를 갱신할 수 있다.

블록체인의 대표적인 활용 사례로 가상화폐에서 블록체인 기술의 상용화를 들 수 있다. 많은 사람들에게 알려진 '비트코인'이라는 가상화폐처럼 실제로 존재하지는 않지만 가상의 세계에 존재하는 화폐를 의미한다. 사이버 머니와는 매우 다른 개념으로 사이버상에서만 통용되는 사이버 머니와는 다르게 가상화폐는 실제로 존재하는 화폐처럼 시장의 흐름에 따라 그 가치가 변동된다.

블록체인 기술을 잘 활용할 수 있는 가장 큰 분야로 정보보안 분야가 있다. 블록체인의 이름처럼 정보와 상태에 대한 꼬리표가 하나의 정보로써 작용하고 해당 정보들이 서로 묶여서 거대한 생태계를 이루게 된다. 실제로 정보의 양이 많을수록 해킹하기도 힘들고 침해하기도 어렵다. 또한 여러 저장소가 해당 정보를 공유하고 있으니 유사시 백업을 하지 않아도 어딘가에 해당 정보가 살아있기 때문에 동기화를 통해 복구도 쉽게 할 수 있다. 저장소가 많아야 한다는 단점이 존재하지만 많은 사람들에게 컴퓨터가 보급된 만큼 충분히 사용 가능한 블록체인을 이용한 보안 기술이라 평가된다.

빅데이터(Big Data)

빅데이터란 여러 종류의 작은 데이터들이 방대하게 많은 양을 이루고 있는 아주 큰 데이터 집합을 의미한다. 일반적인 데이터들과 차별점을 둔다면 빅데이터는 현재 의미로써는 제타바이트급에 범접하는 양의 데이터 모음을 뜻한다. 빅데이터의 사용 분야와 종류도 다양하고 저장되는 형태 또한 매우 다양하다. 사용 분야를 예로 들면 물류업이나 의료업, 그밖에 서비스업 등 빅데이터가 사용되는 분야가 점점 확대되고 있으며 빅데이터는 텍스트로만 되어 있는 종류나 혹은 영상, 사진, 그림, 음성 등 사용되는 분야에 맞게 변화하고 있다. 저장 매체 또한 빅데이터가 활용되는 분야에 맞게 변하고 있는데, 우리가 잘 알고 있는 클라우드 형태의 데이터센터나 혹은 로컬에 저장하며 빅데이터를 활용한다.

빅데이터의 활용 사례로는 삼성전자의 '빅스비'가 있다. '빅스비'는 수많은 사람들의 음성데이터를 이용하여 억양이나 성별에 따른 목소리 톤 등에 대해서 인공지능을 학습시켰다. 이는 음성인식에 있어서 매우 중요한 데이터로 작용하였다. 특히나 '빅스비'를 학습시킨 데이터는 국내/외에서 수집한 데이터로 음성데이터뿐만 아니라 텍스트 데이터가 결합된 복합데이터이다. 음성신호와 그에 따른 텍스트 정보를 결합한 빅데이터이기 때문에 양도 양이지만, 데이터 라벨링하는 데 많은 시간과 노력이 들었을 것이다. 빅데이터를 활용할 수 있는 분야는 더 많아질 것이며 특히나 우리의 생활과 밀접한 모바일이나 가전제품에도 많이 사용될 것이다.

왜냐하면 세계의 대부분의 사람들은 모바일을 통해 정보를 습득하고 공유하기 때문이다. 4차 산업혁명에서 가장 기본이 되는 기술 중에 하나인 빅데이터는 활용도가 높고 전자기기를 사용하는 모든 사용자들에게 필요한 기술이다.

사물 인식

사물 인식이란 컴퓨터가 어떠한 사물을 보았을 때 구별이나 판별을 할 수 있는 기술이다. 짐승, 사람, 자동차, 연필 등 다양한 물체들을 컴퓨터가 인식하도록 하는 것인데 첫 번째로 가장 중요한 점은 카메라에 담긴 배경과 초점에 잡힌 사물을 구분해내는 것이다. 사람에게는 눈으로 보았을 때 입체감을 느끼며 3차원 공간임을 인지할 수 있지만, 컴퓨터가 카메라로 바라보는 세상은 2차원 공간의 영상이 계속해서 나타날 뿐이다. 때문에 배경과 초점에 잡힌 사물을 구분해내는 것이 첫 번째 단계이고 두 번째는 사물에 대한 큰 카테고리에서의 분류를 해내는 것이다. 동물인지 물건인지, 이런 식으로 큰 범주에서 판별해내야 한다. 두 번째까지 가능하다면 보통 사물 인식이라고 한다. 여기서 최근에는 더 나아가 해당 사물의 정확한 종류를 분류해내는 단계까지 진화하고 있다.

사물 인식의 대표적인 활용사례로 자율 주행이 있다. 자동차가 자율적으로 운행을 하려면 여러 가지 장애물을 인식하여 피하며 가야 하는데 여기에 이 기술이 들어간다. 횡단보도를 인식하고 걸어가는 사람과 멈춰있는 차들을 인식하여 자동차의 그 다음 행동을 결정하는 것이다. 실제로 현재 우리나라의 자율 주행 기술은 세계에서도 손에 꼽힐 정도로 높은 수준까지 발전했다.

사물인터넷(IOT; Internet Of Things)

사물인터넷이란 크고 작은 전자기기들이 인터넷망을 이용하여 서로 통신하고 사용자와 대화식으로 정보가 교류되는 전자기기들을 의미한다. 유사해 보일 수 있지만 블루투스망 통신만 되는 소형 전자기기하고는 전혀 다른 개념으로 네트워크망을 사용하여 전자기기끼리 통신을 한다는 점이 가장 큰 차이점이다. 사용되는 분야 또한 매우 광범위하다. 고급 승용차, 모바일, 가전제품 등 종류도 다양하고 사용자들의 수요에 맞게 같은 기능을 수행하더라도 다른 형태를 갖고 있는 경우가 많다.

사물인터넷의 대표적인 활용사례로는 '갤럭시 워치'나 '애플 워치'처럼 시계의 역할만 수행하는 것이 아닌 인터넷을 이용하는 스마트 시계가 있다. 사용자의 수요에 맞게 외형이나 시계 내부 디자인도 개성 있게 바꿀 수 있으며 기능도 시계, 달력, 만보기, 날씨, 온도, 문자, 전화, 메모 등 굉장히 다양한 기능을 수행할 수 있다. 그중에서도 핸드폰과 연동하여 정보를 동기화하여 사용자에게 전달하는 사물인터넷의 전형적인 모습을 보여주고 있다. 마치 유기적으로 연결되어 있는 인터넷망이 사물들에게도 연결되어 있는 모습이다. 그래서 사물인터넷이라고 부른다.

사이버 물리 시스템(CPS; Cyber-Physical System)

사이버 물리 시스템이란 사물인터넷들이 서로 연결되어 있는 환경에서 사이버상의 일종의 시스템도 함께 만들어져 연결되어 있는 상태를 의미한다. 실제로 현실에 존재하는 전자 기기들이 네트워크를 이용하여 어떤 고정적인 형태를 취하는 것으로 사물인터넷과는 차이가 있다.

스마트 교통 시스템이 사이버 물리 시스템의 가장 대표적인 예이다. 사물인터넷은 전자기기들이 네트워크를 통해 서로 연동되고 사용자와 정보를 교류하는 데 초점이 맞추어져 있다면 사이버 물리 시스템의 한 종류인 스마트 교통 시스템은 신호등이나 표지판 등 교통에 필요한 전자기기들이 네트워크를 통해 서로 정보를 공유하고 가상공간에 교통 전자기기들 네트워크망의 구조와 비슷한 지도를 만들어 놓는 것이다. 이것의 최대 장점은 사고가 나거나 어떠한 상황이 발생하면 교통 감시 카메라가 이를 포착하고 사이버 물리 시스템 내에 사고가 난 곳을 표시해주는 것이다. 즉각적으로 대응할 수 있기에 민첩하고 빠른 대응 시스템이라고 할 수 있다.

생체 인식

생체 인식이란 특정 사람의 홍체나 지문, 또는 정맥 혈관 자리와 같은 사람의 신체 정보를 정보로써 인식하는 기술을 말한다. 생체인식은 어떤 사람이 갖고 있는 신체에 대한 고유 정보를 이용하는 것이다. 그러므로 해킹도 불가능하고 직접 인식을 하지 않는 이상 누구도 대신 인식할 수는 없다. 심지어 쌍둥이도 지문이 다르니 불가능에 가깝다. 하지만 그만큼 직접 해야 한다는 번거로움도 존재한다. 사용자가 원격으로 인식할 수도 없고 반드시 직접 인식해야 하기 때문에 인식기를 따로 소지하고 있거나 대체 인식방법이 있지 않다면 결국 직접 생체인식을 해야 하기 때문이다.

생체 인식의 활용사례로 서울대학교에서 실시하고 있는 '손등 인식기'가 있다. 해당 인식기는 손등에 있는 정맥의 자리를 이용하여 출입을 하는 것으로 사람마다 다른 정맥 자리를 이용하여 생체인식 기법을 도입한 것이다. 큰 장점은 기기를 반드시 만질 필요 없이 빛으로 인식시킬 수 있고 지문 자국이 남지 않는 것이다. 하지만 정맥은 혈관이다 보니 온도에 영향을 받고 그밖에 알코올이나 약물에 의해 수축 및 이완이 되기 때문에 이런 경우 생체 인식률이 떨어질 수도 있다는 단점이 있다.

스마트 융합 가전

스마트 융합 가전이란 집에서 사용하는 가전제품이 인터넷과 연동되어 전자기기끼리 정보를 공유하고 가공하여 사용자에게 편의를 제공하는 고급화된 가전제품을 의미한다. 일반적인 가전제품과 가장 큰 차이는 스마트 융합 가전은 IOT의 장점이 결합되어 있는 복합 가전의 형태를 갖고 있다. 일반적인 가전제품에는 통상적으로 단일 기능만 탑재되어 있다. 냉장고는 냉장 역할만 수행하며 TV는 출력의 기능, 에어컨은 냉방이라는 단일의 기능을 수행하게 된다. 하지만 최근에 나오는 스마트 융합 가전들은 집의 환경이나 사용자의 상태를 보고 맞춤형 서비스를 제공하는 능동적인 기능을 수행한다.

스마트 홈 케어 서비스에 들어가는 대부분의 가전제품이 스마트 융합 가전이라고 할 수 있다. LG에서 나오는 스마트 에어컨은 실내의 온도와 습도, 미세먼지 농도를 측정하여 실시간으로 사용자가 설정한 알맞은 공기질을 유지한다. 삼성에서 나오는 TV는 사용자의 선호 채널을 기억하고 시청 시간대를 기억해서 해당 시간이 지나면 자동으로 절전모드로 전환되는 그런 기능들을 갖고 있다.

스마트 팜(Smart Farm)

스마트 팜이란 기존의 비닐하우스나 축사 같은 낙농업의 생산지에 IT 기술을 융합하여 원격으로 관리할 수 있거나 상태를 확인하는 기술을 의미한다. 스마트 팜은 특히 생산 및 품질 관리에서 매우 중요한 역할을 하고 있다. 스마트 팜에서 진행되는 모든 과정을 시스템이 지켜보고 검사하게 되면 24시간 품질에 대한 보증을 할 수 있을 뿐 아니라 사고 발생 시 빠른 대처가 가능해진다.

LG전자에서 식물재배기를 개발하며 스마트 팜의 시대를 한 발 더 앞당겨 온 사례가 있다. 해당 기기는 LED를 이용하여 광합성을 시키고 온도와 습도를 맞추어 주는 등 자동으로 식물을 키워서 가꿔주는 소형 스마트 팜이다. 실제로 일부 농가에서는 대형 스마트 팜을 구축하여 버섯이나 토마토 등 여러 채소를 키워 공급하는 업체도 존재한다.

스마트 팜이 가장 잘 활용될 수 있는 분야는 식품 통계이다. 식품 통계는 해당 식재료의 생장 주기나 병충해에 대한 정보들을 기록하고 대응할 수 있도록 수치화하는 작업도 진행한다. 스마트 팜의 가장 큰 장점 중 하나는 통계화이다. 스마트 팜은 4차 산업혁명의 기술들을 혼합하였기에 자동화, 무인화, 스마트 팩토리에 대한 장점들을 사용했다. 여기에 키우고 있는 식재료에 대한 정보도 데이터베이스화 시켜서 사용될 수 있기에 점점 좋은 품질의 식재료를 생산할 수 있다.

스마트 팩토리(Smart Factory)

스마트 팩토리란 생산부터 유통, 설계, 제조 등 공장에 들어가고 나오는 모든 과정들의 일부나 전체가 디지털 및 자동화로 이루어져 인력의 도움보다 고도화된 기계의 도움을 받아 움직이는 공장을 의미한다. 일반적인 자동화 공장과 큰 차이점이 있다면 반드시 디지털화 되어 있는 기술과 네트워크를 사용하는 고도화된 기계들에 의하여 활용되어야만 한다는 것이다.

일례로 LG그룹에서는 많은 공장 설비들을 고도화시켜서 스마트 팩토리를 형성하고 있다. 각 공정은 자동화되어 원격으로 감시되고 유통에 걸친 모든 라인들 또한 어느 지역으로 가게 되는지 실시간으로 GPS를 통해 표시된다. 관리되는 네트워크망이 각 구역마다 연결되어 한 번에 볼 수 있는 것이다. 시간이나 비용 측면에서 바라볼 때 장기적으로 많은 이윤을 가져다주는 구조이다.

스마트 팩토리를 가장 잘 활용할 수 있는 분야는 위험한 일이 따르지만 반복적이고 모든 공정이나 일부분의 공정을 자동화할 수 있는 분야이다. 이를테면 철강 제조 분야나 화학물 처리 등 우리에게 반드시 필요하면서 위험이 따르는 업무에 스마트 팩토리가 많은 도움이 될 것이다. 없어지는 일자리가 있을 수 있지만 그만큼 정책이나 대체 직업에 대해 많은 부분을 함께 신경 써야 한다.

양자컴퓨터

양자컴퓨터는 양자얽힘 현상을 이용하여 여러 가지 경우의 수를 병렬로 처리할 수 있는 고도의 컴퓨터를 뜻한다. 한 번에 아주 많은 연산을 처리할 수 있어서 병렬 처리에 강한 GPU보다 훨씬 병렬 처리에 강하고 처리속도도 빨라서 일반적인 CPU와는 비교도 안 될 정도로 높은 성능을 보여준다. 어느 정도로 성능이 좋은지 보면, 현재 있는 기술로 블록체인의 복잡한 암호화 기술을 뚫을 수 없다고 하지만, 양자컴퓨터가 상용화된다면 블록체인 암호화 기술을 충분히 해킹할 수 있다고 한다. 하지만 큰 단점이 있는데, 양자 컴퓨터를 구동하기 위해서는 절대온도에 가까운 극저온에서 컴퓨터를 구동시켜야 한다. 양자 컴퓨터는 현재 기술로는 상용화하기 어려운 문제를 안고 있지만, 그만큼 복잡하고 많은 연산을 한 번에 처리할 수 있는 고성능 컴퓨터이다.

2021년 IBM은 127큐비트에 해당하는 처리능력을 보유한 양자 컴퓨터를 선보였다. 해당 양자 컴퓨터만큼의 연산을 같은 능력으로 처리하기 위해서는 일반 컴퓨터가 지구의 크기만큼 필요하다는 설명이 있을 정도로 해당 양자 컴퓨터의 연산 처리능력은 천문학적이라고 말할 수 있다.

양자컴퓨터는 '정보보안' 분야에서 가장 요긴하게 활용될 수 있다. 해킹이 불가능한 네트워크 통신을 구현할 수도 있으며, 보안 위협 행위를 추적하거나 예방하는 데 크게 기여할 수도 있다. 슈퍼컴퓨터보다 수 배는 성능이 좋아서 금융, 군수, 의료, 교육 등 국가 발전에 도움이 되는 여러 기관에서 사용될 수 있다. 그렇기 때문에 4차 산업혁명의 최고의 산물은 인공지능이나 자율 주행이 아닌 양자컴퓨터라고 할 수 있다.

웨어러블(Wearable)

웨어러블이란 몸에 착용이 가능한 전자기기를 의미하며, 사물인터넷과 혼합된 형태로 많이 나타난다. 특히 요즘에는 손목이나 머리, 옷깃 등 다양한 부위에 부착하거나 착용하는 형태로 많이 제작되는데, 사용자 맞춤형 서비스의 영역이 점점 확장됨에 따라 그 영역은 증가하고 있다. 웨어러블의 특성상 무게감이 있고 사용자에 따라 불편함을 호소할 수 있다.

웨어러블의 대표적인 활용사례로는 스마트 워치가 있다. 삼성에서 개발한 스마트 워치는 핸드폰과 연동되어 사용자에게 정보를 전달하고 인터넷과 연결되어 실시간으로 날씨나 메일의 내용을 확인할 수 있게 해준다. 또한 사용자마다 선호하는 색깔과 모양이 다르듯이 시계 내부의 화면도 원하는 대로 바꿀 수 있으며, 실제 밴드 부분도 여러 색상이나 재질로 탈착과 부착이 가능하다.

웨어러블을 가장 잘 활용할 수 있는 분야 중 하나로 의료분야가 있다. 환자에게 보호자가 항시 옆에 있을 수 없거나 환자 스스로 몸을 가누기 힘들 때, 웨어러블은 많은 도움을 줄 수 있다. 환자에게 착용되어 실시간으로 환자의 상태를 보호자에게 확인할 수 있도록 해주거나 환자가 위급한 상황에 웨어러블 내에 있는 센서가 상황을 확인하여 의사에게 알려주게 할 수도 있다. 웨어러블의 모양이나 기능은 전부 다르지만, 사용자와 밀접한 곳에서 사용되는 만큼 많은 의료분야에서 쓰임이 있을 것이다.

음성인식

음성인식이란 사용자의 목소리를 실제 컴퓨터가 들을 수 있도록 인식하는 기술이다. 반드시 소음과 구분해야 하기 때문에 사람 목소리의 주파수대역을 샘플링하는 기술이 좋아야 한다. 또한 너무 낮은 주파수대역이나 높은 주파수대역까지 들으면 너무 많은 종류의 소음까지 인식해 버리기 때문에 대조도가 낮아지므로 적당한 사람의 주파수대역에서 인식을 할 수 있도록 조절이 필요하다.

음성인식의 대표적인 활용 사례로는 '말로 하는 ARS'가 있다. 현재 많은 은행의 애플리케이션에서 상담원과 연결하기 전에 음성 ARS로 간단한 질문을 통해 사전에 정보를 얻어 고객의 문의를 해결한다. 예전에는 사람이 전화로 처음부터 끝까지 대응을 해야 했다면 지금은 기계가 음성인식을 통해 어느 정도 미리 해결을 하기 때문에 전화 대응의 피로도가 많이 줄었다고 할 수 있다.

인공지능(AI; Artificial Intelligence)

인공지능은 컴퓨터가 사람의 생각과 유사하게 사고하도록 인위적으로 만든 일종의 비선형 처리 알고리즘을 의미한다. 현실세계의 복합적이고 복잡한 문제들을 해결하기 위해서는 규칙들 사이에 무작위의 경우들이 포함되는데 이때 발생하는 상황에 따른 변수가 인공지능이 결정을 내릴 때 크게 작용하게 된다. 특히나 인공지능이란 어떠한 문제들이 학습이 되어 있는 상태를 말하기 때문에 학습이 되기 전의 상태는 그저 알고리즘과 시스템에 불과하다. 즉, 성숙도가 최소 85% 이상 수준까지 갖추어져야 인공지능이라 말할 수 있다.

삼성전자에서 출시한 '빅스비'나 애플사에서 출시한 '시리'가 인공지능의 대표적인 예이다. 사용자의 음성을 듣고 인공지능이 판단하여 필요한 정보나 서비스를 제공하는 인공지능이다. 단순히 모바일에만 국한된 인공지능이 아니라 스마트스피커나 스마트홈에도 해당 인공지능이 서비스되어 사용된다. 최근에는 물류 업계나 의료 업계에서도 인공지능을 통해 사용자 대신 조작을 하여 업무를 단순화 및 단축시키는 방향을 많이 연구하고 있다.

자동화 공장

자동화 공장이란 생산부터 유통, 설계, 제조 등 공장에 들어가고 나오는 모든 과정들의 일부나 전체가 자동화로 이루어져 인력의 도움보다 기계의 도움을 받아 움직이는 공장을 의미한다. 스마트 팩토리와 큰 차이점이 있다면 반드시 디지털화일 필요는 없다는 점이다. 국내에 있는 대부분의 공장들은 자동화 시스템을 갖추고 있다. 물론 100% 자동화는 없지만 대부분의 설비가 자동화되어 있다. 자동화 공장이 중요한 이유는 스마트 팩토리를 가기 위한 첫 걸음이기 때문이다. 사람의 손으로 직접 모든 것을 하던 시대에서 대량의 생산과 품질 관리가 가능해진 시대로 변했기에 그 중간 형태인 자동화 공장은 그만큼 중요한 다리의 역할을 하고 있다.

자동화 공장의 활용사례로 핸드폰 생산 검사가 있다. 예전에는 사람이 거의 모든 공정을 일일이 확인하는 작업을 거쳤다면 지금은 적외선 센서나 전자기 자동 터치 등 기계가 알아서 검사해 준다. 심지어 외형 흠집 검사도 기계가 대신해주고 있다. 더 나아가 이 검사 시스템이 원격으로 관리되고 조종된다면 그것이 스마트 팩토리인 것이다.

자율 주행

자율 주행이란 인공지능을 통해 자동차나 비행기가 스스로 판단하며 목적지까지 도달하는 기술을 의미한다. 자율 주행 기술에는 사물을 인식하고 상황을 판단하기 위해 반드시 인공지능 기술이 들어간다. 또한 어디까지 가야 하는 목적지에 대한 목표가 있으며 제일 최우선되는 목표는 '도착'이 아닌 '무사고'이다.

자율 주행의 대표적인 활용사례로는 현대자동차에서 시험 운행하고 있는 자율 주행 자동차가 있다. GPS와 로드맵을 자율 주행 인공지능에 입력하여 인공지능이 목적지까지 안전하게 도착하도록 프로그래밍하였다. 현재 사람이 탑승은 해야 하나 손을 뗀 상태로 운전이 가능한 Level 3단계까지 발전하여 최종적으로 양산하고 있다.

정보보호

정보보호는 정보수집 및 활용에 있어서 일종의 정보 침해 및 정보 악용을 예방하기 위한 법규나 기준을 뜻한다. 정보보호의 행위는 굉장히 넓은 범위의 악용과 사고를 예상하고 예방해야 하기 때문에 관련된 법률의 경우도 매우 다양하고 적용할 수 있는 양상도 다양하기에 매번 새로운 상황에 맞추어서 적용시켜야 한다. 물론 국내에도 정보통신법이나 정보보호법 등 해당 기준이 마련되어 있지만 여전히 새로운 기술과 서비스에 법체계가 따라가는 데에는 다소 보완해야 할 점들이 있다.

정보보호의 활용사례로 최근의 핸드폰들은 '비밀번호'나 '특정패턴'뿐만 아니라 '얼굴인식', '지문인식'을 통해서 본래의 주인이 아니면 핸드폰을 활성화시킬 수 없도록 하였다. 사용자의 정보를 아무나 접근할 수 없도록 절차를 둠으로써 일종의 정보보호에 대한 안전장치를 해둔 것이다. 그리고 최근에는 사용자의 홍채나 목소리를 통해 고유의 모양이나 주파수를 특정하여 활성화하는 열쇠로써 사용하는 방법도 어느 정도 실용화되고 있다.

정보보호가 중요한 가장 큰 이유는 불특정 다수가 나의 정보를 이용하여 악용할 수 있다는 점에 있다. 그중에서도 물리적인 방법이 아닌 디지털적인 방법으로 범죄가 일어나기 때문에 흔적을 찾거나 직접 범인을 검거하기에는 많은 어려움이 있다. 그렇기 때문에 사전에 이런 악성 행위를 원천 차단하기 위하여 정보보호 기술들은 사용자의 정보를 보호하는 기술은 물론 악용을 막기 위해 해커를 특정해 내거나 악성 바이러스의 출처를 알아내는 등의 추적 기술도 고도화되어야 한다.

증강현실(Augmented Reality)

증강현실이란 실제 현실에서 가상의 이미지를 덧씌워 마치 진짜 현실과 가상현실이 혼합된듯한 영상을 보여주는 기술을 의미한다. 최근의 증강현실 기술은 사용자와 피드백이 가능하도록 만들어지기도 한다. 존재하지 않는 물체를 화면을 통해 현실에서 만지며 보게 되는 기술로 남녀노소 누구나 즐길 수 있는 운동 게임을 만들 수도 있다.

증강현실의 대표적인 활용예시로 증강현실 가구 배치 애플리케이션이 있다. 사용자의 실제 방을 촬영하여 애플리케이션에 입력하면 해당 프로그램이 방의 크기를 측정하고 공간화시킨다. 그리고 이 구현된 공간에 사용자가 구매하고 싶은 여러 가지 가구들을 배치해 보며, 실제로 물건이 와서 배치를 하였을 때 공간의 크기가 안 맞는 불상사를 예방해 준다. 아직 국내에서는 가구를 실제로 보고 치수를 측정하여 구매하는 것이 일반적이지만, 미국과 같이 큰 나라는 가구를 구매하여 배치하거나 다시 반품시키는 데 아주 오랜 시간이 걸리기 때문에 이런 증강현실 애플리케이션이 발달하게 되었다.

클라우드 컴퓨팅(Cloud Computing)

클라우드 컴퓨팅이란 사용자의 입장에서 논리적으로 존재는 하되 물리적으로 확인할 수는 없고, 특별한 관리를 하지 않아도 컴퓨터의 시스템이나 서비스를 사용할 수 있는 기술을 의미한다. 원격으로 컴퓨터를 사용하는 형태로 실제 사용자의 작업은 명령을 입력하는 단말기가 아니라 멀리 떨어진 컴퓨터가 수행하게 되는 것이다. 가장 큰 장점은 일반사용자가 구축하기 힘든 거대한 시스템이나 고비용의 장비를 직접 구입하지 않고, 일정한 비용을 지불하고 대여하여 사용하여 서비스를 이용하는 것이다. 마치 월세를 내고 방을 빌리는 것과 비슷하다고 볼 수도 있다.

클라우드 컴퓨팅의 대표적인 예로 아마존 웹서비스나 구글클라우드플랫폼, 네이버 클라우드 등과 같은 기업에서 제공하는 클라우드 컴퓨팅 서비스를 들 수 있을 것이다. 해당 서비스들은 전형적인 클라우드 컴퓨팅 서비스로 사용자가 원하는 성능과 원하는 기간, 용량 등을 설정을 하고 그에 맞는 비용을 지불하여 원격에 있는 고급 컴퓨터를 사용하는 기술이다. 소비자 입장에서도 장치관리는 기업에서 알아서 해주고 필요한 만큼만 서비스를 사용해도 되므로 합리적이라고 할 수 있다.

앞선 정보 제공! 도서 업데이트

언제, 왜 업데이트될까?

도서의 학습 효율을 높이기 위해 자료를 추가로 제공할 때!
공기업 · 대기업 필기시험에 변동사항 발생 시 정보 공유를 위해!
공기업 · 대기업 채용 및 시험 관련 중요 이슈가 생겼을 때!

01 시대에듀 도서
www.sdedu.co.kr/book
홈페이지 접속

02 상단 카테고리
「도서업데이트」
클릭

03 해당
기업명으로
검색

참고자료, 시험 개정사항 등 정보 제공으로 학습효율을 높여 드립니다.

시대에듀

대기업 인적성검사 시리즈

신뢰와 책임의 마음으로 수험생 여러분에게 다가갑니다.

2024년 13기 모집대비

SSAFY

SAMSUNG
SOFTWARE
ACADEMY
FOR
YOUTH

싸피

삼성 청년 SW아카데미
SW적성진단

5일 완성

편저 | SDC(Sidae Data Center)

정답 및 해설

시대에듀

1일차

객관식
정답 및 해설

CHAPTER 01 수리

01 응용수리

01	02	03	04	05	06	07	08	09	10	11	12	13	14	15	16	17	18	19	20
①	④	①	③	①	②	④	⑤	②	④	⑤	③	③	①	①	⑤	③	⑤	①	③
21	22	23	24	25	26	27	28	29	30	31	32	33	34	35	36	37	38	39	40
④	④	③	③	③	①	⑤	③	④	⑤	①	④	③	②	④	④	①	②	③	⑤
41	42	43	44	45	46	47	48	49	50										
③	①	⑤	⑤	②	⑤	①	⑤	④	④										

01 정답 ①

작년 기획팀 팀원 전체 나이의 합은 $20 \times 35 = 700$세였다.

이때 65세인 팀원 A와 55세인 팀원 B가 퇴직하였으므로, 두 직원을 제외한 팀원 전체 나이의 합은 $700 - (65 + 55) = 580$세이다.

새로 입사한 직원 C의 나이를 c라고 하면 다음 식이 성립한다.

$$\frac{580 + c}{19} = 32$$

$$\therefore c = 28$$

따라서 직원 C의 나이는 28세이다.

02 정답 ④

1급 1명에게 지급할 성과급이 x원이면, 2급 1명에게 지급할 성과급은 $\frac{1}{2}x$원이고, 3급 1명에게 지급할 성과급은 $\frac{1}{2}x \times \frac{2}{3} = \frac{1}{3}x$원,

4급 1명에게 지급할 성과급은 $\frac{1}{3}x \times \frac{3}{4} = \frac{1}{4}x$원이다.

이때, 성과급은 총 5천만 원이라고 하였으므로, 다음과 같은 식이 성립한다.

$$3x + 12 \times \frac{1}{2}x + 18 \times \frac{1}{3}x + 20 \times \frac{1}{4}x = 50,000,000$$

$$\rightarrow 20x = 50,000,000$$

$$\therefore x = 2,500,000$$

따라서 1급 직원 3명에게 지급되는 성과급은 $3 \times 2,500,000 = 7,500,000$원이다.

03 정답 ①

30분까지의 기본료를 x원, 1분마다 추가요금을 y원이라고 하면, 1시간 대여료와 2시간 대여료에 대한 식은 각각 다음과 같다.

$x + 30y = 50,000 \cdots \text{㉠}$

$x + 90y = 110,000 \cdots \text{㉡}$

㉠, ㉡을 연립하면 $x = 20,000$, $y = 1,000$이므로 기본료는 20,000원, 30분 후 1분마다 추가요금은 1,000원이다.

따라서 3시간 대여료는 $20,000 + 150 \times 1,000 = 170,000$원이다.

04 정답 ③

일의 양을 1이라고 하고 A, B, C가 각자 혼자 일을 할 때 걸리는 기간을 각각 a, b, c일이라고 하면 다음과 같다.

• A가 혼자 하루에 할 수 있는 일의 양 : $\dfrac{1}{a}$

• B가 혼자 하루에 할 수 있는 일의 양 : $\dfrac{1}{b}$

• C가 혼자 하루에 할 수 있는 일의 양 : $\dfrac{1}{c}$

A, B, C 모두 혼자 일을 할 때의 능률과 함께 일을 할 때의 능률이 같다고 하였으므로 다음과 같다.

• A, B, C가 하루에 할 수 있는 일의 양 : $\dfrac{1}{a} + \dfrac{1}{b} + \dfrac{1}{c} = \dfrac{1}{6} \cdots \text{㉠}$

• A, B가 하루에 할 수 있는 일의 양 : $\dfrac{1}{a} + \dfrac{1}{b} = \dfrac{1}{12} \cdots \text{㉡}$

• B, C가 하루에 할 수 있는 일의 양 : $\dfrac{1}{b} + \dfrac{1}{c} = \dfrac{1}{10} \cdots \text{㉢}$

B가 혼자 일을 할 때 걸리는 기간을 구하는 문제이므로 ㉠, ㉡, ㉢을 다음과 같이 연립할 수 있다.

• ㉡+㉢ : $\dfrac{1}{a} + \dfrac{2}{b} + \dfrac{1}{c} = \dfrac{1}{12} + \dfrac{1}{10} = \dfrac{11}{60}$

• (㉡+㉢)−㉠ : $\dfrac{1}{a} + \dfrac{2}{b} + \dfrac{1}{c} - \left(\dfrac{1}{a} + \dfrac{1}{b} + \dfrac{1}{c} \right) = \dfrac{11}{60} - \dfrac{1}{6}$

$\therefore \dfrac{1}{b} = \dfrac{1}{60}$

따라서 B가 혼자 일을 하면 60일이 걸린다.

05 정답 ①

같은 부서 사람끼리 옆자리에 앉아야 하므로 먼저 부서를 한 묶음으로 생각하고 세 부서를 원탁에 배치하는 경우는 $2! = 2$가지이다.

각 부서 사람끼리 자리를 바꾸는 경우의 수는 $2! \times 2! \times 3! = 2 \times 2 \times 6 = 24$가지가 나온다.

따라서 조건에 맞게 7명이 앉을 수 있는 경우의 수는 $2 \times 24 = 48$가지이다.

06 정답 ②

• 내일 비가 오고 모레 비가 안 올 확률 : $\dfrac{1}{5} \times \dfrac{2}{3} = \dfrac{2}{15}$

• 내일 비가 안 오고 모레 비가 안 올 확률 : $\dfrac{4}{5} \times \dfrac{7}{8} = \dfrac{7}{10}$

$\therefore \dfrac{2}{15} + \dfrac{7}{10} = \dfrac{5}{6}$

따라서 모레 비가 안 올 확률은 $\dfrac{5}{6}$이다.

07 정답 ④

농도 15%의 소금물 500g에는 $500 \times \dfrac{15}{100} = 75$g의 소금이 들어있다.

xg의 물을 더 넣는다고 하였으므로 다음 식이 성립한다.

$\dfrac{75}{500+x} \times 100 = 10$

$\rightarrow 750 = 500 + x$

$\therefore\ x = 250$

따라서 250g의 물을 넣어야 한다.

08 정답 ⑤

욕조에 물을 가득 채웠을 때 물의 양을 1이라고 하면 A는 1분에 $\dfrac{1 \times 75\%}{18} = \dfrac{0.75}{18}$ 만큼 채울 수 있고 B는 1분에 $\dfrac{0.75}{18} \times 1.5$만큼 채울 수 있다.

A가 15분간 욕조를 채운 양은 $\dfrac{0.75}{18} \times 15$이므로 욕조를 가득 채우기까지 남은 양은 $1 - \dfrac{0.75}{18} \times 15$이다.

따라서 남은 양을 B가 채웠을 때 걸리는 시간은 $\dfrac{1 - \dfrac{0.75}{18} \times 15}{\dfrac{0.75}{18} \times 1.5} = \dfrac{18 - 0.75 \times 15}{0.75 \times 1.5} = \dfrac{18 - 11.25}{1.125} = \dfrac{6.75}{1.125} = 6$분이다.

09 정답 ②

대리는 X프로젝트와 Z프로젝트를 선택할 수 있으며, 사원은 Y프로젝트와 Z프로젝트를 선택할 수 있으므로, 대리와 사원은 1명당 2가지의 선택권이 있다.

따라서 대리 2명, 사원 3명이 프로젝트를 선택하여 진행하는 경우의 수는 $(2 \times 2) \times (2 \times 2 \times 2) = 2^2 \times 2^3 = 2^5 = 32$가지이다.

10 정답 ④

A가 목적지까지 이동하는 거리와 걸리는 시간을 계산하면 다음과 같다.

• 이동거리 : $0.8 + 4.8 \left(= 36 \times \dfrac{8}{60} \right) = 5.6$km

• 소요시간 : $12 + 8 = 20$분

따라서 자전거를 이용해 같은 시간 동안 같은 경로로 이동할 때 평균 속력은 $5.6 \div 20 = 0.28$km/min이다.

11 정답 ⑤

X경로의 거리를 $x$km, Y경로의 거리를 $y$km, A의 이동 속력을 $a$km/h, B의 이동 속력을 $b$km/h라 하면 다음과 같은 식이 성립한다.

$\dfrac{x}{a} = \dfrac{x}{b} + 1 \cdots \bigcirc$

$\dfrac{x}{a} + 1 = \dfrac{y}{b} \cdots \bigcirc\!\!\bigcirc$

$y = x + 160$이므로 ㉡에 대입하면 $\dfrac{x}{a} + 1 = \dfrac{x + 160}{b}$이다.

이를 ㉠과 연립하면 다음과 같다.

$\dfrac{x}{b} + 1 + 1 = \dfrac{x + 160}{b} \ \rightarrow\ \dfrac{x}{b} + 2 = \dfrac{x}{b} + \dfrac{160}{b} \ \rightarrow\ 2 = \dfrac{160}{b}$

$\therefore\ b = 80$

따라서 B의 속력은 80km/h이다.

12 정답 ③

영희가 철수보다 높은 수가 적힌 카드를 뽑는 경우는 다음과 같다.

구분	철수	영희
카드에 적힌 수	1	2 ~ 9
	2	3 ~ 9
	...	...
	8	9

따라서 영희가 철수보다 큰 수가 적힌 카드를 뽑는 모든 경우의 수는 1부터 8까지의 합이므로 $\dfrac{8 \times 9}{2} = 36$가지이다.

13 정답 ③

이벤트에 당첨될 확률은 다음과 같다.

• 처음 주사위를 던져서 당첨이 될 확률 : $\dfrac{1}{6}$

• 처음 주사위를 던져서 5, 6이 나오고, 가위바위보를 하여 당첨될 확률 : $\dfrac{2}{6} \times \dfrac{1}{3}$

• 처음 주사위를 던져서 5, 6이 나오고, 가위바위보를 하여 비겨서 다시 가위바위보를 하여 당첨될 확률 : $\dfrac{2}{6} \times \dfrac{1}{3} \times \dfrac{1}{3}$

따라서 구하고자 하는 확률은 $\dfrac{1}{6} + \left(\dfrac{2}{6} \times \dfrac{1}{3} \right) + \left(\dfrac{2}{6} \times \dfrac{1}{3} \times \dfrac{1}{3} \right) = \dfrac{17}{54}$ 이다.

14 정답 ①

작년 직원 중 안경을 쓴 사람을 x명, 안경을 쓰지 않은 사람을 y명이라고 하면 $x + y = 45$이므로 $y = 45 - x$이다.
또한 올해는 작년보다 $58 - 45 = 13$명 증가하였으므로 다음과 같은 식이 성립한다.
$x \times 0.2 + (45 - x) \times 0.4 = 13$
$\rightarrow -0.2x = 13 - 45 \times 0.4$
$\rightarrow -0.2x = -5$
$\therefore x = 25$
따라서 올해 입사한 사람 중 안경을 쓴 사람의 수는 $x \times 0.2 = 25 \times 0.2 = 5$명이다.

15 정답 ①

전체 일의 양을 1이라고 할 때 A ~ C직원이 각각 1분 동안 혼자 할 수 있는 일의 양을 각각 a, b, c라고 하자.

• $a = \dfrac{1}{120}$

• $a + b = \dfrac{1}{80} \rightarrow b = \dfrac{1}{80} - \dfrac{1}{120} = \dfrac{1}{240}$

• $b + c = \dfrac{1}{60} \rightarrow c = \dfrac{1}{60} - \dfrac{1}{240} = \dfrac{1}{80}$

$\therefore a + b + c = \dfrac{1}{120} + \dfrac{1}{240} + \dfrac{1}{80} = \dfrac{2 + 1 + 3}{240} = \dfrac{1}{40}$

따라서 세 직원이 함께 건조기 1대의 모터를 교체하는 데 걸리는 시간은 40분이다.

16 정답 ⑤

작년에 입사한 남자 신입사원 수를 x명, 여자 신입사원 수를 y명이라고 하자.

$x + y = 55 \cdots \bigcirc$

$1.5x + 0.6y = 60 \cdots \bigcirc$

$\bigcirc$과 $\bigcirc$을 연립하면 $x = 30$, $y = 25$이다.

따라서 올해 입사한 여자 신입사원 수는 $25 \times 0.6 = 15$명이다.

17 정답 ③

A는 8일마다 $\frac{1}{2}$씩 포장할 수 있으므로 24일 후에 남은 물품의 수는 다음과 같다.

처음	8일 후	16일 후	24일 후
512개	256개	128개	64개

B가 처음 받은 물품의 개수를 x개라고 하자.

24일 후에 B에게 남은 물품의 개수는 64개이고 2일마다 $\frac{1}{2}$씩 포장하므로 24일 동안 12번을 포장한다.

$x \times \left(\frac{1}{2} \right)^{12} = 64$

$\rightarrow x \times 2^{-12} = 2^6$

$\therefore x = 2^{6+12}$

따라서 B는 처음에 2^{18}개의 물품을 받았다.

18 정답 ⑤

5 이상의 눈이 나오는 횟수를 x회, 5 미만의 눈이 나오는 횟수를 y회라고 하자.

주사위를 총 9번 던진다고 했으므로

$x + y = 9 \cdots \bigcirc$

A지점 -1에서 B지점 2에 위치해 있고 5 이상의 눈이 나오면 $+2$만큼 이동, 5 미만의 눈이 나오면 -1만큼 이동한다고 했으므로

$-1 + 2x - y = 2 \cdots \bigcirc$

$\bigcirc$과 $\bigcirc$을 연립하면 $x = 4$, $y = 5$이다.

주사위를 던졌을 때, 9번 중 5 이상이 4번, 나머지 5번은 5 미만이 나와야 $+3$만큼 움직일 수 있다.

주사위를 굴려서 5 이상이 나올 확률은 $\frac{1}{3}$, 5 미만이 나올 확률은 $\frac{2}{3}$이다.

따라서 A지점에서 시작하여 B지점에 위치할 확률은 $_9C_4 \left(\frac{1}{3} \right)^4 \left(\frac{2}{3} \right)^5 = \frac{9 \times 8 \times 7 \times 6}{4 \times 3 \times 2 \times 1} \times \frac{32}{3^9} = \frac{448}{3^7}$이다.

19 정답 ①

1팀에 속한 사람이 모두 만나 1번씩 경기하는 횟수는 $5 + 4 + 3 + 2 + 1 = 15$번이고, 마찬가지로 2팀에 속한 사람이 경기하는 횟수는 $6 + 5 + 4 + 3 + 2 + 1 = 21$번이다.

각 팀의 1, 2위가 본선에 진출하여 경기하는 횟수는 2명씩 준결승전 각각 2번, 결승전 1번, 3·4위전 1번으로 총 4번이다.

따라서 경기를 관람하는 데 필요한 총비용은 $(21 + 15) \times 20,000 + 4 \times 30,000 = 720,000 + 120,000 = 840,000$원이다.

20 정답 ③

A는 0, 2, 3을 뽑았으므로 3200이 만들 수 있는 가장 큰 세 자리 숫자이다.

이처럼 5장 중 3장의 카드를 뽑는 데 카드의 순서를 고려하지 않고 뽑는 전체 경우의 수는 $_5C_2=10$가지이다.

B가 이기려면 4가 적힌 카드를 뽑거나 1, 2, 3의 카드를 뽑아야 한다.

4가 적힌 카드를 뽑는 경우의 수는 4가 1장을 차지하고 나머지 2장의 카드를 뽑아야 하므로 $_4C_2=6$가지이고, 1, 2, 3카드를 뽑는 경우는 1가지이다.

따라서 B가 이길 확률은 $\dfrac{7}{10}\times100=70\%$이다.

21 정답 ④

S사원이 걸어간 거리는 $1.8\times0.25=0.45$km이고, 자전거를 탄 거리는 $1.8\times0.75=1.35$km이다. 3km/h와 30km/h를 각각 분 단위로 환산하면 각각 0.05km/분, 0.5km/분이다. 이를 기준으로 이동시간을 계산하면 S사원이 걸은 시간은 $\dfrac{0.45}{0.05}=9$분이고, 자전거를 탄 시간은 $\dfrac{1.35}{0.5}=2.7$분이다. 즉, 이동시간은 총 $9+2.7=11.7$분이고, 0.7분을 초로 환산하면 $0.7\times60=42$초이다.

따라서 S사원이 출근하는 데 걸린 시간은 11분 42초이다.

22 정답 ④

처음 농도 9%의 소금물의 양을 xg이라고 하면 다음 식이 성립한다.

$$x\times\dfrac{9}{100}=(x+200)\times\dfrac{6}{100}$$

$\rightarrow 9x=6x+1,200$

$\rightarrow 3x=1,200$

$\therefore x=400$

따라서 처음 농도 9%의 소금물의 양은 400g이다.

23 정답 ③

8개의 팀이 리그전으로 경기를 하려면 $_8C_2=\dfrac{8\times7}{2}=28$번의 경기를 해야 한다.

또한 상위 4개 팀이 토너먼트로 경기를 할 경우 준결승전 2번, 결승전 1번을 해야 하므로 경기는 3번 진행된다.

따라서 모든 경기를 보기 위해 티켓을 사는 비용은 28×1만 원$+3\times2$만 원$=34$만 원이다.

24 정답 ③

어떤 프로젝트를 진행하는 일의 양을 1이라고 하고, B사원이 혼자 프로젝트를 시작해서 끝내기까지의 시간을 x시간이라고 하면, 2시간 동안 A사원과 B사원이 함께 한 일의 양은 $\left(\dfrac{1}{4}+\dfrac{1}{x}\right)\times2$이고, A사원이 40분 동안 혼자서 한 일의 양은 $\dfrac{1}{4}\times\dfrac{40}{60}$이다. 이에 대한 식을 세우면 다음과 같다.

$$\left(\dfrac{1}{4}+\dfrac{1}{x}\right)\times2+\dfrac{1}{4}\times\dfrac{40}{60}=1$$

$\rightarrow \dfrac{x+4}{2x}+\dfrac{1}{4}\times\dfrac{2}{3}=1$

$\rightarrow \dfrac{x+4}{2x}=\dfrac{5}{6}$

$\rightarrow 4x=24$

$\therefore x=6$

따라서 B사원이 혼자서 프로젝트를 수행했을 때 끝내기까지 걸리는 시간은 6시간이다.

25　정답 ③

열차의 길이를 xm라고 할 때 360m 길이의 다리를 완전히 지나는 데 걸린 시간이 24초이므로 속력은 $\dfrac{360+x}{24}$ 이다.

또한 터널의 길이는 다리 길이의 3배이므로 360×3=1,080m이고, 터널을 완전히 지나는 데 걸린 시간이 60초이므로 속력은 $\dfrac{1,080+x}{60}$ 이다.

두 속력은 같으므로 $\dfrac{360+x}{24}=\dfrac{1,080+x}{60}$ 이 성립한다.

$1,800+5x=2,160+2x$

$\therefore x=120$

따라서 열차의 길이는 120m이고, 열차의 속력은 $\dfrac{360+120}{24}=20$m/s이다.

26　정답 ①

모니터의 가격을 x원이라 하자.

불량률이 10%일 때와 불량률이 15%일 때의 매출액이 같아야 하므로, 식을 세우면 다음과 같다.

$x×0.85×($모니터 생산량$)=17$만 원$×0.9×($모니터 생산량$)$

$\rightarrow x=\dfrac{17×0.9}{0.85}$

$\therefore x=18$

따라서 이번 달의 모니터 한 대당 가격은 최소 18만 원이어야 지난달보다 매출액이 떨어지지 않는다.

27　정답 ⑤

지원이가 자전거를 탄 시간을 x분이라고 하면 걸어간 시간은 $(30-x)$분이다.

$50(30-x)+150x=4,000$

$\rightarrow 100x=2,500$

$\therefore x=25$

따라서 지원이가 자전거를 탄 시간은 25분이다.

28　정답 ③

농도 10%인 소금물의 양을 xg이라 하자.

$\dfrac{0.1x+3.2}{x+40}×100=9.2$

$\rightarrow 0.1x+3.2=0.092(x+40)$

$\rightarrow 0.008x=0.48$

$\therefore x=60$

따라서 농도 10%인 소금물의 양은 60g이다.

29 정답 ④

(속력)$=\dfrac{(거리)}{(시간)}$이므로 평균 속력과 관련하여 식을 세우면 $\dfrac{20}{\dfrac{10}{20}+\dfrac{10}{x}}$이다.

$24=\dfrac{400x}{10x+200}$

$\rightarrow 400x=240x+4,800$

$\rightarrow 160x=4,800$

$\therefore x=30$

30 정답 ⑤

A~C물건 세 가지를 모두 좋아하는 사람의 수를 x명이라고 하자.

$(280+160+200)-110-3x+x=400-30$

$\therefore x=80$

따라서 세 물건을 모두 좋아하는 사람은 80명이다.

31 정답 ①

선과 선이 만나는 부분까지 갈 수 있는 방법의 수는 다음과 같다.

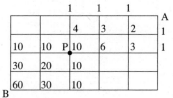

따라서 A지점에서 B지점까지 P지점을 거쳐서 갈 수 있는 경우의 수는 60가지이다.

32 정답 ④

각 동전을 지불하는 경우의 수는 다음과 같다.

• 10원짜리 : 0원, 10원, 20원, 30원 → 4가지
• 50원짜리 : 0원, 50원 → 2가지
• 100원짜리 : 0원, 100원, 200원 → 3가지
• 500원짜리 : 0원, 500원 → 2가지

따라서 동전을 모두 이용해 지불할 수 있는 경우의 수는 $4\times2\times3\times2=48$가지이고, 0원은 지불한 것으로 보지 않으므로, 모든 동전을 지불하지 않는 1가지 경우를 제외하면 47가지이다.

33 정답 ③

500m의 거리에 가로등과 벤치를 각각 50m, 100m 간격으로 설치하므로, 총거리를 간격으로 나누면 각각 10개, 5개이다.
이때 시작 지점은 포함되지 않았으므로 1개씩을 더해주면 가로등은 11개, 벤치는 6개가 되어 총 17개이다.

34 정답 ②

내려가는 데 걸린 시간을 x시간이라 하면, 올라가는 데 걸린 시간은 $2.4x$시간이다.

$x+2.4x+\dfrac{24}{60}=5+\dfrac{30}{60} \rightarrow 10x+24x+4=50+5 \rightarrow 34x=51 \rightarrow x=1.5$시간

즉, 내려가는 데 걸린 시간은 1.5시간이고, 올라가는 데 걸린 시간은 $2.4\times1.5=3.6$시간이다.

A지점에서 B지점까지의 거리를 $a$km/h, 흐르지 않는 물에서 보트의 속력을 $b$km/h라 하면

$1.5\times(b+5)=a \rightarrow 1.5b+7.5=a \cdots \bigcirc$

정지한 보트는 0.4시간 동안 물에 의해 떠내려가므로

$3.2\times(b-5)=a+5\times0.4 \rightarrow 3.2b-18=a \cdots \bigcirc$

$\bigcirc$, $\bigcirc$을 연립하면 다음과 같다.

$1.5b+7.5=3.2b-18 \rightarrow 1.7b=25.5$

$\therefore b=15$

따라서 흐르지 않는 물에서 보트의 속력은 15km/h이다.

35 정답 ④

영업직, 일반사무직, 마케팅직의 신입사원 수를 각각 x명, y명, z명이라고 하자.

영업직의 일당이 8만 원이라고 하였으므로 일반사무직과 마케팅직의 일당은 다음과 같이 구할 수 있다.

• 일반사무직 일당 : $10\times\dfrac{80}{100}=8$만 원

• 마케팅직 일당 : $10\times\left(1+\dfrac{20}{100}\right)=12$만 원

신입사원 인원수에 대한 방정식은 다음과 같다.

$x+y+z=30 \cdots \bigcirc$

$y=x+10=2\times z \cdots \bigcirc$

$\bigcirc$, $\bigcirc$을 연립하면 다음과 같다.

$\therefore x=6, y=16, z=8$

따라서 추가 편성해야 할 일일 인건비는 총 $(6\times10)+(16\times8)+(8\times12)=284$만 원이다.

36 정답 ④

A와 B가 서로 반대 방향으로 돌면, 둘이 만났을 때 A가 걸은 거리와 B가 걸은 거리의 합이 운동장의 둘레와 같다.

따라서 운동장의 둘레는 $(80\times20)+(60\times20)=2,800$m이다.

37 정답 ①

작년 A고등학교의 1학년과 3학년 학생 수를 각각 x, y명이라고 하면, 2학년 학생 수는 $\dfrac{x+y}{2}$명이다.

$x+\dfrac{x+y}{2}+y=1,200$

$\rightarrow \dfrac{3(x+y)}{2}=1,200$

$\rightarrow \dfrac{x+y}{2}=1,200\div3=400$

올해 2학년 학생 수는 $400\times1.05=420$명이고, 3학년 학생 수는 $420-12=408$명이다.

따라서 올해 모집해야 할 신입생의 수는 총 $1,200-420-408=372$명이다.

38 정답 ②

10일 동안 $0.3 \times 3 \times 10 = 9$kg이 증가하므로 영진이는 총 19kg을 감량해야 한다.

일요일에는 헬스장에 가지 않으므로 하루에 운동해야 하는 시간은 $19 \div (0.5 \times 9) = 4.22$이다.

따라서 하루에 4.2시간씩 운동해야 한다.

39 정답 ③

수현이가 이동한 거리는 $10 \times 80 = 800$m이고, 해영이가 이동한 거리는 $25 \times 60 = 1,500$m이다.

수현이와 해영이 사이의 거리를 xm라 하고, 피타고라스의 정리를 이용하여 식을 세우면 다음과 같다.

$x^2 = 800^2 + 1,500^2 = 1,700^2$

$\therefore x = 1,700$

따라서 수현이와 해영이 사이의 직선 거리는 1.7km이다.

40 정답 ⑤

전체 5명에서 2명을 뽑는 방법은 $_5C_2 = \dfrac{5 \times 4}{2 \times 1} = 10$가지이고, 여자 3명 중에서 2명이 뽑힐 경우는 $_3C_2 = \dfrac{3 \times 2}{2 \times 1} = 3$가지이다.

따라서 대표가 모두 여자일 확률은 $\dfrac{3}{10} \times 100 = 30$%이다.

41 정답 ③

A제품의 불량률을 x%라 하자.

$600(1-x) \geq 2,400x \rightarrow 3,000x \leq 600$

$\therefore x \leq 0.2$

따라서 불량률은 최대 20%를 넘지 않아야 한다.

42 정답 ①

S사 전체 팀 수를 x팀이라 하자.

$3x + 5 = 5(x-2) + 3$

$\rightarrow 2x = 12$

$\therefore x = 6$

즉, S사 전체 팀 수는 6팀이므로 필요한 복사용지 박스 개수는 $3 \times 6 + 5 = 23$박스이다.

따라서 전체 팀 수와 복사용지 박스 개수의 합은 $6 + 23 = 29$이다.

43 정답 ⑤

평상시에 12층까지 올라가는 데 걸리는 시간은 엘리베이터를 이용할 때 75초, 비상계단을 이용할 때 410초로 335초 차이가 난다.

엘리베이터를 이용하는 것보다 비상계단을 이용할 때 12층에 빨리 도착하는 시각을 아침 8시 x분이라 하자.

$\dfrac{x}{2} \times 35 \geq 335$

$\rightarrow \dfrac{x}{2} \geq \dfrac{67}{7} = 9.6$

$\therefore x \geq 19.2$

따라서 아침 8시 20분부터는 비상계단을 이용하면 12층에 빨리 도착한다.

44 　정답　⑤

- 사무용품 구매액 : $300,000 \times 0.8 = 240,000$원
- 사무용품 구매 후 남은 예산 : $300,000 - 240,000 = 60,000$원
- 서랍장 구매액 : $60,000 \times 0.4 = 24,000$원
- 서랍장 구매 후 남은 예산 : $60,000 - 24,000 = 36,000$원
- 볼펜 1개의 인터넷 구매액 : $500 \times \left(1 - \dfrac{20}{100}\right) = 400$원

따라서 $36,000 \div 400 = 90$이므로, 볼펜은 최대 90개 살 수 있다.

45 　정답　②

자동차를 1일 이용할 경우 교통비는 $5,000 + 2,000 \times 2 = 9,000$원이다.
즉, 지하철을 1일 이용하는 대신 자동차를 1일 이용할 경우 6,000원의 차액이 발생한다.
이번 달과 다음 달의 차이는 프로젝트 기간 5일의 유무이므로 5일간의 교통비 차액이 이번 달과 다음 달의 교통비 차액이다.
따라서 $6,000 \times 5 = 30,000$이므로, 3만 원의 차액이 생긴다.

46 　정답　⑤

올라갈 때의 거리를 $x$km라 하면, 내려갈 때의 거리는 $(x+3)$km이다.

$$\frac{x}{4} + \frac{x+3}{5} = 5$$
$$\rightarrow 5x + 4(x+3) = 100$$
$$\rightarrow 9x = 88$$
$$\therefore x = \frac{88}{9}$$

따라서 S대리가 걸은 거리는 $2x + 3 = \dfrac{176}{9} + 3 ≒ 22.6$km이다.

47 　정답　①

ⅰ) A업체에서 구매할 경우
　　$50 = (10+1) \times 4 + 6$이므로, (100만 원$\times 4$)+(10만 원$\times 6$)=460만 원이 필요하다.
　　이때 100만 원당 5만 원을 할인해주므로, 가습기 구매에 총 $460 - 5 \times 4 = 440$만 원이 필요하다.
ⅱ) B업체에서 구매할 경우
　　$50 = (9+1) \times 5$이므로, 90만 원$\times 5 = 450$만 원이 필요하다.
따라서 A업체에서 구매하는 것이 10만 원 더 저렴하다.

48 　정답　⑤

(한 문제 이상 맞힐 확률)$=1-$(세 문제 모두 틀릴 확률)

따라서 이 학생이 세 문제를 모두 풀 때 한 문제 이상 맞힐 확률은 $1 - \left(\dfrac{1}{6} \times \dfrac{1}{2} \times \dfrac{3}{4}\right) = 1 - \dfrac{1}{16} = \dfrac{15}{16}$ 이다.

49 정답 ④

- 10명이 당직 근무를 설 경우의 수 : 10!
- 두 번째 주 토요일에 임원이 당직 근무를 설 경우의 수 : $_4C_1 \times 9!$

따라서 두 번째 주 토요일에 임원이 당직 근무를 설 확률은 $\dfrac{_4C_1 \times 9!}{10!} \times 100 = \dfrac{2}{5} \times 100 = 40\%$이다.

50 정답 ④

작년의 남자 입사자 수와 여자 입사자 수를 각각 x, y명이라 하자.

- 작년 전체 입사자 수 : $x + y = 820 \cdots \bigcirc$
- 올해 전체 입사자 수 : $1.08x + 0.9y = 810 \cdots \bigcirc\!\!\bigcirc$

$\bigcirc$, $\bigcirc\!\!\bigcirc$을 연립하면 $x = 400$, $y = 420$이다.

따라서 올해 여자 입사자 수는 $0.9 \times 420 = 378$명이다.

01	02	03	04	05	06	07	08	09	10	11	12	13	14	15	16	17	18	19	20
③	⑤	③	②	③	⑤	⑤	③	③	③	②	③	④	②	⑤	②	⑤	①	⑤	②

01 　정답 　③

2015년 대비 2023년 장르별 공연 건수의 증가율은 다음과 같다.

- 양악 : $\dfrac{460-250}{250} \times 100 = 84\%$

- 국악 : $\dfrac{238-68}{68} \times 100 = 250\%$

- 무용 : $\dfrac{138-60}{60} \times 100 = 130\%$

- 연극 : $\dfrac{180-60}{60} \times 100 = 200\%$

따라서 2015년 대비 2023년 공연 건수의 증가율이 가장 높은 장르는 국악이다.

오답분석

① 2019년과 2022년에는 연극 공연 건수가 국악 공연 건수보다 많았다.
② 2018년까지는 양악 공연 건수가 국악, 무용, 연극 공연 건수의 합보다 많았지만, 2019년 이후에는 양악 공연 건수가 국악, 무용, 연극 공연 건수의 합보다 적었다. 또한, 2021년에는 무용 공연 건수 자료가 집계되지 않아 양악의 공연 건수가 다른 공연 건수의 합보다 많은지 적은지 판단할 수 없으므로 옳지 않은 설명이다.
④ 2021년의 무용 공연 건수가 집계되어 있지 않으므로 연극 공연 건수가 무용 공연 건수보다 많아진 것이 2022년부터인지 판단할 수 없으므로 옳지 않은 설명이다.
⑤ 2022년에 비해 2023년에 공연 건수가 가장 많이 증가한 장르는 국악이다.

02 　정답 　⑤

ㄷ. 출산율은 2021년까지 전년 대비 계속 증가하였으며, 2022년에는 감소하였다.
ㄹ. 출산율과 남성 사망률의 차이는 2018년부터 2022년까지 각각 18.2%p, 20.8%p, 22.5%p, 23.7%p, 21.5%p로 2021년이 가장 크다.

오답분석

ㄱ. 2018년 대비 2022년의 전체 인구수의 증감률은 $\dfrac{12,808-12,381}{12,381} \times 100 = 3.4\%$이다.
ㄴ. 가임기 여성의 비율과 출산율은 서로 증감 추이가 다르다.

03 　정답 　③

ⓒ 전체 인구수는 계속하여 증가하고 있다.
ⓔ 여성 사망률이 가장 높았던 해는 7.8%로 2021년이다.
ⓜ 2022년은 출산율이 계속 증가하다가 감소한 해이다.

04　정답 ②

ㄱ. 주화 공급량이 주화 종류별로 각각 20십만 개씩 증가한다면, 이 지역의 평균 주화 공급량은 $\frac{1,000+(20\times4)}{4}=\frac{1,080}{4}=270$십만 개이다.

ㄷ. • 평균 주화 공급량 : $\frac{1,000}{4}=250$십만 개

　 • 주화 공급량 증가량 : $(340\times0.1)+(215\times0.2)+(265\times0.2)+(180\times0.1)=148$십만 개

　 • 증가한 평균 주화 공급량 : $\frac{1,000+148}{4}=287$십만 개

　 따라서 $250\times1.15>287$이므로, 증가율은 15% 이하이다.

오답분석

ㄴ. • 10원 주화의 공급기관당 공급량 : $\frac{340}{170}=2$십만 개

　 • 500원 주화의 공급기관당 공급량 : $\frac{180}{120}=1.5$십만 개

　 따라서 주화 종류별 공급기관당 공급량은 10원 주화가 500원 주화보다 많다.

ㄹ. 주화 공급액의 총규모가 변하면 주화 종류별 공급량의 비율도 당연히 변한다.

05　정답 ③

ㄴ. 국가채권 중 조세채권의 전년 대비 증가율은 다음과 같다.

　 • 2020년 : $\frac{30-26}{26}\times100 \fallingdotseq 15.4\%$

　 • 2022년 : $\frac{38-34}{34}\times100 \fallingdotseq 11.8\%$

　 따라서 조세채권의 전년 대비 증가율은 2022년에 비해 2020년이 높다.

ㄷ. 융자회수금의 국가채권과 연체채권의 총합이 가장 높은 해는 142조 원으로 2022년이며, 연도별 경상 이전수입의 국가채권과 연체채권의 총합을 구하면 각각 15조 원, 15조 원, 17조 원, 18조 원으로 2022년이 가장 높다.

오답분석

ㄱ. 2019년 총연체채권은 27조 원으로 2021년 총연체채권의 80%인 $36\times0.8=28.8$조 원보다 작다.

ㄹ. 2019년 대비 2022년 경상 이전수입 중 국가채권의 증가율은 $\frac{10-8}{8}\times100=25\%$이며, 경상 이전수입 중 연체채권의 증가율은 $\frac{8-7}{7}\times100 \fallingdotseq 14.3\%$로 국가채권의 증가율이 더 높다.

06　정답 ⑤

사고 전·후 이용 가구 수의 차이가 가장 큰 것은 생수이며, 가구 수의 차이는 $170-100=70$가구이다.

오답분석

① 사고 전에 식수 조달원으로 수돗물을 이용하는 가구 수가 $60+30+20+30=140$가구로 가장 많다.

② 사고 전에 비해 사고 후에 이용 가구 수가 감소한 식수 조달원은 수돗물과 약수로 2개이다.

③ 사고 전·후 식수 조달원을 변경한 가구 수는 $(30+20+30)+(10+10+30)+(20+10+40)+(10+10+10)=230$가구로, 전체 가구 수 $230+(60+80+20+70)=460$가구의 $\frac{230}{460}\times100=50\%$이다.

④ 사고 전에 정수를 이용하던 가구 수는 130가구이며, 사고 후에도 정수를 이용하는 가구 수는 80가구이다. 나머지 50가구는 사고 후 다른 식수 조달원을 이용한다.

07 정답 ⑤

이런 유형의 문제는 주어진 조건 중 하나를 특정할 수 있는 조건부터 읽어 푸는 것이 좋다. 이 문제에서는 ㄴ과 ㄹ이 그런 조건이다.

ㄴ. 2019 ~ 2023년 세관물품 중 신고 수가 가장 적은 것은 D이다. : D → 가전류
ㄹ. 전년 대비 2020 ~ 2023년 신고 수가 한 번 감소하는 세관물품은 B이다. : B → 잡화류
ㄷ. 전년 대비 2020년 세관물품 신고 수 증감률은 다음과 같으므로, 증가율이 가장 높은 것은 C이다. : C → 주류

- A : $\dfrac{360-300}{300}\times100=20\%$
- B : $\dfrac{260-200}{200}\times100=30\%$
- C : $\dfrac{375-300}{300}\times100=25\%$
- D : $\dfrac{171-180}{180}\times100=-5\%$

이에 따라 A는 담배류가 된다.

08 정답 ③

ㄱ. A임차인의 전·월세 전환율이 6%일 때 전세금을 x만 원이라고 하면 $6=\dfrac{50\times12}{x-25,000}\times100$이라는 식을 세울 수 있다.
따라서 $x=35,000$이므로 전세금은 3억 5천만 원이다.

ㄹ. E임차인의 전·월세 전환율이 12%일 때 월세를 x만 원이라고 하면 $12=\dfrac{x\times12}{58,000-53,000}\times100$이라는 식을 세울 수 있다.
따라서 $x=50$이므로 월세는 50만 원이다.

[오답분석]

ㄴ. $\dfrac{60\times12}{42,000-30,000}\times100=6$이므로 B임차인의 전·월세 전환율은 6%이다.

ㄷ. C임차인의 전·월세 전환율이 3%일 때 월세보증금을 x만 원이라고 하면 $3=\dfrac{70\times12}{60,000-x}\times100$이라는 식을 세울 수 있다.
따라서 $x=32,000$이므로 월세보증금은 3억 2천만 원이다.

09 정답 ③

ㄴ. 표에서 장애인 고용률이 가장 낮은 기관을 살펴보면 고용률 1.06%인 A이다. : A → 서부청
ㄱ. 표에서 장애인 고용의무인원을 비교해 보면 C>B>D>A 순서이고, 조건을 정리해 보면 남부청>동부청>서부청(A)이 된다.
ㄷ. 장애인 고용의무인원은 북부청이 남부청보다 적으므로 조건 ㄱ의 내용과 종합하면 남부청의 인원이 가장 많다는 것이 된다.
　B ~ D 중 장애인 고용의무인원이 가장 많은 것은 C이다. : C → 남부청
ㄹ. 남은 B와 D 중에 남동청보다 장애인 고용인원은 많고, 장애인 고용률은 낮은 것은 B이다. : B → 동부청
이에 따라 D는 북부청이 된다.

10 정답 ③

• 2021년 전년 대비 감소율 : $\dfrac{20-15}{20}\times100=25\%$

• 2022년 전년 대비 감소율 : $\dfrac{15-12}{15}\times100=20\%$

따라서 2021년과 2022년의 경제 분야 투자규모의 전년 대비 감소율의 차이는 5%p이다.

오답분석

① 2023년 총지출을 a억 원이라고 가정하면 $a\times0.05=16$억 원 $\rightarrow a=\dfrac{16}{0.05}=320$이고, 총지출은 320억 원이므로 300억 원 이상이다.

② 2020년 경제 분야 투자규모의 전년 대비 증가율은 $\dfrac{20-16}{16}\times100=25\%$이다.

④ 2019 ~ 2023년 동안 경제 분야에 투자한 금액은 $16+20+15+12+16=79$억 원이다.

⑤ 2020 ~ 2023년 동안 경제 분야 투자규모의 전년 대비 증감 추이는 '증가 – 감소 – 감소 – 증가'이고, 총지출 대비 경제 분야 투자규모 비중의 경우 '증가 – 증가 – 감소 – 감소'이다.

11 정답 ②

26 ~ 30세 응답자 수는 50명으로, 그중 4회 이상 방문한 응답자 수는 $5+3=8$명이다. 따라서 비율은 $\dfrac{8}{50}\times100=16\%$로, 10% 이상이다.

오답분석

① 전체 응답자 수는 120명이고, 그중 20 ~ 25세 응답자 수는 60명이다. 따라서 비율은 $\dfrac{60}{120}\times100=50\%$이다.

③ 주어진 자료는 방문횟수를 구간으로 구분했기 때문에 31 ~ 35세 응답자의 1인당 평균 방문횟수를 정확히 구할 수 없다. 그러나 구간별 최솟값으로 평균을 계산해보면 $\{1,\ 1,\ 1,\ 2,\ 2,\ 2,\ 2,\ 4,\ 4,\ 6\}\rightarrow$ (평균)$=\dfrac{25}{10}=2.5$이므로 1인당 평균 방문횟수가 2회 이상이라는 것을 알 수 있다.

④ 전체 응답자 수는 120명이고, 그중 직업이 학생 또는 공무원인 응답자 수는 54명이다. 따라서 비율은 $\dfrac{54}{120}\times100=45\%$로 50% 미만이다.

⑤ 31 ~ 35세 응답자 중 1회 방문한 응답자 비율은 $\dfrac{3}{10}\times100=30\%$로, 26 ~ 30세 응답자 중 1회 방문한 응답자 비율인 $\dfrac{12}{50}\times100=24\%$보다 6%p 높다.

12 정답 ③

(A) : 전체 사업체 수$=53+94+1+6+3=157$

(B) : 업체당 평균매출액$=$(매출액)$\div$(사업체 수)$=373,853\div1=373,853$

(C) : 1인당 평균매출액$=$(매출액)$\div$(종사자 수)$=373,853\div295≒1,267$

13 정답 ④

- (전북지역 농가 수 감소율)$=\dfrac{235-100}{235}\times100\fallingdotseq57.4\%$

- (경남지역 농가 수 감소율)$=\dfrac{297-131}{297}\times100\fallingdotseq55.9\%$

따라서 농가 수 감소율은 경남지역보다 전북지역이 더 큼을 알 수 있다.

오답분석

① 첫 번째 자료를 통해 총가구 중 농가 비중은 지속적으로 감소함을 알 수 있다.

② $\dfrac{132}{1,088}\times100\fallingdotseq12.1\%$이므로 15% 미만이다.

③ 두 번째 자료를 통해 농가 수는 전국 모든 지역에서 감소함을 알 수 있다.

⑤ $(53-33)\div53\times100\fallingdotseq37.7\%$이므로 30% 이상 감소했다.

14 정답 ②

중국의 의료 빅데이터 예상 시장 규모의 전년 대비 성장률을 구하면 다음과 같다(단, 소수점 둘째 자리에서 반올림함).

(단위 : %)

구분	2015년	2016년	2017년	2018년	2019년	2020년	2021년	2022년	2023년	2024년
성장률	–	56.3	90.0	60.7	93.2	64.9	45.0	35.0	30.0	30.0

따라서 동일한 증감 추이를 보이며 수치가 바르게 제시된 ②의 그래프가 옳다.

오답분석

① 2024년의 증감률이 더 높게 제시되어 있다.

③ 2017년과 2023년의 증감률이 더 높게 제시되어 있다.

④ 2018년과 2021년의 증감률이 더 높게 제시되어 있다.

⑤ 2016년과 2022년, 2023년의 증감률이 다르게 제시되어 있다.

15 정답 ⑤

강수량의 증감 추이를 나타내면 다음과 같다.

1월	2월	3월	4월	5월	6월	7월	8월	9월	10월	11월	12월
–	증가	감소	증가	감소	증가	증가	감소	감소	감소	감소	증가

이와 동일한 추이를 보이는 그래프는 ⑤이다.

오답분석

① 증감 추이는 같지만 4월의 강수량이 50mm 이하로 표현되어 있다.

16 정답 ②

작업 시작	작업 성능	소요 시간	누적 처리량
오후 3시	초기화 작업	1시간	0TB
오후 4시	시간당 2TB	2시간	4TB
오후 6시	시간당 3TB	6시간	22TB
자정	시스템 점검	3시간	22TB
새벽 3시	시간당 3TB	6시간	40TB
오전 9시	시간당 2TB	5시간	50TB

17 정답 ⑤

첫 항은 220개이고 n시간$(n \geq 1)$ 경과할 때마다 2^{n-1}개가 증가한다.

n시간 경과했을 때의 세포 수를 a_n개라고 하면 $a_n = 220 + \sum_{k=1}^{n} 2^{k-1}$이고 $\sum_{k=1}^{n} 2^{k-1} = \frac{2^n - 1}{2 - 1} = 2^n - 1$이므로 $a_n = 220 + 2^n - 1$

$= 219 + 2^n$이다.

따라서 9시간 경과 후의 세포 수 a_9는 $219 + 2^9 = 731$개이다.

18 정답 ①

X조건에서 Z세균은 계차가 피보나치 수열로 번식한다.

구분	1일 차	2일 차	3일 차	4일 차	5일 차	6일 차	7일 차	8일 차	9일 차	10일 차
X조건에서의 Z세균	10	30	50	90	150	250	410	670	1,090	(A)
계차		20	20	40	60	100	160	260	420	680

따라서 (A)$=1,090 + 680 = 1,770$이다.

Y조건에서 Z세균은 전날의 2배로 번식한다.

구분	1일 차	2일 차	3일 차	4일 차	5일 차	6일 차	7일 차	8일 차	9일 차	10일 차
Y조건에서의 Z세균	1	1×2^1	1×2^2	1×2^3	1×2^4	1×2^5	1×2^6	1×2^7	1×2^8	(B)

따라서 (B)$=1 \times 2^9 = 512$이다.

19 정답 ⑤

3월의 개체 수는 1월과 2월의 개체 수를 합한 것과 같고, 4월의 개체 수는 2월과 3월의 개체 수를 합한 것과 같다. 즉, 물고기의 개체 수는 피보나치 수열로 증가하고 있다.

n을 월이라고 하고 A물고기의 개체 수를 a_n이라고 하자.

$a_1 = 1$, $a_2 = 1$, $a_n = a_{n-1} + a_{n-2}(n \geq 3)$

구분	1월	2월	3월	4월	5월	6월	7월	8월	9월	10월	11월	12월
개체 수	1	1	2	3	5	8	13	21	34	55	89	144

따라서 12월의 A물고기 수는 144마리이다.

20 정답 ②

A금붕어와 B금붕어가 팔리는 일을 n일이라고 하고, 남은 금붕어의 수를 각각 a_n, b_n이라고 하자.

A금붕어는 하루에 121마리씩 감소하고 있으므로 $a_n = 1,675 - 121(n-1) = 1,796 - 121n$이다.

$1,796 - 121 \times 10 = 1,796 - 1,210 = 586$이므로, 10일 차에 남은 A금붕어는 586마리이다.

B금붕어는 매일 3, 5, 9, 15, …마리씩 감소하고 있고, 계차의 차는 2, 4, 6, …이다.

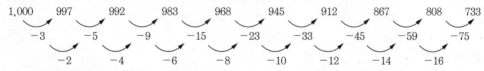

그러므로 10일 차에 남은 B금붕어는 733마리이다.

따라서 A금붕어는 586마리, B금붕어는 733마리가 남았다.

남을 이기는 방법 중 하나는 예의범절로 이기는 것이다.

－ 조쉬 빌링스 －

2일 차

객관식
정답 및 해설

CHAPTER 02 추리

01 명제추리

01	02	03	04	05	06	07	08	09	10
③	②	③	①	①	②	④	②	⑤	①

01 정답 ③

전제1의 대우는 '업무를 잘 못하는 어떤 사람은 자기관리를 잘하지 못한다.'이다.

전제1의 대우의 전건은 전제2의 후건 부분과 일치한다. 따라서 전제2의 전건과 전제1의 후건으로 구성된 '산만한 어떤 사람은 자기관리를 잘하지 못한다.'라는 결론이 도출된다.

02 정답 ②

'야근을 하는 사람'을 A, 'X분야의 업무를 하는 사람'을 B, 'Y분야의 업무를 하는 사람'을 C라고 하면, 전제1과 결론은 다음과 같은 벤 다이어그램으로 나타낼 수 있다.

전제1)   전제2)

이를 정리하면 다음과 같은 벤 다이어그램이 성립한다.

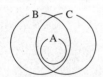

따라서 'Y분야의 업무를 하는 어떤 사람은 X분야의 업무를 한다.'라는 결론이 도출된다.

03 정답 ③

제시된 명제와 대우 명제는 다음과 같다.

명제	대우 명제
마케팅 팀 ○ → 기획 ○	기획 × → 마케팅 팀 ×
마케팅 팀 × → 영업 ×	영업 ○ → 마케팅 팀 ○
기획 × → 소통 ×	소통 ○ → 기획 ○

이를 정리하면 다음과 같다.
- 영업 ○ → 마케팅 팀 ○ → 기획 ○
- 기획 × → 마케팅 팀 × → 영업 ×

영업 역량을 가진 사원은 마케팅 팀이고, 마케팅 팀인 사원은 기획 역량이 있다.

따라서 '영업 역량을 가진 사원은 기획 역량이 있다.'라는 결론이 도출된다.

오답분석

① 마케팅 팀 사원의 영업 역량 유무는 주어진 명제만으로는 알 수 없다.
② 소통 역량이 있는 사원이 마케팅 팀인지의 여부는 주어진 명제만으로는 알 수 없다.
④ 기획 역량이 있는 사원이 소통 역량을 가지고 있는지의 여부는 주어진 명제만으로는 알 수 없다.
⑤ 영업 역량이 없으면 소통 역량이 없는지의 여부는 주어진 명제만으로는 알 수 없다.

04 정답 ①

'갈매기'를 p, '육식을 하는 새'를 q, '바닷가에 사는 새'를 r, '헤엄을 치는 새'를 s라고 하면, 전제1은 $p \to q$, 전제3은 $r \to p$, 결론은 $s \to q$이다. 따라서 $s \to r$이 빈칸에 들어가야 $s \to r \to p \to q$가 되어 결론인 $s \to q$가 성립된다. 참인 명제의 대우 역시 참이므로 빈칸에 들어갈 명제는 '바닷가에 살지 않는 새는 헤엄을 치지 않는다.'이다.

05 정답 ①

'아침에 운동을 한다.'를 A, '건강한 하루를 시작한 것'을 B, '일찍 일어났다.'를 C라고 하면, 전제1은 A → B, 결론은 ~B → ~C이다. 전제1의 대우가 ~B → ~A이므로 ~B → ~A → ~C가 성립하기 위한 전제2는 ~A → ~C나 C → A이다. 따라서 빈칸에 들어갈 명제로 적절한 것은 '일찍 일어나면 아침에 운동을 한다.'이다.

06 정답 ②

제시된 명제를 정리하면 다음과 같다.
- 키 : 원숭이>기린
- 몸무게 : 원숭이>기린>하마

따라서 원숭이가 가장 무겁다.

오답분석
① 원숭이와 하마와의 키 관계는 알 수 없다.
③・⑤ 기린과 하마와의 키 관계는 알 수 없다.
④ 하마는 기린보다 가볍다.

07 정답 ④

고등학생 중에는 축구를 좋아하는 사람도 있고, 축구를 좋아하는 사람 중에는 기자도 있다. 즉, 고등학생 중에는 기자도 있다. 이때, '중에는'은 '전부'가 될 수도 있으므로, '모든 고등학생은 기자일 수도 있다.'라는 결론이 도출된다.

08 정답 ②

'하루에 두 끼를 먹는 어떤 사람도 뚱뚱하지 않다.'를 다르게 표현하면 '하루에 두 끼를 먹는 사람은 뚱뚱하지 않다.'이다. 따라서 전제2와 연결하면 '아침을 먹는 모든 사람은 하루에 두 끼를 먹고, 하루에 두 끼를 먹는 사람은 뚱뚱하지 않다.'이므로 이를 정리하면 ②이다.

09 정답 ⑤

전제2의 대우 명제는 '제비가 낮게 날면 비가 온다.'이다. 따라서 ⑤가 결론이다.

10 정답 ①

'성공한 사업가는 존경받는다.'의 대우 명제는 '존경받지 못하면 성공한 사업가가 아니다.'이고, 전제2와 연결하면 '어떤 합리적인 사업가는 성공한 사업가가 아니다.'이다. 따라서 이를 정리하면 ①이다.

02 조건추리

01	02	03	04	05	06	07	08	09	10
④	②	④	②	②	④	⑤	②	①	③
11	12	13	14	15	16	17	18	19	20
⑤	③	⑤	②	③	④	⑤	①	②	③

01 정답 ④

먼저 세 번째・네 번째 조건에 따라 6명의 신입 사원을 부서별로 1명, 2명, 3명으로 나누어 배치한다. 이때 다섯 번째 조건에 따라 기획부에 3명, 구매부에 1명이 배치되므로 인사부에는 2명의 신입 사원이 배치된다. 또한 1명이 배치되는 구매부에는 마지막 조건에 따라 여자 신입 사원이 배치될 수 없으므로, 반드시 1명의 남자 신입 사원이 배치된다. 남은 5명의 신입 사원을 기획부와 인사부에 배치하는 방법은 다음과 같다.

구분	기획부(3명)	인사부(2명)	구매부(1명)
경우 1	남자 1명, 여자 2명	남자 2명	남자 1명
경우 2	남자 2명, 여자 1명	남자 1명, 여자 1명	

따라서 경우 1에서는 인사부에 남자 신입 사원만 배치되므로, '인사부에는 반드시 여자 신입 사원이 배치된다.'의 ④는 항상 거짓이다.

02 정답 ②

가장 최근에 입사한 사람이 D이므로 D의 이름은 가장 마지막인 다섯 번째에 적혔다. C와 D의 이름은 연달아 적히지 않았으므로 C의 이름은 네 번째에 적힐 수 없다. 또한 E는 C보다 먼저 입사하였으므로 E의 이름은 C의 이름보다 앞에 적는다. 그러므로 C의 이름은 첫 번째에 적히지 않았다. 이를 정리하면 다음과 같이 3가지 경우가 나온다.

구분	첫 번째	두 번째	세 번째	네 번째	다섯 번째
경우 1	E	C			D
경우 2	E		C		D
경우 3		E	C		D

여기서 경우 2와 경우 3은 A와 B의 이름이 연달아서 적혔다는 조건에 위배된다. 경우 1만 성립하므로 정리하면 다음과 같다.

구분	첫 번째	두 번째	세 번째	네 번째	다섯 번째
경우 1	E	C	A	B	D
경우 2	E	C	B	A	D

CHAPTER 02 추리 • 23

E의 이름은 첫 번째에 적혔으므로 E는 가장 먼저 입사하였다. 따라서 'B는 E보다 먼저 입사하였다.'의 ②는 항상 거짓이다.

① C의 이름은 두 번째로 적혔고, A의 이름은 세 번째나 네 번째에 적혔으므로 항상 옳다.
③ E의 이름은 첫 번째에 적혔고, C의 이름은 두 번째로 적혔으므로 항상 옳다.
④ A의 이름은 세 번째에 적히면 B의 이름은 네 번째에 적혔고, A의 이름이 네 번째에 적히면 B의 이름은 세 번째에 적혔다. 따라서 참일 수도, 거짓일 수도 있다.
⑤ B의 이름은 세 번째 또는 네 번째에 적혔고, C는 두 번째에 적혔으므로 항상 옳다.

03 정답 ④

다섯 번째와 여섯 번째 조건을 통해 실용성 영역과 효율성 영역에서는 모든 제품이 같은 등급을 받지 않았음을 알 수 있으므로 두 번째 조건에 나타난 영역은 내구성 영역이다.

구분	A	B	C	D	E
내구성	3	3	3	3	3
효율성			2	2	
실용성		3			

내구성과 효율성 영역에서 서로 다른 등급을 받은 C, D제품과 내구성 영역에서만 3등급을 받은 A제품, 1개의 영역에서만 2등급을 받은 E제품은 두 번째 조건에 나타난 제품에 해당하지 않으므로 결국 모든 영역에서 3등급을 받은 제품은 B제품임을 알 수 있다.
여섯 번째 조건에 따르면 효율성 영역에서 2등급을 받은 제품은 C, D제품뿐이므로 E제품은 실용성 영역에서 2등급을 받았음을 알 수 있다. 또한 A제품은 효율성 영역에서 2등급과 3등급을 받을 수 없으므로 1등급을 받았음을 알 수 있다.

구분	A	B	C	D	E
내구성	3	3	3	3	3
효율성	1	3	2	2	
실용성		3			2

이때, A와 C제품이 받은 등급의 총합은 서로 같으므로 결국 A와 C제품은 실용성 영역에서 각각 2등급과 1등급을 받았음을 알 수 있다.

구분	A	B	C	D	E
내구성	3	3	3	3	3
효율성	1	3	2	2	1 또는 3
실용성	2	3	1	1 또는 2	2
총합	6	9	6	6 또는 7	6 또는 8

따라서 D제품은 실용성 영역에서 1등급 또는 2등급을 받을 수 있으므로 반드시 거짓인 것은 ④이다.

04 정답 ②

제시된 조건을 정리하면 다음과 같다.

구분	A	B	C	D
꽃꽂이	×		○	
댄스	×	×	×	
축구			×	
농구		×	×	

A, B, C는 댄스 활동을 하지 않으므로 댄스 활동은 D의 취미임을 알 수 있다. 또한 B, C, D는 농구 활동을 하지 않으므로 A가 농구 활동을 취미로 한다는 것을 알 수 있다. 이를 정리하면 다음과 같다.

구분	A	B	C	D
꽃꽂이	×	×	○	×
댄스	×	×	×	○
축구	×	○	×	×
농구	○	×	×	×

① B는 축구 활동을 하는 것은 맞지만, D는 댄스 활동을 한다.
③ A는 농구 활동을, B는 축구 활동을 한다.
④ B는 축구 활동을 하며, D는 댄스 활동을 한다.
⑤ A는 농구 활동을 하며, D는 댄스 활동을 한다.

05 정답 ②

네 사람이 진실을 말하고 있으므로 거짓말을 하는 사람이 한 명만 발생하는 경우를 찾아내면 된다. 확실하게 순서를 파악할 수 있는 C, D, E의 증언대로 자리를 배치할 경우 A는 첫 번째, C는 두 번째, D는 세 번째로 줄을 서게 된다. 이후 A와 B의 증언대로 남은 자리에 배치할 경우 B의 증언에서 모순이 생기므로 B가 거짓말을 하는 것을 확인할 수 있다.

06 정답 ④

셔츠를 구입한 정을 기준으로 제시된 조건을 정리하면 다음과 같다.
• 정은 셔츠를 구입했으므로, 치마와 원피스를 입지 않는 을은 바지를 구입하게 된다.
• 갑은 셔츠와 치마를 입지 않으므로 을이 구입한 바지 대신 원피스를 고르게 된다.
• 병은 원피스, 바지, 셔츠 외에 남은 치마를 구입하게 된다.
따라서 갑은 원피스, 을은 바지, 병은 치마, 정은 셔츠를 구입하므로 정답은 ④이다.

07 정답 ⑤

직원 A~E 중 직원 C는 직원 E의 성과급이 늘었다고 하였고, 직원 D는 직원 E의 성과급이 줄었다고 하였으므로 직원 C와 D 중 1명은 거짓말을 하고 있다.
- 직원 C가 거짓말을 하고 있는 경우
  직원 B−A−D 순으로 성과급이 늘었고, 직원 E와 C는 성과급이 줄어들었다.
- 직원 D가 거짓말을 하고 있는 경우
  직원 B−A−D 순으로 성과급이 늘었고, 직원 C와 E도 성과급이 늘었지만, 순위는 알 수 없다.
따라서 어떤 경우이든 ⑤는 항상 참이다.

08 정답 ②

첫 번째 조건과 두 번째 조건에 따라 물리학과 학생은 흰색만 좋아하는 것을 알 수 있으며, 세 번째 조건과 네 번째 조건에 따라 지리학과 학생은 흰색과 빨간색만 좋아하는 것을 알 수 있다. 전공별로 좋아하는 색을 정리하면 다음과 같다.

경제학과	물리학과	통계학과	지리학과
검은색, 빨간색	흰색	빨간색	흰색, 빨간색

이때 검은색을 좋아하는 학과는 경제학과뿐이므로 C가 경제학과임을 알 수 있으며, 빨간색을 좋아하지 않는 학과는 물리학과뿐이므로 B가 물리학과임을 알 수 있다. 따라서 항상 참이 되는 것은 ②이다.

09 정답 ①

6명이 앉은 테이블은 빈자리가 없고, 4명이 앉은 테이블에만 빈자리가 있으므로 첫 번째·세 번째 조건에 따라 A, I, F는 4명이 앉은 테이블에 앉아 있음을 알 수 있다. 4명이 앉은 테이블에서 남은 자리는 1개뿐이므로, 두 번째·다섯 번째·여섯 번째 조건에 따라 C, D, G, H, J는 6명이 앉은 테이블에 앉아야 한다. 마주보고 앉는 H와 J를 6명이 앉은 테이블에 먼저 배치하면 G는 H의 왼쪽 또는 오른쪽 자리에 앉고, C와 D는 J를 사이에 두고 앉아야 한다. 이때 네 번째 조건에 따라 어떤 경우에도 E는 6명이 앉은 테이블에 앉을 수 없으므로, 4명이 앉은 테이블에 앉아야 한다. 따라서 4명이 앉은 테이블에는 A, E, F, I가, 6명이 앉은 테이블에는 B, C, D, G, H, J가 앉는다. 이를 정리하면 다음과 같다.

- 4명이 앉은 테이블 : A와 I 사이에 빈자리가 하나 있고, F는 양 옆 중 오른쪽 자리만 비어 있다. 그러므로 다음과 같이 4가지 경우의 수가 발생한다.

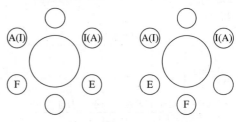

- 6명이 앉은 테이블 : H와 J가 마주본 상태에서 G가 H의 왼쪽 또는 오른쪽 자리에 앉고, C와 D는 J를 사이에 두고 앉는다. 그러므로 다음과 같이 4가지 경우의 수가 발생한다.

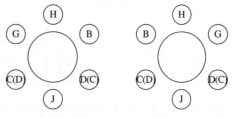

따라서 어떤 경우에도 A와 B는 다른 테이블이므로, ①은 항상 거짓이다.

10 정답 ③

홍차를 주문한 사람은 2명이었으나, 주문 결과 홍차가 1잔이 나왔으므로 홍차의 주문이 잘못된 것임을 알 수 있다. 즉, E는 본래 홍차를 주문하였으나, 직원의 실수로 딸기주스를 받았다. 또한 커피는 총 2잔이 나왔으므로 D는 녹차가 아닌 커피를 주문한 것임을 알 수 있다. A~E의 주문 내용을 정리하면 다음과 같다.

A	B	C	D	E
홍차	커피	녹차	커피	홍차 (딸기주스로 주문됨)

따라서 녹차를 주문한 사람은 C이다.

11 정답 ⑤

모든 조건을 조합하면 다음과 같이 2가지 경우의 수가 있음을 알 수 있다.

경우 1)

영업2팀

	김팀장					

벽	강팀장	이대리	유사원	김사원	박사원	이사원	복도

영업1팀

경우 2)

영업2팀

	김팀장					

벽	강팀장	이대리	김사원	박사원	이사원	유사원	복도

영업1팀

2가지 경우 모두 강팀장과 이대리의 자리는 항상 인접하므로 항상 옳은 것은 ⑤이다.

오답분석

① 유사원과 이대리의 자리는 인접할 수도, 그렇지 않을 수도 있다.
② 박사원의 자리는 유사원의 자리보다 왼쪽에 있을 수도, 그렇지 않을 수도 있다.
③ 이사원의 자리는 복도 옆에 위치할 수도, 그렇지 않을 수도 있다.
④ 김사원과 유사원의 자리는 인접할 수도, 그렇지 않을 수도 있다.

12 정답 ③

B는 파란색 모자를 쓰지 않았고, C는 파란색 모자를 보고 있는 입장이므로 파란색 모자를 쓸 수 있는 사람은 A뿐이다. 조건에 따라 나올 수 있는 경우는 다음과 같다.

ⅰ) B(노란색) – A(파란색) – C(빨간색)
ⅱ) B(빨간색) – A(파란색) – C(노란색)
ⅲ) A(파란색) – C(노란색) – B(빨간색)
ⅳ) A(파란색) – C(빨간색) – B(노란색)

따라서 그 어떤 경우에도 B는 노란색 모자를 쓰고 두 번째에 서 있을 수 없다.

13 정답 ⑤

세 가지 조건을 종합해 보면 A상자에는 테니스공과 축구공이, B상자에는 럭비공이, C상자에는 야구공이 들어가게 됨을 알 수 있다. 따라서 B상자에는 럭비공과 배구공 또는 럭비공과 농구공이 들어갈 수 있으며, C상자에는 야구공과 배구공 또는 야구공과 농구공이 들어갈 수 있다. 따라서 럭비공은 배구공과 같은 상자에 들어갈 수도 있고 아닐 수도 있다.

오답분석

① 농구공을 C상자에 넣으면 배구공이 들어갈 수 있는 상자는 B밖에 남지 않게 된다.
② 세 가지 조건을 종합해 보면 테니스공과 축구공이 들어갈 수 있는 상자는 A상자밖에 남지 않음을 알 수 있다.
③ A상자는 이미 꽉 찼고 남은 상자는 B상자와 C상자인데, 이 두 상자에도 각각 공이 하나씩 들어가 있으므로 배구공과 농구공은 각각 두 상자에 나누어져 들어가야 한다. 따라서 두 공은 같은 상자에 들어갈 수 없다.
④ B상자에 배구공을 넣으면 농구공을 넣을 수 있는 상자는 C상자밖에 남지 않게 된다. 따라서 농구공과 야구공은 함께 C상자에 들어가게 된다.

14 정답 ②

조건에 따르면 A는 3반 담임이 되고, E는 2반 또는 4반, B는 1반 또는 5반의 담임이 된다. 따라서 B가 5반을 맡을 경우 C는 1반, 2반, 4반 중 하나를 맡게 되므로 반드시 1반을 맡는다고는 할 수 없다.

오답분석

① C가 2반을 맡으면 E는 4반을 맡고 D는 1반 또는 5반을 맡는다.
③ 조건에서 E는 A의 옆 반 담임을 맡는다고 하였으므로 2반 또는 4반을 맡는다.
④ 조건에서 B는 양 끝에 위치한 반 중 하나의 담임을 맡는다고 하였으므로 B는 양 끝 반인 1반 또는 5반을 맡는다.
⑤ 1반을 B가, 2반을 E가 맡으면 A는 3반을 맡으므로 남은 4, 5반은 C, D가 맡는다. 따라서 이 경우 C는 D의 옆 반이다.

15 정답 ③

우선 세 번째 조건에 따라 '윤지 – 영민 – 순영'의 순서가 되는데, 첫 번째 조건에서 윤지는 가장 먼저 출장을 가지 않는다고 하였으므로 윤지 앞에는 먼저 출장 가는 사람이 있어야 한다. 따라서 '재철 – 윤지 – 영민 – 순영'의 순서가 되고, 마지막으로 출장 가는 순영의 출장지는 미국이 된다. 또한 재철은 영국이나 프랑스로 출장을 가야하는데, 영국과 프랑스는 연달아 갈 수 없으므로 두 번째 출장지는 일본이며, 첫 번째와 세 번째 출장지는 영국 또는 프랑스로 재철과 영민이 가게 된다. 이를 정리하면 다음과 같다.

구분	첫 번째	두 번째	세 번째	네 번째
출장 가는 사람	재철	윤지	영민	순영
출장 가는 나라	영국 또는 프랑스	일본	영국 또는 프랑스	미국

따라서 항상 참인 것은 ③이다.

오답분석

① 윤지는 일본으로 출장을 간다.
② 재철은 영국으로 출장을 갈 수도, 프랑스로 출장을 갈 수도 있다.
④ 순영은 네 번째로 출장을 간다.
⑤ 윤지와 순영의 출장 순서는 두 번째와 네 번째로, 연이어 출장을 가지 않는다.

16 정답 ④

A는 엘리베이터보다 계단이 더 가까운 곳에 살고 있으므로 1001호나 1002호에 살고 있다. C와 D는 계단보다 엘리베이터에 더 가까운 곳에 살고 있다고 하였으므로 1003호와 1004호에 살고 있다. D는 A 바로 옆에 살고 있으므로, D는 1003호에 살고 있고, A는 1002호에 살고 있음을 알 수 있다. 이를 정리하면 다음과 같다.

계단	1001호	1002호	1003호	1004호	엘리베이터
	B	A	D	C	

따라서 B가 살고 있는 곳에서 엘리베이터 쪽으로는 3명이 살고 있으므로 ④는 옳지 않다.

17 정답 ⑤

주스를 좋아하는 사람은 우유를 좋아하지 않으므로 대우 법칙을 생각했을 때, 우유를 좋아하는 사람은 주스를 좋아하지 않는다. 주스를 좋아하지 않는 사람은 치즈를 좋아한다고 했으므로 빵을 좋아하는 사람은 우유를 좋아하고, 우유를 좋아하는 사람은 주스를 좋아하지 않으며, 주스를 좋아하지 않는 사람은 치즈를 좋아한다. 따라서 빵을 좋아하는 사람은 치즈를 좋아한다.

18 정답 ①

진실게임 문제의 경우 가정할 범위를 가능한 한 좁혀야 한다. 조건 중 A ~ D의 주장은 각각 1명씩을 범인으로 지목하기 때문에 이들 중 1명을 진실 혹은 거짓으로 가정한다고 하더라도, 다른 주장과 모순되는 경우가 발생한다. 반면, E의 주장은 2명이 범인이 아니라고 주장하므로, E의 주장을 참이라고 가정하면 A, B의 주장과 일치하므로 C와 D가 범인임을 알 수 있다.

19 정답 ②

세 번째 · 네 번째 조건에 의해 E와 D는 2층과 7층 또는 3층과 8층에 근무해야 한다. 그러나 E와 D가 3층과 8층에 근무를 하게 되면 마지막 조건을 만족할 수 없다. 그러므로 E와 D는 2층과 7층에 근무해야 한다. 또한 두 번째 조건에 의해 E가 7층에 근무할 수 없으므로 D가 7층, E가 2층에 근무한다. 이를 만족하는 경우를 나타내면 다음과 같다.

구분	경우 1	경우 2	경우 3	경우 4
8층	F	B	F	B
7층	D	D	D	D
6층	G	G	G	G
5층	C	C	A	A
4층	H	H	H	H
3층	A	A	C	C
2층	E	E	E	E
1층	B	F	B	F

경우 2와 경우 4는 두 번째 조건을 만족하지 않으므로 가능한 경우는 경우 1과 경우 3이고, 두 경우 모두 F가 A보다 높은 곳에 있다. 따라서 ②는 반드시 거짓이다.

20 정답 ③

B의 발언이 참이라면 C가 범인이고 F도 참이 된다. F는 C 또는 E가 범인이라고 했으므로 C가 범인이라면 E는 범인이 아니고, E의 발언 역시 참이 되어야 한다. 하지만 E의 발언이 참이라면 F가 범인이어야 하므로 모순이다. 따라서 B의 발언이 거짓이며, C 또는 E가 범인이라는 F 역시 범인임을 알 수 있다.

03 어휘추리

01	02	03	04	05	06	07	08	09	10
④	②	②	⑤	④	④	③	⑤	⑤	②
11	12	13	14	15	16	17	18	19	20
②	①	④	①	④	④	④	④	④	③
21	22	23	24	25	26	27	28	29	30
④	④	④	②	①	⑤	②	⑤	②	①
31	32	33	34	35					
③	①	②	①	②					

01 정답 ④

제시된 단어는 유의 관계이다. '통지'의 유의어는 '통보'이고, '명령'의 유의어는 '지시'이다.

오답분석
① 부하 : 직책상 자기보다 더 낮은 자리에 있는 사람
② 명상 : 고요히 눈을 감고 깊이 생각함. 또는 그런 생각
③ 보고 : 일에 관한 내용이나 결과를 말이나 글로 알림
⑤ 명암 : 밝음과 어두움을 통틀어 이르는 말

02 정답 ②

'타짜꾼'은 '노름'을 하는 것을 업으로 삼는 사람이고, '갖바치'는 '가죽신'을 만드는 일을 업으로 삼는 사람이다.

오답분석
① 마름 : 지주를 대리하여 소작권을 관리하는 사람
③ 쇠재비 : 풍물놀이에서 꽹과리, 징을 맡는 사람
④ 모도리 : 빈틈없이 야무진 사람
⑤ 대장공 : 대장장

03 정답 ②

'침착하다'는 '행동이 들뜨지 아니하고 차분하다.'라는 뜻으로 '말이나 행동이 조심성 없이 가볍다.'라는 뜻인 '경솔하다'와 반의 관계이다. 따라서 '곱고 가늘다.'라는 뜻을 가진 '섬세하다'와 반의 관계인 단어는 '거칠고 나쁘다.'라는 뜻인 '조악하다'이다.

오답분석
① 찬찬하다 : 동작이나 태도가 급하지 않고 느릿하다.
③ 감분(感憤)하다 : 마음속 깊이 분함을 느끼다.
④ 치밀하다 : 자세하고 꼼꼼하다.
⑤ 신중하다 : 매우 조심스럽다.

04 정답 ⑤

'겨냥하다'는 '목표물을 겨누다.'라는 뜻으로 '목표나 기준에 맞고 안 맞음을 헤아려 보다.'라는 뜻인 '가늠하다'와 유의 관계이다. 따라서 '기초나 터전 따위를 굳고 튼튼하게 하다.'라는 뜻을 가진 '다지다'와 유의 관계인 단어는 '세력이나 힘을 더 강하고 튼튼하게 하다.'라는 뜻인 '강화하다'이다.

오답분석
① 진거하다 : 앞으로 나아가다.
② 겉잡다 : 겉으로 보고 대강 짐작하여 헤아리다.
③ 요량하다 : 앞일을 잘 헤아려 생각하다.
④ 약화하다 : 세력이나 힘이 약해지다.

05 정답 ④

'후세'는 '다음 세상에 오는 세상 또는 다음 세대의 사람들'이라는 뜻으로 '지나간 해'라는 뜻의 '왕년'과 반의 관계이다. 따라서 '필요한 양이나 기준에 미치지 못해 충분하지 아니함'을 뜻하는 '부족'의 반의 관계인 단어는 '아주 넉넉히'라는 뜻의 '십분'이다.

오답분석
① 조상 : 돌아간 어버이 위로 대대의 어른
② 종족 : 같은 종류의 생물 전체를 이르는 말
③ 결핍 : 있어야 할 것이 없어지거나 모자람
⑤ 일반 : 전체에 두루 해당되는 것. 또는 특별하지 아니하고 평범한 수준

06 정답 ④

제시된 단어는 유의 관계로, '고집'은 '집념'의 유의어이고 '가을'은 '추계'의 유의어이다.

오답분석
① 겨울 : 한 해의 네 철 가운데 넷째 철. 가을과 봄 사이
② 낙엽 : 나뭇잎이 떨어짐. 대개 고등 식물의 잎이 말라서 떨어지는 현상
③ 계절 : 규칙적으로 되풀이되는 자연 현상에 따라서 일 년을 구분한 것
⑤ 동지 : 이십사절기의 하나. 대설(大雪)과 소한(小寒) 사이에 들며 태양이 동지점을 통과하는 때

07 정답 ③

제시된 단어는 유의 관계로, '만족하다'의 유의어는 '탐탁하다'이다.

오답분석
① 번잡하다 : 번거롭게 뒤섞여 어수선하다.
② 부족하다 : 필요한 양이나 기존에 미치지 못해 충분하지 아니하다.

④ 모자라다 : 기준이 되는 양이나 정도에 미치지 못하다.
⑤ 듬직하다 : 사람됨이 믿음성 있게 묵직하다.

08　정답　⑤

'초췌하다'와 '수척하다'는 각각 '병, 근심, 고생 따위로 얼굴이나 몸이 여위고 파리하다.'와 '몸이 몹시 야위고 마른 듯하다.'라는 뜻의 유의 관계이다. 따라서 빈칸에는 '능력이나 품성 따위를 길러 쌓거나 갖춤'이란 뜻의 '함양'과 유의 관계인 '길러 자라게 함'이란 뜻의 '육성'이 오는 것이 적절하다.

오답분석
① 집합 : 사람들을 한곳으로 모으거나 모임
② 활용 : 충분히 잘 이용함
③ 결실 : 일의 결과가 잘 맺어짐
④ 도출 : 어떤 생각이나 결론, 반응 따위를 이끌어냄

09　정답　⑤

'응분'은 '어떤 정도나 분수에 맞음'을 의미하며, '분수에 넘침'을 의미하는 '과분'과 반의 관계이다. '겸양하다'는 '겸손한 태도로 양보하거나 사양하다.'라는 의미로, '잘난 체하다.'라는 의미의 '젠체하다'와 반의 관계이다.

오답분석
① 강직하다 : 마음이 꼿꼿하고 곧다.
② 너그럽다 : 마음이 넓고 아량이 있다.
③ 쩨쩨하다 : 사람이 잘고 인색하다.
④ 겸손하다 : 남을 존중하고 자기를 내세우지 않는 태도가 있다.

10　정답　②

제시된 단어는 반의 관계로, '독점'의 반의어는 '공유'이고 '창조'의 반의어는 '모방'이다.

오답분석
① 앙심(怏心) : 원한을 품고 앙갚음하려고 벼르는 마음
③ 연상(聯想) : 하나의 관념이 다른 관념을 불러일으키는 현상
④ 발명(發明) : 아직까지 없던 기술이나 물건을 새로 생각하여 만들어 냄
⑤ 창의(創意) : 새로운 의견을 생각하여 냄

11　정답　②

사자성어와 사자성어에 등장하는 동물의 관계이다. 용호상박(龍虎相搏)은 '용과 호랑이가 서로 싸운다.'는 뜻이고, 토사구팽(兎死狗烹)은 '토끼를 잡으면 사냥하던 개는 쓸모가 없어져 삶아 먹는다.'는 뜻이다.

12　정답　①

사자성어와 사자성어에 포함된 색깔의 관계이다. 동가홍상(同價紅裳)은 '같은 값이면 붉은 치마'라는 뜻으로 붉을 홍(紅)자가 포함되고, 청렴결백(淸廉潔白)은 '마음이 맑고 깨끗하여 욕심이 없음'이라는 뜻으로 흰 백(白)자가 포함된다.

오답분석
② 청렴결백(淸廉潔白)의 청(淸)은 '맑을 청'으로, '푸를 청(靑)'과는 다르다.

13　정답　③

제시된 단어의 관계는 반의 관계이다. '호황'은 '경기가 좋음 또는 그런 상황'이란 뜻으로, '불황'의 반의어이다.

오답분석
① 호재 : 좋은 재료, (경제) 증권 거래에서 시세 상승의 요인이 되는 조건

14　정답　①

'수필'은 '문학'에 포함되는 개념이고, '포유류'에 포함되는 개념은 '박쥐'이다.

오답분석
② 펭귄 : 조류에 해당한다.
③ 도마뱀 : 파충류에 해당한다.
④ 상어 : 어류에 해당한다.
⑤ 개구리 : 양서류에 해당한다.

15　정답　④

'고매하다'는 '인격이나 품성, 학식, 재질 등이 높고 빼어나다.'라는 뜻이고, '고결하다'는 '성품이 고상하고 순결하다.'라는 의미로 두 단어는 서로의 유의 관계이다. 그리고 '곱다'에는 '가루나 알갱이 따위가 아주 잘다.'라는 뜻이 있으며, 이는 '아주 곱고 촘촘하다.'는 의미의 '치밀하다'와 유의 관계이다.

오답분석
① 추하다 : 옷차림이나 언행 따위가 지저분하고 더럽다.
② 밉다 : 모양, 생김새, 행동거지 따위가 마음에 들지 않거나 눈에 거슬리는 느낌이 있다.
③ 거칠다 : 일을 하는 태도나 솜씨가 찬찬하거나 야무지지 못하다.
⑤ 조악(粗惡)하다 : 거칠고 나쁘다.

16 정답 ④

'만족'과 '흡족'은 '모자란 것 없이 충분하고 넉넉함'을 뜻하는 단어로, 동의 관계이다. 따라서 '요구되는 기준이나 양에 미치지 못해 충분하지 않음'을 뜻하는 '부족'의 동의어로는 '있어야 하는 것이 모자라거나 없음'을 뜻하는 '결핍'이 적절하다.

오답분석

① 미미 : 보잘것없이 매우 작음
② 곤궁 : 가난하여 살림이 구차하고 딱함
③ 궁핍 : 몹시 가난함
⑤ 가난 : 살림살이가 부족함

17 정답 ④

'가로등'의 원동력은 '전기'이고, '증기기관'의 원동력은 '수증기'이다.

18 정답 ②

'높새바람'과 '하늬바람'은 둘 다 바람의 일종으로 '바람'이라는 단어가 생략된 채 제시되었다. '여우비'는 맑은 날 잠깐 내리는 비이며, '이슬비'는 아주 가늘게 내리는 비를 뜻한다.

19 정답 ④

'중요'는 '귀중하고 요긴함'의 뜻으로, '요긴'과 유의 관계이다. '특성'은 '일정한 사물에만 있는 특수한 성질'이라는 의미로 '특별한 기질이나 성질'이라는 의미의 '특질'과 유의 관계이다.

오답분석

① 성질 : 사람이 지닌 마음의 본바탕
② 특별 : 보통과 구별되게 다름
③ 특이 : 보통 것이나 보통 상태에 비하여 두드러지게 다름
⑤ 특수 : 특별히 다른 것

20 정답 ③

'세입'은 '국가나 지방 자치 단체의 한 회계 연도에 있어서의 모든 수입'이라는 뜻으로, '세출'과 반의 관계이다. '할인'은 '일정한 값에서 얼마를 뺌'이라는 의미로 '일정한 값에 얼마를 더함'이라는 의미의 '할증'과 반의 관계이다.

오답분석

① 상승 : 낮은 데서 위로 올라감
② 인상 : 물건값, 봉급 등을 올림
④ 감소 : 양이나 수치가 줆. 또는 양이나 수치를 줄임
⑤ 인하 : 물건 따위를 끌어내림

21 정답 ④

④는 유의 관계이며, 나머지 단어는 반의 관계이다.
• 유지(維持) : 어떤 상태나 상황을 그대로 보존하거나 변함 없이 계속하여 지탱함
• 부지(扶持 / 扶支) : 상당히 어렵게 보존하거나 유지하여 나감

오답분석

① • 황혼 : 해가 지고 어스름해질 때. 또는 그때의 어스름한 빛
    • 여명 : 희미하게 날이 밝아 오는 빛. 또는 그런 무렵
② • 유별 : 여느 것과 두드러지게 다름
    • 보통 : 특별하지 아니하고 흔히 볼 수 있음
③ • 낭설 : 터무니없는 헛소문
    • 진실 : 거짓이 없는 사실
⑤ • 서막 : 일의 시작이나 발단
    • 결말 : 어떤 일이 마무리되는 끝

22 정답 ②

②는 반의 관계이며, 나머지 단어는 유의 관계이다.
• 엄정(嚴正) : 엄격하고 바름
• 해이 : 긴장이나 규율 따위가 풀려 마음이 느슨함

23 정답 ④

④는 유의 관계이며, 나머지 단어는 반의 관계이다.
• 판이하다 : 비교 대상의 성질이나 모양, 상태 따위가 아주 다르다.
• 다르다 : 비교가 되는 두 대상이 서로 같지 아니하다.

오답분석

① • 득의 : 일이 뜻대로 이루어져 만족해하거나 뽐냄
    • 실의 : 뜻이나 의욕을 잃음
② • 엎어지다 : 서 있는 사람이나 물체 따위가 앞으로 넘어지다.
    • 자빠지다 : 뒤로 또는 옆으로 넘어지다.
③ • 화해 : 싸움하던 것을 멈추고 서로 가지고 있던 안 좋은 감정들을 풀어 없앰
    • 결렬 : 교섭이나 회의 따위에서 의견이 합쳐지지 않아 각각 갈라서게 됨
⑤ • 고상(高尙) : 품위나 몸가짐이 속되지 아니하고 훌륭함
    • 저열 : 품격이 낮고 보잘것없는 특성이나 성질

24 정답 ②

'오디'는 뽕나무의 열매이고, '뽕잎'은 뽕나무의 잎이다.

오답분석

① · ③ · ④ · ⑤ 재료와 가공품의 관계이다.
• 견사(絹絲) : 깁이나 비단을 짜는 명주실

25 정답 ①

①은 반의 관계이며, 나머지 단어는 유의 관계이다.
• 괄시(恝視) : 업신여겨 하찮게 대함
• 후대(厚待) : 아주 잘 대접함

26 정답 ⑤

'돈'은 '지갑' 안에 들어있는 내용물이지, 지갑의 재료는 아니다.

오답분석

①·②·③·④ 재료 – 결과물의 관계이다.

27 정답 ②

'다독 – 정독'을 제외한 나머지 단어는 모두 유의 관계이다.
• 다독(多讀) : 많이 읽음
• 정독(精讀) : 뜻을 새기며 자세히 읽음

오답분석

④ 파견(派遣) – 파송(派送) : 일정한 업무를 주고 사람을 보냄
⑤ 우수리 : 물건 값을 제하고 거슬러 받는 잔돈

28 정답 ②

직업 – 도구 – 결과물의 관계이다.
대장장이는 망치나 가위 등으로 철이나 구리 같은 금속을 담금질하여 연장 또는 기구를 만드는 장인으로, 광물은 그 결과물이 아니다.

29 정답 ⑤

오답분석

①·②·③·④ 대등 관계이다.

30 정답 ①

오답분석

②·③·④·⑤ 목적어 – 서술어 관계이다.

31 정답 ③

오답분석

①·②·④·⑤ 제작자 – 제품 – 사용자 관계이다.

32 정답 ①

오답분석

②·③·④·⑤ 서비스 공급자 – 서비스 수요자 관계이다.

33 정답 ②

목적어 – 서술어 관계이다.

오답분석

①·③·④·⑤ 주어 – 서술어 관계이나.

34 정답 ①

오답분석

②·③·④·⑤ 유의 관계이다.

35 정답 ②

태양을 기준으로 거리가 멀어지는 순서대로 나열한 것이다.

오답분석

①·③·④·⑤ 시간이 지남에 따라 발생하는 것을 나열한 것이다.

01	02	03	04	05	06	07	08	09	10
①	①	①	④	④	②	④	③	⑤	③

01 정답 ①

규칙은 가로로 적용된다.
두 번째는 첫 번째 도형을 시계 반대 방향으로 120° 회전시킨 도형이다.
세 번째는 두 번째 도형을 시계 방향으로 60° 회전시킨 도형이다.

02 정답 ①

규칙은 세로로 적용된다.
두 번째는 첫 번째 도형을 시계 방향으로 90° 돌린 도형이다.
세 번째는 두 번째 도형을 좌우 반전시킨 도형이다.

03 정답 ①

규칙은 가로로 적용된다.
두 번째는 첫 번째 도형을 좌우 대칭하여 합친 도형이다.
세 번째는 두 번째 도형을 시계 방향으로 90° 돌린 도형이다.

04 정답 ④

규칙은 가로로 적용된다.
첫 번째 도형의 색칠된 부분과 두 번째 도형의 색칠된 부분이 겹치는 부분을 색칠한 도형이 세 번째 도형이 된다.

05 정답 ④

규칙은 세로로 적용된다.
첫 번째 도형과 두 번째 도형의 색칠된 부분을 모두 색칠하면 세 번째 도형이 된다.

06 정답 ②

규칙은 가로로 적용된다.
첫 번째 도형과 세 번째 도형을 합쳤을 때 두 번째 도형이 되는데, 겹치는 칸이 모두 색칠되어 있거나 색칠되어 있지 않은 경우 그 칸의 색은 비워두고, 색칠된 칸과 색칠되지 않은 칸이 겹칠 경우 색칠하여 완성한다.

07 정답 ④

원 안의 흰색 도형은 시계 반대 방향으로 90°씩 회전하면서 이동하고, 원 안의 검은색 도형은 시계 방향으로 90°씩 회전하면서 이동한다.

08 정답 ③

큰 사각형 안의 작은 사각형은 45° 회전하고, 검은 삼각형은 시계 반대 방향으로 90° 회전한다.
흰색 원은 큰 사각형 중심을 기준으로 시계 방향으로 이동한다.

09 정답 ⑤

사각형 안의 삼각형은 시계 반대 방향으로 90° 회전한다.
사각형 안의 반원은 시계 방향으로 90° 회전하고 색상은 흰색 → 검은색 → 회색 순서로 순환한다.

10 정답 ③

선분은 시계 방향으로 45° 회전하고 색 반전한다.
원의 색은 회색 → 검은색 → 흰색 순서로 순환한다.
사각형의 색은 검은색 → 회색 → 흰색 순서로 순환한다.

05 도식추리

01	02	03	04	05	06	07	08	09	10
①	④	⑤	①	①	④	⑤	④	①	②
11	12	13	14	15	16	17	18	19	20
①	④	③	③	④	⑤	④	①	③	③
21	22								
④	③								

01 정답 ①

▼ : 1234 → 4321
△ : −1, +1, −1, +1
● : 0, −1, 0, −1
□ : 1234 → 1324

ㅅㄴㄹㅁ → ㅁㄹㄴㅅ → ㅁㄴㄹㅅ
           ▼   □

02 정답 ④

isog → irof → hsng
    ●   △

03 정답 ⑤

wnfy → yfnw → yenv
    ▼   ●

04 정답 ①

ㅈㄹㅋㄷ → ㅈㅋㄹㄷ → ㅇㅌㄷㄹ
      □   △

05 정답 ①

● : 1234 → 4231
■ : 각 자릿수에 +1, −2, +3, −4
▲ : 각 자릿수에 +1, −2, +2, −1

GHKT → HFNP → PFNH
      ■   ●

06 정답 ④

5454 → 6273 → 3276
    ▲   ●

07 정답 ⑤

76ㄱI → 84ㄷH → 92ㅂD
    ▲   ■

08 정답 ④

■ : 1234 → 3412
◎ : 각 자릿수에 +1, +2, +3, +4
▲ : 각 자릿수에 −1, −2, −1, −2
◇ : 1234 → 4321

2Uㅓㅋ → ㅋㅓU2 → ㅊㅏT0
      ◇   ▲

09 정답 ①

ㅂ5ㄴ6 → ㄴ6ㅂ5 → ㄷ8ㅈ9
     ■   ◎

10 정답 ②

4ㅜDH → 3ㄴCF → FCㅗ3 → GEㅠ7
     ▲   ◇   ◎

11 정답 ①

○ : 1234 → 2341
□ : 각 자릿수 +2, +2, +2, +2
☆ : 1234 → 4321
△ : 각 자릿수 −1, +1, −1, +1

JLMP → LMPJ → NORL
      ○   □

12 정답 ④

DRFT → FTHV → VHTF
      □   ☆

13 정답 ③

8TK1 → 7UJ2 → UJ27
     △   ○

14 정답 ③

○ : 각 자릿수 +1, −2, +1, −2
◈ : 각 자릿수마다 +2
▼ : 1234 → 2143
■ : 1234 → 3412

5ㅂ2ㅌ → ㅂ5ㅌ2 → ㅅ3ㅍ0
      ▼   ○

15 정답 ④

ㄴㅅㅌㅈ → NㅈGㅋ → GㅋNㅈ
      ◈   ■

16 정답 ⑤

ㄱBㄷV → ㄷVㄱB → ㄹTㄴZ
     ■   ○

17 정답 ④

□ : 1234 → 4231
△ : 각 자릿수 +1, −1, +1, −1
☆ : 각 자릿수 −1, −2, −3, −4
○ : 각 자릿수 +1, 0, 0, +1

LIKE → MIKF → FIKM
   ○   □

18 정답 ①

7288 → 8287 → 7053
    □   ☆

19 정답 ③

MJㅊㅍ → LHㅅㅈ → MHㅅㅊ
   ☆   ○

20 정답 ③

♡ : 1234 → 3412
△ : 1234 → 4321
□ : 각 자릿수 +1, −1, +1, −1

ㄱㅌWN → ㄴㅋXM → XMㄴㅋ
     □   ♡

21 정답 ④

IUㄹㅅ → ㅅㄹUI → UIㅅㄹ
   △   ♡

22 정답 ③

ㅎBㄱG → ㄱAㄴF → FㄴAㄱ
     □   △

06 독해추론

01	02	03	04	05	06	07	08	09	10
⑤	③	④	②	⑤	③	②	⑤	③	⑤

01 정답 ⑤

저맥락 문화는 멤버 간에 공유하고 있는 맥락의 비율이 낮고 개인주의와 다양성이 발달했다. 미국은 이러한 저맥락 문화의 대표 국가로 선악의 확실한 구분, 수많은 말풍선을 사용한 스토리 전개 등이 특징이다. 다채로운 성격의 캐릭터 등장은 일본 만화의 특징이다.

02 정답 ③

오골계는 살과 가죽, 뼈 등이 검은 것 외에도 일반 닭에 비해 발가락 수가 5개로 하나 더 많기 때문에 일반 닭과 큰 차이가 없다고 보기는 어렵다.

오답분석

① 검은색 털을 지닌 오계와 달리 오골계는 흰색이나 붉은 갈색의 털을 지니고 있어 털의 색으로도 구분이 가능하다.
② 손질된 오골계와 오계 고기는 살과 가죽, 뼈가 모두 검정이기 때문에 구분이 쉽지 않을 것이다.
④ 오계의 병아리는 일반 병아리와 달리 털이 검은색이며 발가락 수가 다르기 때문에 구분하기가 쉽다고 할 수 있다.
⑤ 오계는 야생성이 강하고 사육기간이 길어 기르는 것이 쉽지 않은 데다 동의보감에서 약효와 쓰임새가 기록되어 있는 것을 통해 식재보다는 약용으로 더 많이 쓰였을 것으로 짐작할 수 있다.

03 정답 ④

제시문에서는 비타민D의 결핍으로 인해 발생하는 건강문제를 근거로 신체를 태양빛에 노출하여 건강을 유지해야 한다고 주장하고 있다. 따라서 태양빛에 노출되지 않고도 정상적인 비타민D 생성이 가능하다는 근거인 ④가 있다면 제시문에 대한 반박이 된다.

오답분석

① 태양빛에 노출될 경우 피부암 등의 질환이 발생하는 것은 사실이나, 이것이 비타민D의 결핍을 해결하는 또 다른 방법을 제시하거나 제시문에서 주장하는 내용을 반박하고 있지는 않다.
② 비타민D는 칼슘과 인의 흡수 외에도 흉선에서 면역세포를 생산하는 작용에 관여하고 있다. 따라서 칼슘과 인의 주기적인 섭취만으로는 문제를 해결할 수 없으며, 제시문에 대한 반박이 되지 못한다.

③ 제시문에서는 비타민D 보충제에 대해 언급하고 있지 않다. 따라서 비타민D 보충제가 태양빛 노출을 대체할 수 있을지 판단하기 어렵다.
⑤ 제시문에서는 자외선 차단제를 사용했을 때 중파장 자외선이 어떻게 작용하는지 언급하고 있지 않다. 또한 자외선 차단제를 사용한다는 사실이 태양빛에 노출되어야 한다는 제시문의 주장을 반박한다고는 보기 어렵다.

> 글에 대한 논리적인 반박은 그 글의 중심 주장이 성립할 수 없다는 것을 증명하는 것이다. 따라서 제시문의 주장이 성립할 수 없다는 근거를 제시해야 한다.

04 정답 ②

제시문의 중심 주장은 '아마란스를 쌀 대신 대량으로 재배해야 한다.'이고, ②는 아마란스를 쌀 대신 대량으로 재배할 수 없다는 근거가 되므로, 제시문에 대한 반박이 된다.

오답분석

① 마지막 문단에서 '백미 대신 동일한 양의 아마란스를 섭취하는 것은 ~ 체중 조절에 훨씬 유리하다.'라고 하였으므로, 아마란스를 과량으로 섭취했을 때 체중이 증가한다는 것은 논리적인 반박으로 볼 수 없다.
③·④·⑤ 제시문의 주장이 성립할 수 없다는 근거를 제시하지 않았으므로 논리적인 반박으로 볼 수 없다.

05 정답 ⑤

조선시대에 들어 유교적 혈통률의 영향을 받았다고 했으므로 ⑤는 적절한 추론이다.

오답분석

① 처거제는 '장가가다'와 일맥상통한다.
② 두 번째 문장에 따르면 처거제 – 부계제 체제는 조선 전기까지 대부분 유지되었다고 하였으므로 적절하지 않다.
③ 마지막 문장에 따르면 균형적인 모습을 띠고 있다고 하였으므로 적절하지 않다.
④ 제시문을 통해서는 알 수 없다.

06 정답 ③

인간관계에서 일어나는 사회적 행위를 규정한 것이 '충'이므로 충은 임금과 신하 사이의 관계에서 지켜져야 할 사회 윤리이다. 이러한 임금과 신하의 관계는 공동의 목표를 위한 관계로서 의리에 의해서 맺어진 관계이므로 임금과 신하의 관계는 상호 신뢰를 바탕으로 이루어짐을 추론할 수 있다.

07 정답 ②

제시문에서는 제품의 굽혀진 곡률을 나타내는 R의 값이 작을 수록 패널이 받는 폴딩 스트레스가 높아진다고 언급하고 있다. 따라서 1.4R의 곡률인 S전자의 인폴딩 폴더블 스마트폰은 H기업의 아웃폴딩 스마트폰보다 곡률이 작을 것이므로 폴딩 스트레스가 높다고 할 수 있다.

[오답분석]

① H기업은 아웃폴딩 패널을 사용하였다.
③ 동일한 인폴딩 패널이라고 해도 S전자의 R값이 작으며, R값의 차이에 따른 개발 난도는 제시문에서 확인할 수 없다.
④ 인폴딩 패널은 아웃폴딩 패널보다 상대적으로 곡률이 낮아 개발 난도가 높다. 따라서 아웃폴딩 패널을 사용한 H기업의 폴더블 스마트폰의 R값이 인폴딩 패널을 사용한 A기업의 폴더블 스마트폰보다 작을 것이라고 보기는 어렵다.
⑤ 제시문에서 여러 층으로 구성된 패널을 접었을 때 압축응력과 인장응력이 동시에 발생한다고 언급하고 있으나 패널의 수가 스트레스와 연관된다는 사실은 확인할 수 없다. 따라서 S전자의 폴더블 스마트폰의 R값이 작은 이유라고는 판단하기 어렵다.

08 정답 ⑤

가모프와 앨퍼는 대폭발 이론을 제안했으며 슈미트와 크리슈너는 초신성 관측을 통해 우주의 팽창 속도가 빨라지고 있다는 사실을 밝혔다. 즉, 슈미트와 크리슈너의 관측은 가모프와 앨퍼의 이론을 바탕으로 한걸음 더 나아가 구체화한 것이지 그들의 이론을 수정한 것은 아니다.

09 정답 ③

보기의 내용은 [A]에 나타난 '도덕적 해이 현상'에 대한 설명이다. 이 현상은 자기의 역할에 최선을 다하지 않으려는 마음가짐이나 행동, 자신만의 이익을 추구하는 이기적 행위를 말한다. '회사원 C씨는 사고 후 생활 보조금을 신청하고 직장을 퇴직하고 직업을 구하려는 노력을 포기하였다.'에서 스스로 갱생하려는 노력은 보이지 않고 계속 안주하려는 태도를 보이므로 회사원 C씨의 행위는 '도덕적 해이'의 사례에 해당한다.

10 정답 ⑤

케플러식 망원경은 상의 상하좌우가 뒤집힌 도립상을 보여주며, 갈릴레이식 망원경은 상의 상하좌우가 같은 정립상을 보여준다.

[오답분석]

① 케플러식 망원경은 장초점의 볼록렌즈를 대물렌즈로 하고 단초점의 볼록렌즈를 초점면 뒤에 놓아 접안렌즈로 사용한 구조이다.
② 갈릴레오는 초점거리가 긴 볼록렌즈를 망원경의 대물렌즈로 사용하고 초점 거리가 짧은 오목렌즈를 초점면 앞에 놓아 접안렌즈로 사용하였다.
③ 갈릴레오는 자신이 발명한 망원경으로 금성의 각크기가 변한다는 것을 관측함으로써 금성이 지구를 중심으로 공전하는 것이 아니라 태양을 중심으로 공전하고 있다는 것을 증명하였다.
④ 최초의 망원경은 네덜란드의 안경 제작자인 한스 리퍼쉬(Hans Lippershey)에 의해 만들어졌지만, 이 최초의 망원경 발명에는 리퍼쉬의 아들이 발견한 렌즈 조합이 계기가 되었다.

3일차

주관식
정답 및 해설

예제풀이

제시된 단어를 오름차순으로 정렬하면 다음과 같다.

i	0	1	2	3	4
단어	cook	cry	duck	every	line

따라서 every는 왼쪽에서 3번째 위치에 있다.

01 정답 2번째

제시된 단어를 오름차순으로 정렬하면 다음과 같다.

i	0	1	2	3	4
단어	actor	baby	chair	dry	early

따라서 chair는 왼쪽에서 2번째 위치에 있다.

02 정답 4번째

제시된 단어를 오름차순으로 정렬하면 다음과 같다.

i	0	1	2	3	4	5
단어	and	bank	cheese	door	ear	east

따라서 ear는 왼쪽에서 4번째 위치에 있다.

03 정답 2번째

제시된 단어를 오름차순으로 정렬하면 다음과 같다.

i	0	1	2	3	4	5
단어	animal	bath	city	cold	die	dress

따라서 city는 왼쪽에서 2번째 위치에 있다.

04 정답 3번째

제시된 단어를 오름차순으로 정렬하면 다음과 같다.

i	0	1	2	3	4	5	6
단어	ask	bear	candy	coffee	echo	envy	fair

따라서 coffee는 왼쪽에서 3번째 위치에 있다.

05 [정답] 5번째

제시된 단어를 오름차순으로 정렬하면 다음과 같다.

i	0	1	2	3	4	5	6
단어	award	away	bottle	cut	engine	finger	four

따라서 finger는 왼쪽에서 5번째 위치에 있다.

[6~10]

예제풀이

• 첫 번째 이동

| 3 | 6 | 2 | 7 | 8 | 4 | → | 2 | 6 | 3 | 7 | 8 | 4 |

• 두 번째 이동

| 2 | 6 | 3 | 7 | 8 | 4 | → | 2 | 3 | 6 | 7 | 8 | 4 |

06 [정답] 1번

• 첫 번째 이동

| 5 | 2 | 8 | 4 | 7 | 3 | → | 2 | 5 | 8 | 4 | 7 | 3 |

07 [정답] 2번

• 첫 번째 이동

| 6 | 4 | 7 | 8 | 9 | 3 | → | 3 | 4 | 7 | 8 | 9 | 6 |

• 두 번째 이동

| 3 | 4 | 7 | 8 | 9 | 6 | → | 3 | 4 | 6 | 8 | 9 | 7 |

08 [정답] 2번

• 첫 번째 이동

| 1 | 2 | 5 | 8 | 7 | 3 | → | 1 | 2 | 3 | 8 | 7 | 5 |

• 두 번째 이동

| 1 | 2 | 3 | 8 | 7 | 5 | → | 1 | 2 | 3 | 5 | 7 | 8 |

09 [정답] 3번

• 첫 번째 이동

| 2 | 4 | 5 | 7 | 8 | 3 | → | 2 | 3 | 5 | 7 | 8 | 4 |

• 두 번째 이동

| 2 | 3 | 5 | 7 | 8 | 4 | → | 2 | 3 | 4 | 7 | 8 | 5 |

• 세 번째 이동

| 2 | 3 | 4 | 7 | 8 | 5 | → | 2 | 3 | 4 | 5 | 8 | 7 |

10 정답 2번

• 첫 번째 이동

| 1 | 5 | 3 | 2 | 8 | 7 | → | 1 | 2 | 3 | 5 | 8 | 7 |

• 두 번째 이동

| 1 | 2 | 3 | 5 | 8 | 7 | → | 1 | 2 | 3 | 5 | 7 | 8 |

[1~5]

예제풀이

8	10	1	6	23	30	: 0회
1	10	8	6	23	30	: 1회
1	6	8	10	23	30	: 2회

01 정답 2회

2	10	24	5	26	30	: 0회
2	5	24	10	26	30	: 1회
2	5	10	24	26	30	: 2회

02 정답 5회

7	10	12	15	30	5	: 0회
5	10	12	15	30	7	: 1회
5	7	12	15	30	10	: 2회
5	7	10	15	30	12	: 3회
5	7	10	12	30	15	: 4회
5	7	10	12	15	30	: 5회

03 정답 1회

1	8	13	9	15	22	25	: 0회
1	8	9	13	15	22	25	: 1회

04 정답 4회

30	3	15	24	23	5	29	: 0회
3	30	15	24	23	5	29	: 1회
3	5	15	24	23	30	29	: 2회
3	5	15	23	24	30	29	: 3회
3	5	15	23	24	29	30	: 4회

05 정답 4회

8	11	20	17	23	19	30	25	: 0회
8	11	17	20	23	19	30	25	: 1회
8	11	17	19	23	20	30	25	: 2회
8	11	17	19	20	23	30	25	: 3회
8	11	17	19	20	23	25	30	: 4회

[6~10]

예제풀이

뒤섞인 이름들을 오름차순으로 줄을 세우고, 위치를 바꾸는 이름들을 최소화해야 한다. 위치를 바꾸는 이름의 수를 최소화한다는 것은 위치를 바꾸지 않는 이름의 수를 최대로 한다는 것이다. 현재 문제에서는 오름차순으로 이름을 정렬하기 때문에 오름차순으로 정렬된 가장 큰 부분집합을 찾는다. 이 문제는 증가하는 가장 긴 부분수열(Longest Increasing Subsequence)을 찾는 LIS 문제이다.

- 목록 :

김지민	윤민수	남희수	진하림

오름차순으로 이름을 정렬하면 다음과 같이 나타낼 수 있다.

- 정렬 :

김지민	남희수	윤민수	진하림

이때, LIS는 {김지민, 윤민수, 진하림}으로 총 세 명이다.
따라서 네 명 중 남희수만 이동하면 되므로 이동하는 이름의 수는 1개이다.

06 정답 2개

- 목록 :

신후석	김호석	이지민	김휘수	오다영	이재근

오름차순으로 이름을 정렬하면 다음과 같이 나타낼 수 있다.

- 정렬 :

김호석	김휘수	신후석	오다영	이재근	이지민

이때, LIS는 {김호석, 김휘수, 오다영, 이재근}으로 총 네 명이다.
따라서 여섯 명 중 신후석과 이지민만 이동하면 되므로 이동하는 이름의 수는 2개이다.

07 　정답　 3개

- 목록 :

이도영	이영진	김휘수	정원준	이경용	고미숙

오름차순으로 이름을 정렬하면 다음과 같이 나타낼 수 있다.

- 정렬 :

고미숙	김휘수	이경용	이도영	이영진	정원준

이때, LIS는 {이도영, 이영진, 정원준}으로 총 세 명이다.
따라서 총 여섯 명 중 김휘수, 이경용, 고미숙의 이름을 이동하여야 하므로 이동하는 이름의 수는 3개이다.

08 　정답　 3개

- 목록 :

김성륜	이영진	변관우	김상원	이동우	노한승

오름차순으로 이름을 정렬하면 다음과 같이 나타낼 수 있다.

- 정렬 :

김상원	김성륜	노한승	변관우	이동우	이영진

이때, LIS는 {김성륜, 변관우, 이동우}로 총 세 명이다.
따라서 여섯 명 중 이영진, 김상원, 노한승의 이름을 이동하여야 하므로 이동하는 이름의 수는 3개이다.

09 　정답　 2개

- 목록 :

류다영	신서리	이지혜	김도희	이다영	홍원주

오름차순으로 이름을 정렬하면 다음과 같이 나타낼 수 있다.

- 정렬 :

김도희	류다영	신서리	이다영	이지혜	홍원주

이때, LIS는 {류다영, 신서리, 이지혜, 홍원주} 또는 {류다영, 신서리, 이다영, 홍원주}로 총 네 명이다.
따라서 여섯 명 중 이지혜, 김도희 또는 김도희, 이다영의 이름을 이동하여야 하므로 이동하는 이름의 수는 2개이다.

10 　정답　 4개

- 목록 :

김성주	김태희	성유진	김성수	하철희	이도희	금수빈	양희제

오름차순으로 이름을 정렬하면 다음과 같이 나타낼 수 있다.

- 정렬 :

금수빈	김성수	김성주	김태희	성유진	양희제	이도희	하철희

이때, LIS는 {김성주, 김태희, 성유진, 양희제} 또는 {김성주, 김태희, 성유진, 이도희}로 총 네 명이다.
따라서 여덟 명 중 김성수, 하철희, 이도희, 금수빈 또는 김성수, 하철희, 금수빈, 양희제의 이름을 이동하여야 하므로 이동하는 이름의 수는 4개이다.

[1~5]

예제풀이

풀이 1)

8진수로 된 숫자를 2진수로 바꾸는 방법에는 10진수로 바꾼 후 2진수로 바꾸는 방법이 있다. $65_{(8)} = 6 \times 8^1 + 5 \times 8^0 = 53$이고, 이를 2진수로 바꾸면 $53 = 2^5 + 2^4 + 2^2 + 2^0 = 110101_{(2)}$이 나온다. 16진수로 된 숫자도 같은 방법을 사용하면 $12_{(16)} = 1 \times 16^1 + 2 \times 16^0 = 18$이고, 이를 2진수로 바꾸면 $18 = 2^4 + 2^1 = 10010_{(2)}$이다. 이 방법은 기본적인 풀이방법이며, 이를 활용한 빠른 풀이는 다음과 같다.

풀이 2)

8진수를 2진수로 바꿀 때, 8은 $2^3 = 1000_{(2)}$으로 8진수를 구성하는 숫자 중 가장 큰 숫자 7은 2진수의 3자리 숫자 $111_{(2)}$과 같다. 따라서 8진수 각 자리의 숫자는 10진수를 2진수로 변환할 때 쓰는 계산법을 사용하여 2진수의 세 자리로 만든다.

8진수	6			5		
2진수	1	1	0	1	0	1

16진수는 $2^4 = 10000_{(2)}$으로 각 자리의 숫자는 2진수의 네 자리로 변환된다.

16진수	1				2			
2진수	0	0	0	1	0	0	1	0

맨 앞자리 숫자를 2진수로 변환할 때 세 자리 이하로 바뀔 경우 앞자리 수는 0으로 채우고 네 자리로 만들면 된다. 또한 2진수로 쓸 때에는 1이 시작하는 수부터 적으며 그 앞자리의 0은 제외한다.

따라서 $65_{(8)} = 110101_{(2)}$이며, $12_{(16)} = 10010_{(2)}$이다.

01 정답 $11100_{(2)}$

풀이 1)

$34_{(8)} \rightarrow 3 \times 8^1 + 4 \times 8^0 = 28 \rightarrow 1 \times 2^4 + 1 \times 2^3 + 1 \times 2^2 = 11100_{(2)}$

풀이 2)

8진수	3			4		
2진수	0	1	1	1	0	0

$\therefore 34_{(8)} = 11100_{(2)}$

02 　정답　 $10001011_{(2)}$

풀이 1)

$8B_{(16)} \rightarrow 8\times16^1+11\times16^0=139 \rightarrow 1\times2^7+1\times2^3+1\times2^1+1\times2^0=10001011_{(2)}$

풀이 2)

16진수	8				B(=11)			
2진수	1	0	0	0	1	0	1	1

$\therefore 8B_{(16)}=10001011_{(2)}$

03 　정답　 $101111001_{(2)}$

풀이 1)

$571_{(8)} \rightarrow 5\times8^2+7\times8^1+1\times8^0=377 \rightarrow 1\times2^8+1\times2^6+1\times2^5+1\times2^4+1\times2^3+1\times2^0=101111001_{(2)}$

풀이 2)

8진수	5			7			1		
2진수	1	0	1	1	1	1	0	0	1

$\therefore 571_{(8)}=101111001_{(2)}$

04 　정답　 $1001011101_{(2)}$

풀이 1)

$25D_{(16)} \rightarrow 2\times16^2+5\times16^1+13\times16^0=605 \rightarrow 1\times2^9+1\times2^6+1\times2^4+1\times2^3+1\times2^2+1\times2^0=1001011101_{(2)}$

풀이 2)

16진수	2				5				D(=13)			
2진수	0	0	1	0	0	1	0	1	1	1	0	1

$\therefore 25D_{(16)}=1001011101_{(2)}$

05 　정답　 $10001100110_{(2)}$

풀이 1)

$2146_{(8)} \rightarrow 2\times8^3+1\times8^2+4\times8^1+6\times8^0=1,126 \rightarrow 1\times2^{10}+1\times2^6+1\times2^5+1\times2^2+1\times2^1=10001100110_{(2)}$

풀이 2)

8진수	2			1			4			6		
2진수	0	1	0	0	0	1	1	0	0	1	1	0

$\therefore 2146_{(8)}=10001100110_{(2)}$

[6~10]

예제풀이

1, 2, 3의 작업이 있을 때, 모든 작업을 동시에 수행한다면 3작업을 수행하므로 각 수행 시간에 3초를 더한 4, 5, 6초의 시간이 걸린다. 0초(4, 5, 6), 1초(3, 4, 5), 2초(2, 3, 4), 3초(1, 2, 3), 4초(0, 1, 2), 5초(0, 0, 1), 6초(0, 0, 0)가 되므로 총 6초가 걸린다(괄호 안의 수는 각 작업의 남은 시간이다). 또한 각 작업을 단일 작업으로 처리할 경우에도 총 6초가 걸린다.

06 정답 5초

모든 작업을 동시에 수행하면 0초(5, 5, 5), 1초(4, 4, 4), 2초(3, 3, 3), 3초(2, 2, 2), 4초(1, 1, 1), 5초(0, 0, 0)가 되므로 총 5초가 걸린다. 각 작업을 단일 작업으로 처리할 경우에는 2+2+2=6초가 걸린다.
따라서 최소 시간은 5초이다.

07 정답 11초

모든 작업을 동시에 수행하면 0초(5, 6, 7, 11), 1초(4, 5, 6, 10), 2초(3, 4, 5, 9), …, 5초(0, 1, 2, 6), 6초(0, 0, 1, 5), …, 11초(0, 0, 0, 0)이 되므로 총 11초가 걸린다. 각 작업을 단일로 처리할 경우 1+2+3+7=13초가 걸린다.
따라서 최소 시간은 11초이다.

08 정답 9초

모든 작업을 동시에 수행하면 10초가 걸리지만 단일 처리할 경우 총 9초가 걸린다.

09 정답 1,536초

각 작업들이 2초 단위로 1,024초까지 총 512개의 작업이 있다.
모든 작업들을 동시 처리할 경우 총시간은 가장 오래 걸리는 작업 시간인 1,024초에 512를 더한 1,024+512=1,536초이다.
따라서 최소 시간은 1,536초이다.

10 정답 123,456,798초

작업의 개수가 총 9개 있고 가장 오래 걸리는 작업의 시간이 123,456,789초이다.
따라서 모든 작업을 동시에 수행하였을 때 123,456,789+9=123,456,798초가 소요된다.

[1~5]

예제풀이

남성이 5명이고 여성이 3명이므로 남성 5명을 각각 A ~ E라고 하면, 여성이 선택할 수 있는 남자는 5명 중 3명인 10가지가 있다. 따라서 커플이 탄생할 수 있는 경우의 수는 10가지이다.

풀이 **꿀팁**

풀이 1)

여성이 남성을 선택하였을 때, 선택된 남성보다 키가 큰 남성을 다음 여성들은 선택할 수가 없다.

해당 조건을 조금 더 쉽게 이해하기 위해 남성은 5명, 여성은 3명이고 남성들이 키순으로 정렬되어 있다고 가정하자.

이때 해당 문제는 다음과 같이 그림으로 표현할 수 있다.

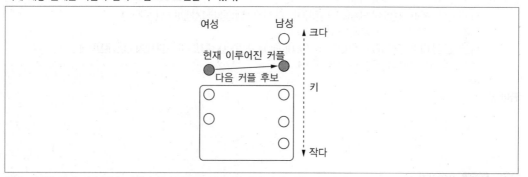

해당 그림을 보게 되면 현재 여성이 어떤 남성을 선택하는지에 따라 다음 커플의 후보군이 달라짐을 파악할 수 있다.

또한 다음 커플 후보군은 전체 커플 후보군에 포함되는 것을 볼 수 있다. 이에 대한 자세한 예시는 다음 그림과 같다.

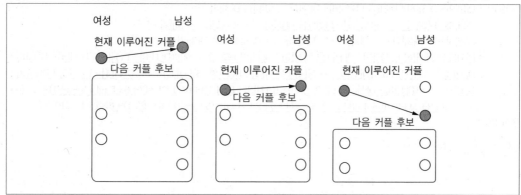

$D[n][m]$을 남성이 m명이고 여성이 n명일 때 커플의 수라고 정의하면 D[3][5]=D[2][4]+D[2][3]+D[2][2]가 된다.

해당 식을 이용하면 점화식 $D[n][m]=D[n-1][m-1]+D[n-1][m-2]+\cdots+D[n-1][n-1]$을 얻을 수 있다.

또한 남성과 여성의 수가 같을 때는 커플이 탄생하는 경우의 수가 1이므로 $D[x][x]=1$이다.

D[3][5]=D[2][4]+D[2][3]+D[2][2]=D[2][4]+D[2][3]+1

=<u>D[1][3]+D[1][2]+D[1][1]</u>+<u>D[1][2]+D[1][1]</u>+1=<u>3+2+1</u>+<u>2+1</u>+1=10

따라서 커플이 탄생하는 경우의 수는 10가지이다.

풀이 2)

해당 문제는 조합식으로도 해결할 수 있다. 이 문제의 경우에 전체 남성 중 여성의 수만큼의 남성을 순서 상관없이 한 번에 뽑는 것으로 문제를 바라볼 수 있다. 이를 식으로 표현하면 $_mC_n$ 이 된다.

따라서 남성 5명에 여성 3명일 때 커플이 탄생하는 경우의 수는 다음과 같다.

$$_5C_3 = \frac{5!}{3! \times 2!} = 10$$

01 　정답　 6가지

풀이 1)

$D[2][4] = D[1][3] + D[1][2] + D[1][1] = 3 + 2 + 1 = 6$

풀이 2)

$$_4C_2 = \frac{4!}{2! \times 2!} = 6$$

02 　정답　 35가지

풀이 1)

$D[4][7] = D[3][6] + D[3][5] + D[3][4] + D[3][3]$

$\qquad = \underline{D[2][5]} + D[2][4] + D[2][3] + D[2][2] + \underline{D[2][4]} + D[2][3] + D[2][2] + \underline{D[2][3]} + D[2][2] + \underline{1}$

$\qquad = D[2][5] + 2 \times D[2][4] + 3 \times D[2][3] + (1 + 1 + 1 + 1)$

$\qquad = \underline{D[1][4]} + D[1][3] + D[1][2] + D[1][1] + 2 \times (\underline{D[1][3]} + D[1][2] + D[1][1]) + 3 \times (\underline{D[1][2]} + D[1][1]) + \underline{4}$

$\qquad = (4 + 3 + 2 + 1) + 2 \times (3 + 2 + 1) + 3 \times (2 + 1) + 4$

$\qquad = 35$

풀이 2)

$$_7C_4 = \frac{7!}{4! \times 3!} = 35$$

03 　정답　 210가지

풀이 1)

$D[4][10] = D[3][9] + D[3][8] + D[3][7] + D[3][6] + D[3][5] + D[3][4] + D[3][3]$

$\qquad = \underline{D[2][8]} + D[2][7] + \cdots + D[2][2] + \underline{D[2][7]} + D[2][6] + \cdots + \underline{D[2][3]} + D[2][2] + \underline{1}$

$\qquad = D[2][8] + 2 \times D[2][7] + 3 \times D[2][6] + 4 \times D[2][5] + 5 \times D[2][4] + 6 \times D[2][3] + 6 \times D[2][2] + 1$

$\qquad = \underline{D[1][7]} + D[1][6] + D[1][5] + D[1][4] + D[1][3] + D[1][2] + D[1][1] + 2 \times (\underline{D[1][6]} + D[1][5] + D[1][4] + D[1][3] + D[1][2] + D[1][1]) + 3 \times (\underline{D[1][5]} + D[1][4] + D[1][3] + D[1][2] + D[1][1]) + 4 \times (\underline{D[1][4]} + D[1][3] + D[1][2] + D[1][1]) + 5 \times (\underline{D[1][3]} + D[1][2] + D[1][1]) + 6 \times (\underline{D[1][2]} + D[1][1]) + 6 \times \underline{1} + 1 = (7 + 6 + 5 + 4 + 3 + 2 + 1) + 2 \times (\underline{6 + 5 + 4 + 3 + 2 + 1}) + 3 \times (\underline{5 + 4 + 3 + 2 + 1}) + 4 \times (\underline{4 + 3 + 2 + 1}) + 5 \times (\underline{3 + 2 + 1}) + 6 \times (\underline{2 + 1}) + 6 \times \underline{1} + 1 = 210$

풀이 2)

$$_{10}C_4 = \frac{10!}{4! \times 6!} = 210$$

04 정답 792가지

풀이 1)

$D[7][12]=D[6][11]+D[6][10]+D[6][9]+D[6][8]+D[6][7]+D[6][6]$

$\quad=\underline{D[5][10]+D[5][9]+\cdots+D[5][1]}+\underline{D[5][9]+D[5][8]+\cdots+D[5][6]}+\underline{D[5][5]+\cdots+D[5][2]}+\underline{D[5][1]}+1$

$\quad=D[5][10]+2\times D[5][9]+3\times D[5][8]+4\times D[5][7]+5\times D[5][6]+5\times D[5][5]+1$

$\quad=\underline{D[4][9]+D[4][8]+\cdots+D[4][1]}+2\times(\underline{D[4][8]+D[4][7]+\cdots+D[4][1]})+3\times(\underline{D[4][7]+D[4][6]+\cdots+D[4][1]}+\cdots+6$

$\quad=D[4][9]+3\times D[4][8]+6\times D[4][7]+10\times D[4][6]+15\times D[4][5]+15\times D[4][4]+6$

$\quad=D[3][8]+4\times D[3][7]+10\times D[3][6]+20\times D[3][5]+35\times D[3][4]+35\times D[3][3]+21$

$\quad=D[2][7]+5\times D[2][6]+15\times D[2][5]+35\times D[2][4]+70\times D[2][3]+70\times D[2][2]+56$

$\quad=D[1][6]+6\times D[1][5]+21\times D[1][4]+56\times D[1][3]+126\times D[1][2]+126\times D[1][1]+126$

$\quad=6+6\times 5+21\times 4+56\times 3+126\times 2+126+126=792$

풀이 2)

$$_{12}C_7=\frac{12!}{7!\times 5!}=792$$

05 정답 1,365가지

풀이 1)

$D[11][15]=D[10][14]+D[10][13]+D[10][12]+D[10][11]+D[10][10]$

$\quad=D[9][13]+2\times D[9][12]+3\times D[9][11]+4\times D[9][10]+4\times D[9][9]+1$

$\quad=D[8][12]+3\times D[8][11]+6\times D[8][10]+10\times D[8][9]+10\times D[8][8]+5$

$\quad=D[7][11]+4\times D[7][10]+10\times D[7][9]+20\times D[7][8]+20\times D[7][7]+15$

$\quad=D[6][10]+5\times D[6][9]+15\times D[6][8]+35\times D[6][7]+35\times D[6][6]+35$

$\quad=D[5][9]+6\times D[5][8]+21\times D[5][7]+56\times D[5][6]+56\times D[5][5]+70$

$\quad=D[4][8]+7\times D[4][7]+28\times D[4][6]+84\times D[4][5]+84\times D[4][4]+126$

$\quad=D[3][7]+8\times D[3][6]+36\times D[3][5]+120\times D[3][4]+120\times D[3][3]+210$

$\quad=D[2][6]+9\times D[2][5]+45\times D[2][4]+165\times D[2][3]+165\times D[2][2]+330$

$\quad=D[1][5]+10\times D[1][4]+55\times D[1][3]+220\times D[1][2]+220\times D[1][1]+495$

$\quad=5+10\times 4+55\times 3+220\times 2+220\times 1+495=1,365$

풀이 2)

$$_{15}C_{11}=\frac{15!}{11!\times 4!}=1,365$$

[1~5]

$a \rightarrow b$ 방향을 기준으로 표를 만들면 다음과 같다.

팔찌는 처음과 끝 구슬이 만났을 때 완성되므로 동일한 구슬의 시작과 끝이 있어야 한다.

다음 경우 1에서 1번 구슬이 1 → 4로 시작, 2 → 1로 끝나고, 경우 2에서 7번 구슬이 7 → 2로 시작, 4 → 7로 끝나므로 지영이에게 선물할 팔찌는 1이나 7이 반드시 포함된다.

• 경우 1

a \ b	1	2	3	4	5	6	7
1				○			
2	○						
3							
4							○
5			○			○	
6							
7		○					

• 경우 2

a \ b	1	2	3	4	5	6	7
1				○			
2	○						
3							
4							○
5			○			○	
6							
7		○					

※ $a \rightarrow b$

• 팔찌 1 : 1 → 4 → 7 → 2 → 1

• 팔찌 2 : 7 → 2 → 1 → 4 → 7

팔찌 1과 팔찌 2는 같은 팔찌이므로 경우 1과 경우 2는 같은 결과가 나오는 것을 알 수 있다.

팔찌 1개를 지영이에게 선물하므로 사용되지 않는 구슬의 색은 노란색, 파란색, 남색으로 최소 개수는 3개이다.

01 정답 3개

a \ b	1	2	3	4	5	6	7
1	○						
2							○
3						○	
4		○					
5							
6							
7				○			

※ $a \to b$
- 팔찌 1 : 1 → 1
- 팔찌 2 : 4 → 2 → 7 → 4
- 팔찌 1과 팔찌 2를 지수에게 선물하므로 사용되지 않는 구슬의 색은 노란색, 파란색, 남색으로 최소 개수는 3개이다.

02 정답 1개

a \ b	1	2	3	4	5	6	7
1				○	○		
2	○						
3					○		
4		○				○	
5						○	
6		○	○				
7							

※ $a \to b$
- 팔찌 1 : 1 → 4 → 6 → 2 → 1
- 팔찌 2 : 1 → 4 → 2 → 1
- 팔찌 3 : 1 → 5 → 6 → 2 → 1
- 팔찌 4 : 3 → 5 → 6 → 3

이 문제에서 주의할 것은 모든 경우의 수를 고려하되, 시작과 끝이 있는 구슬은 1개만 사용해야 한다는 것이다. 시작과 끝이 있는 구슬을 2개 이상 사용하면 나중에 사용한 구슬로 이루어진 팔찌가 만들어지면서 처음 사용한 구슬은 쓸모가 없어진다.

예를 들어 이 문제의 경우 팔찌 1에서 1 → 4 → 6 → 3 → 5 → 6으로 정렬할 수도 있는데, 이는 시작과 끝이 있는 구슬 1과 3을 동시에 사용한 경우로 6 → 3 → 5 → 6으로 중간에 끊기면서 팔찌 4와 같게 된다.

팔찌 1과 팔찌 2, 3, 4를 같이 만들 수 없으므로 팔찌 1을 만들거나 팔찌 2, 3, 4 중에 만들어야 한다. 팔찌 2, 3, 4 중에는 팔찌 2와 팔찌 4를 만들 수 있으므로 팔찌 1을 만드는 것보다 구슬을 많이 사용할 수 있다.

따라서 유진이에게 팔찌 2와 팔찌 4를 선물하며 사용되지 않는 구슬의 색은 보라색으로 최소 개수는 1개이다.

03 정답 2개

a \ b	1	2	3	4	5	6	7
1			○				
2							
3						○	
4							○
5							○
6	○			○			
7					○	○	

※ $a \to b$
- 팔찌 1 : 1 → 3 → 6 → 1
- 팔찌 2 : 4 → 7 → 6 → 4
- 팔찌 3 : 5 → 7 → 5

팔찌 2, 3과 팔찌 1, 2가 겹치므로 팔찌 1과 함께 만들 수 있는 팔찌 3을 미선이에게 선물하면 사용되지 않는 구슬의 색은 주황색과 초록색으로 최소 개수는 2개이다.

04 정답 2개

a \ b	1	2	3	4	5	6	7
1							
2		○					
3				○			
4			○		○		
5						○	○
6					○		
7				○			

※ $a \to b$
- 팔찌 1 : 2 → 2
- 팔찌 2 : 3 → 4 → 3
- 팔찌 3 : 4 → 5 → 7 → 4
- 팔찌 4 : 5 → 6 → 5

이 문제에서는 4에서 3과 5로, 5에서는 6과 7로 연결될 수 있으므로 처음과 끝이 있는 구슬이 2개 이상 사용된 팔찌가 만들어질 수 있다.

팔지 2, 3과 팔찌 3, 4가 겹치므로 팔찌 3은 만들지 않는다.

팔찌 1, 2, 4를 지민이에게 선물하면 사용되지 않는 구슬의 색은 빨간색과 보라색으로 최소 개수는 2개이다.

05 정답 3개

a \ b	1	2	3	4	5	6	7
1						○	
2				○			
3				○			
4	○		○		○		
5		○					
6							○
7				○			

※ $a \to b$

- 팔찌 1 : $1 \to 6 \to 7 \to 4 \to 1$
- 팔찌 2 : $2 \to 4 \to 5 \to 2$
- 팔찌 3 : $3 \to 4 \to 3$

만들 수 있는 모든 팔찌의 구슬이 겹치므로 가장 구슬이 많이 들어간 팔찌 1을 경미에게 선물하면 사용되지 않는 구슬의 색은 주황색, 노란색, 파란색으로 최소 개수는 3개이다.

[6~10]

예제풀이

"ABC와 CD"의 최장 문자열은 아래의 표를 이용하여 최장 문자열 길이를 구할 수 있다.

	A	B	C
C	LCS(A, C)=0	LCS(AB, C)=0	LCS(ABC, C)=1
D	LCS(A, CD)=0	LCS(AB, CD)=0	LCS(ABC, CD)=1

풀이 꿀팁

해당 문제는 동적 계획법 알고리즘 중에서 LCS 유형이다.
동적 계획법은 어떤 문제에 대한 최적해를 얻고자 할 때, 해당 문제에 대해 부분적으로 분할하여 작은 문제를 해결하고, 각 부분에 대해 최적의 해답을 차례로 구하는 알고리즘이다.
동적 계획법 알고리즘 중 하나인 LCS는 Longest Common Substring의 줄임말로 최장 공통 부분 수열을 의미한다.
LCS 유형은 표를 이용하여 최장 공통 문자열 길이를 구할 수 있다. 두 문자열이 주어졌을 때 문자열의 문자를 하나씩 늘려가면서 두 문자 간의 최장 공통 문자열 길이를 탐색한다.

06 정답 5개

	C	D	A	E	F	G
A	0	0	1	1	1	1
C	1	1	1	1	1	1
D	1	2	2	2	2	2
E	1	2	2	3	3	3
F	1	2	2	3	4	4
G	1	2	2	3	4	5

07 정답 4개

	S	E	S	D	A	S	E	F
A	0	0	0	0	1	1	1	1
S	1	1	1	1	1	2	2	2
E	1	2	2	2	2	2	3	3
F	1	2	2	2	2	2	3	4
S	1	2	2	2	2	2	3	4
D	1	2	2	2	2	2	3	4
C	1	2	2	2	2	2	3	4
A	1	2	2	2	2	2	3	4

08 정답 5개

	G	E	G	G	E	G	G	E
E	0	1	1	1	1	1	1	1
G	1	1	2	2	2	2	2	2
G	1	1	2	3	3	3	3	3
E	1	2	2	3	4	4	4	4
G	1	2	3	3	4	5	5	5

09 정답 4개

	T	S	I	T	T	N	S	I
A	0	0	0	0	0	0	0	0
S	0	1	1	1	1	1	1	1
S	0	1	1	1	1	1	2	2
I	0	1	2	2	2	2	2	2
N	0	1	2	2	2	3	3	3
T	0	1	2	3	3	3	3	3
T	0	1	2	3	4	4	4	4
A	0	1	2	3	4	4	4	4

10 정답 5개

	O	T	D	A	I	B	T	T
O	1	1	1	1	1	1	1	1
T	1	2	2	2	2	2	2	2
U	1	2	2	2	2	2	2	2
B	1	2	2	2	2	3	3	3
O	1	2	2	2	2	3	3	3
O	1	2	2	2	2	3	3	3
T	1	2	2	2	2	3	4	4
T	1	2	2	2	2	3	4	5

[11~15]

예제풀이

A－C－B－B의 원본 염기서열을 복제하면 B－B－C－A가 된다. 복제 염기서열을 1회 변환하여 맨 뒤에 있는 A를 맨 앞으로 옮기면 최대 2개가 합성된다.

구분	염기서열	합성된 염기 수(개)
기존	A－C－B－B	－
복제	B－B－C－A	0
1회	A－B－B－C	2

11 정답 1개

복제 염기서열 C－B－A는 어떻게 변환하여도 최대 1개의 염기만 합성된다. 즉, 변환할 필요가 없다.

12 정답 6개

복제 염기서열 C－C－B－B－A－A－C－C－B－B－A－A－C－C－B－B－A－A는 어떻게 변환하여도 최대 6개의 염기만 합성된다.

구분	염기서열	합성된 염기 수(개)
기존	A－A－B－B－C－C－A－A－B－B－C－C－A－A－B－B－C－C	－
복제	C－C－B－B－A－A－C－C－B－B－A－A－C－C－B－B－A－A	6

13 [정답] 10개

복제 염기서열 C−B−C−C−C−C−B−B−C−B−B−C는 맨 뒤의 염기를 맨 앞으로 변환하는 과정을 총 4번 거치면 10개가 합성된다.

구분	염기서열	합성된 염기 수(개)
기존	C−B−B−C−B−B−C−C−C−C−B−C	−
복제	C−B−C−C−C−C−B−B−C−B−B−C	6
1회	C−C−B−C−C−C−C−B−B−C−B−B	6
2회	B−C−C−B−C−C−C−C−B−B−C−B	2
3회	B−B−C−C−B−C−C−C−C−B−B−C	8
4회	C−B−B−C−C−B−C−C−C−C−B−B	10

14 [정답] 8개

복제 염기서열 C−B−B−A−A−A−C−B−A−C−B−A−C−B는 맨 뒤의 염기를 맨 앞으로 변환하는 과정을 1번 거치면 최대 합성염기서열이 된다.

구분	염기서열	합성된 염기 수(개)
기존	B−C−A−B−C−A−B−C−A−A−A−B−B−C	−
복제	C−B−B−A−A−A−C−B−A−C−B−A−C−B	2
1회	B−C−B−B−A−A−A−C−B−A−C−B−A−C	8

15 [정답] 8개

복제 염기서열 A−C−B−A−A−C−C−A−B−C는 맨 뒤의 염기를 맨 앞으로 변환하는 과정을 1번 거치면 최대 합성염기서열이 된다.

구분	염기서열	합성된 염기 수(개)
기존	C−B−A−C−C−A−A−B−C−A	−
복제	A−C−B−A−A−C−C−A−B−C	0
1회	C−B−A−A−C−C−A−B−C−A	8

[16~20]

예제풀이

해당 문제는 MST(Minimum Spanning Tree) 유형이며, 이 문제는 여러 가지 방법을 이용하여 해결할 수 있다.
여러 해결 방식 중 Kruskal MST 알고리즘을 사용하여 문제를 해결하는 방식에 대해 서술한다.
ⅰ) 그래프의 간선들을 오름차순으로 정렬한다.

D−E	B−E	B−D	A−B	B−C	C−D
2km	3km	6km	7km	7km	8km

ⅱ) 정렬된 간선들을 순서대로 선택하되 Circle을 형성하지 않도록 한다.
ⅲ) ⅱ) 과정을 반복하여 모든 노드가 연결되도록 한다.

D−E	B−E	B−D	A−B	B−C	C−D
2km	3km	6km	7km	7km	8km

따라서 고속도로 총길이의 최솟값은 2+3+7+7=19km이다.

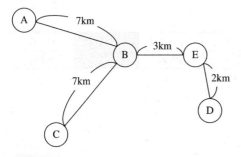

Spanning Tree
연결 그래프의 부분 그래프로, 연결 그래프의 모든 정점과 간선의 부분 집합으로 구성되는 트리

MST(Minimum Spanning Tree)
사용된 간선들의 가중치 합이 최소인 트리

Kruskal MST 알고리즘
그리디 알고리즘을 이용하여 MST를 구하는 알고리즘

Kruskal MST 알고리즘 동작
ⅰ) 그래프의 간선들을 가중치의 오름차순으로 정렬
ⅱ) 정렬된 간선 리스트에서 순서대로 Circle을 형성하지 않는 간선을 선택
ⅲ) 해당 간선을 현재의 MST의 집합에 추가

16 정답 19km

D - E	B - E	B - D	A - B	B - C	C - D	A - C
3km	4km	5km	6km	6km	6km	7km

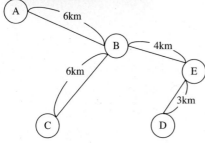

따라서 고속도로 총길이의 최솟값은 3+4+6+6=19km이다.

3일 차

주관식

17 정답 50km

D − E	B − D	B − F	A − B	E − F	A − F	A − C	C − E
7km	8km	10km	11km	12km	13km	14km	16km

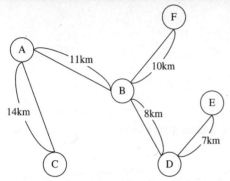

따라서 고속도로 총길이의 최솟값은 7+8+10+11+14=50km이다.

18 정답 27km

C − D	E − F	A − D	B − E	A − F	B − C	D − E	D − F
4km	4km	5km	5km	9km	10km	11km	12km

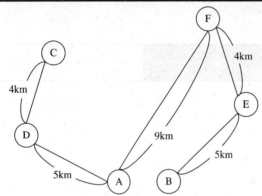

따라서 고속도로 총길이의 최솟값은 4+4+5+5+9=27km이다.

19 정답 20km

D−E	A−B	B−E	C−F	B−F	C−D	E−F	A−F	D−F	A−E
2km	3km	4km	5km	6km	6km	7km	8km	8km	9km

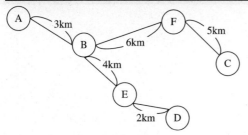

따라서 고속도로 총길이의 최솟값은 2+3+4+5+6=20km이다.

20 정답 15km

B−G	B−C	B−E	A−E	C−F	A−D	C−G	D−F	E−F	A−G	D−E	A−F
1km	2km	2km	3km	3km	4km	4km	4km	5km	6km	6km	7km

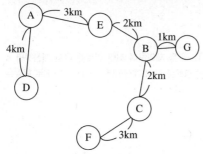

따라서 고속도로 총길이의 최솟값은 1+2+2+3+3+4=15km이다.

[1~5]

예제풀이

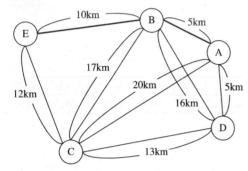

최단 경로를 계산하면 A − B − E임을 확인할 수 있다. 이후, 그래프에서 간선 B − E를 제외하여 최단 경로를 다시 계산하면 A − D − C − E로 30km의 경로를 얻는다. 그래프에서 간선 A − B를 제외하고 최단 경로를 다시 계산하면 A − D − C − E로 똑같은 30km의 경로를 얻는다. 즉, 두 번째 짧은 경로의 길이는 30km라는 것을 알 수 있다.

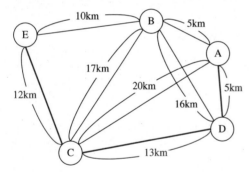

따라서 화물차가 이동한 경로의 길이는 5+13+12=30km이다.

풀이 꿀팁

두 번째로 짧은 경로를 찾는 문제는 다익스트라 알고리즘의 변형 문제라고 볼 수 있다. 해당 문제는 다익스트라 알고리즘을 통해 최단 경로를 탐색한 후 최단 경로로 지정된 간선들을 하나씩 원래의 그래프에서 제외하고 다시 다익스트라 알고리즘을 계산한다. 즉, 최단 경로로 지정된 간선들을 임의적으로 그래프에서 제외하는 것으로 두 번째로 짧은 경로를 계산한다.

01 정답 11km

최단 경로는 B - E - D로 9km이다.

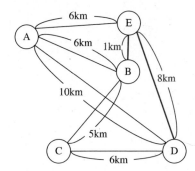

B - E를 그래프에서 제외하고 최단 경로를 계산하면 최단 경로는 B - C - D로 11km이다.
D - E를 그래프에서 제외하고 최단 경로를 계산하면 최단 경로는 B - C - D로 11km이다.
즉, 두 번째로 짧은 경로의 길이는 11km이다.

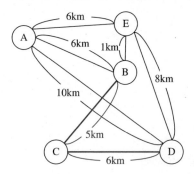

따라서 화물차가 이동한 경로의 길이는 5+6=11km이다.

02 정답 25km

최단 경로는 A - B - D로 24km이다.

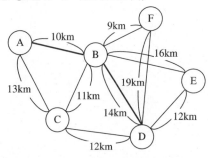

A - B를 그래프에서 제외하고 최단 경로를 계산하면 최단 경로는 A - C - D로 25km이다.
B - D를 그래프에서 제외하고 최단 경로를 계산하면 최단 경로는 A - C - D로 25km이다.
즉, 두 번째로 짧은 경로의 길이는 25km이다.

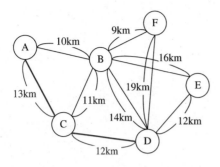

따라서 화물차가 이동한 경로의 길이는 13+12=25km이다.

03 　정답　 22km

최단 경로는 D − A − B − E로 19km이다.

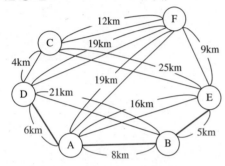

A − D를 그래프에서 제외하고 최단 경로를 계산하면 최단 경로는 D − C − F − E로 25km이다.
A − B를 그래프에서 제외하고 최단 경로를 계산하면 최단 경로는 D − A − E로 22km이다.
B − E를 그래프에서 제외하고 최단 경로를 계산하면 최단 경로는 D − A − E로 22km이다.
즉, 두 번째로 짧은 경로의 길이는 22km이다.

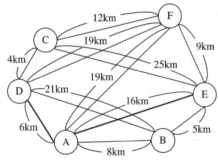

따라서 화물차가 이동한 경로의 길이는 6+16=22km이다.

04 정답 27km

최단 경로는 A−E−D−C로 26km이다.

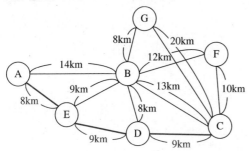

A−E를 그래프에서 제외하고 최단 경로를 계산하면 최단 경로는 A−B−C로 27km이다.
D−E를 그래프에서 제외하고 최단 경로를 계산하면 최단 경로는 A−B−C로 27km이다.
C−D를 그래프에서 제외하고 최단 경로를 계산하면 최단 경로는 A−B−C로 27km이다.
즉, 두 번째로 짧은 경로의 길이는 27km이다.

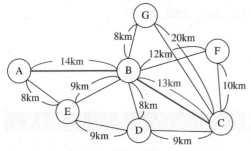

따라서 화물차가 이동한 경로의 길이는 14+13=27km이다.

05 정답 22km

최단 경로는 C−D−A−E로 20km이다.

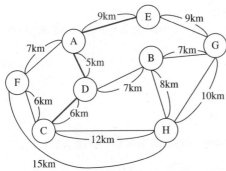

A−E를 그래프에서 제외하고 최단 경로를 계산하면 최단 경로는 C−D−B−G−E로 29km이다.
A−D를 그래프에서 제외하고 최단 경로를 계산하면 최단 경로는 C−F−A−E로 22km이다.
C−D를 그래프에서 제외하고 최단 경로를 계산하면 최단 경로는 C−F−A−E로 22km이다.
즉, 두 번째로 짧은 경로의 길이는 22km이다.

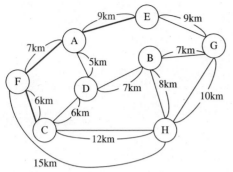

따라서 화물차가 이동한 경로의 길이는 6+7+9=22km이다.

예제풀이

사용 가능한 범위에 속하는 숫자 1, 2로 목표하는 수 5를 만들 수 있는 경우는 다음과 같다.
(11111, 1112, 122)
따라서 목표하는 수를 만들 수 있는 최대 경우의 수는 3가지이다.

06   정답 5가지

n	A(1, n)	A(1~2, n)−A(1, n)	A(1~3, n)−A(1~2, n)	합계
$n=1$	1	−	−	A(1~3, 1)=1
$n=2$	1	1	−	A(1~3, 2)=2
$n=3$	1	1	1	A(1~3, 3)=3
$n=4$	1	2	1	A(1~3, 4)=4
$n=5$	1	2	2	A(1~3, 5)=5

풀이 꿀팁

사용 가능한 숫자 범위가 $a \sim b$일 때 목표하는 수 c를 만들 수 있는 경우의 수를 A($a \sim b$, c)라고 하자.

먼저 A(1~3, 5)를 구하기 위해 A(1, 5), A(1~2, 5)−A(1, 5), A(1~3, 5)−A(1~2, 5)를 다음과 같이 순차적으로 계산해본다.
• A(1, 5)
 A(1, 1)=1 (1)
 A(1, 2)=1 (11)
 A(1, 3)=1 (111)
 A(1, 4)=1 (1111)
 A(1, 5)=1 (11111)
 따라서 A(1, c)는 c에 상관없이 1가지이다. 1로 만들 수 있는 경우의 수는 1가지이므로 이와 같은 규칙을 유추할 수 있다.
• A(1~2, 5)−A(1, 5)
 A(1~2, 1)−A(1, 1)=0
 A(1~2, 2)−A(1, 2)=1 (2)
 A(1~2, 3)−A(1, 3)=1 (12)
 A(1~2, 4)−A(1, 4)=2 (112, 22)
 A(1~2, 5)−A(1, 5)=2 (1112, 122)
 따라서 A(1~2, c)−A(1, c)는 c가 2의 배수일 때마다 1가지씩 증가한다. 2로 2의 배수를 만들 수 있으므로 이와 같은 규칙을 유추할 수 있다.

- $A(1 \sim 3, \ 5) - A(1 \sim 2, \ 5)$

$A(1 \sim 3, \ 1) - A(1 \sim 2, \ 1) = 0$

$A(1 \sim 3, \ 2) - A(1 \sim 2, \ 2) = 0$

$A(1 \sim 3, \ 3) - A(1 \sim 2, \ 3) = 1 \ (3)$

$A(1 \sim 3, \ 4) - A(1 \sim 2, \ 4) = 1 \ (13)$

$A(1 \sim 3, \ 5) - A(1 \sim 2, \ 5) = 2 \ (113, \ 23)$

따라서 $A(1 \sim 3, \ c) - A(1 \sim 2, \ c)$는 c가 $3n+2m$(단, $n \geq 1$, $m \geq 0$)일 때마다 $(n, \ m)$의 경우의 수만큼 증가한다. 2와 3이 함께 만들 수 있는 수를 찾는 것이므로 이와 같은 규칙을 유추할 수 있다.

$A(1 \sim 3, \ 5) = A(1, \ 5) + \{A(1 \sim 2, \ 5) - A(1, \ 5)\} + \{A(1 \sim 3, \ 5) - A(1 \sim 2, \ 5)\}$이므로 $A(1 \sim 3, \ 5) = 1 + 2 + 2 = 5$가지이다.

07 　정답　 10가지

n	$A(1, \ n)$	$A(1 \sim 2, \ n) - A(1, \ n)$	$A(1 \sim 3, \ n) - A(1 \sim 2, \ n)$	합계
$n=1$	1	–	–	$A(1 \sim 3, \ 1) = 1$
$n=2$	1	1	–	$A(1 \sim 3, \ 2) = 2$
$n=3$	1	1	1	$A(1 \sim 3, \ 3) = 3$
$n=4$	1	2	1	$A(1 \sim 3, \ 4) = 4$
$n=5$	1	2	2	$A(1 \sim 3, \ 5) = 5$
$n=6$	1	3	3	$A(1 \sim 3, \ 6) = 7$
$n=7$	1	3	4	$A(1 \sim 3, \ 7) = 8$
$n=8$	1	4	5	$A(1 \sim 3, \ 8) = 10$

08 　정답　 18가지

n	$A(1, \ n)$	$A(1 \sim 2, \ n) - A(1, \ n)$	$A(1 \sim 3, \ n) - A(1 \sim 2, \ n)$	$A(1 \sim 4, \ n) - A(1 \sim 3, \ n)$	$A(1 \sim 5, \ n) - A(1 \sim 4, \ n)$	합계
$n=1$	1	–	–	–	–	$A(1 \sim 5, \ 1) = 1$
$n=2$	1	1	–	–	–	$A(1 \sim 5, \ 2) = 2$
$n=3$	1	1	1	–	–	$A(1 \sim 5, \ 3) = 3$
$n=4$	1	2	1	1	–	$A(1 \sim 5, \ 4) = 5$
$n=5$	1	2	2	1	1	$A(1 \sim 5, \ 5) = 7$
$n=6$	1	3	3	2	1	$A(1 \sim 5, \ 6) = 10$
$n=7$	1	3	4	3	2	$A(1 \sim 5, \ 7) = 13$
$n=8$	1	4	5	5	3	$A(1 \sim 5, \ 8) = 18$

3일 차

추판식

09 정답 30가지

n	A(1, n)	A(1~2, n) −A(1, n)	A(1~3, n) −A(1~2, n)	A(1~4, n) −A(1~3, n)	A(1~5, n) −A(1~4, n)	합계
$n=1$	1	–	–	–	–	A(1~5, 1)=1
$n=2$	1	1	–	–	–	A(1~5, 2)=2
$n=3$	1	1	1	–	–	A(1~5, 3)=3
$n=4$	1	2	1	1	–	A(1~5, 4)=5
$n=5$	1	2	2	1	1	A(1~5, 5)=7
$n=6$	1	3	3	2	1	A(1~5, 6)=10
$n=7$	1	3	4	3	2	A(1~5, 7)=13
$n=8$	1	4	5	5	3	A(1~5, 8)=18
$n=9$	1	4	7	6	5	A(1~5, 9)=23
$n=10$	1	5	8	9	7	A(1~5, 10)=30

10 정답 3가지

A(2, 6)=1 (222)

A(2~3, 6)−A(2, 6)=1 (33)

A(2~4, 6)−A(2~3, 6)=1 (24)

따라서 A(2~4, 6)=A(2, 6)+{A(2~3, 6)−A(2, 6)}+{A(2~4, 6)−A(2~3, 6)}=3가지이다.

[11~15]

예제풀이

철수와 영희의 승패에 따른 경우의 수를 구한 다음 각 가위바위보에 대한 선택지를 곱하여 총 경우의 수를 구할 수 있다. 이때 철수와 영희의 승패에 관한 경우의 수는 점화식을 얻어 구할 수 있다. 현재 게임 횟수를 n, 현재까지 철수가 승리했을 때를 w, 비겼을 때를 d로 하면 다음의 점화식을 생성할 수 있다.

> - (영희가 상금획득이 가능한 경우의 수)=(첫 번째 게임에서 영희가 승리했을 때의 상금 획득이 가능한 경우의 수)+(두 번째 게임에서 비겼을 때의 상금 획득이 가능한 경우의 수)+(세 번째 게임에서 철수가 승리했을 때의 상금 획득이 가능한 경우의 수)
> - $DP[n][d][w]=DP[n+1][d][0]+DP[n+1][d+1][0]+DP[n+1][d][w+1]$

해당 점화식에서 주의해야 할 것은 철수가 패배하거나 비길 경우 연속적으로 승리하지 못하였기 때문에 w가 0으로 돌아가는 것이다.

가위바위보 게임을 3번하여 영희가 상금을 획득할 수 있는 경우는 다음과 같다(철 : 철수가 승리, 영 : 영희가 승리, 비 : 비김).

> (영, 영, 영) (영, 비, 영) (비, 영, 영) (영, 영, 비) (영, 영, 철) (영, 철, 영) (철, 영, 영) (영, 철, 철) (철, 영, 철) (철, 철, 영) (비, 철, 철) (철, 비, 철) (철, 철, 비) (철, 비, 영) (철 ,영 ,비) (영, 비, 철) (영, 철, 비) (비, 철, 영) (비, 영, 철)
> =총 19가지

또한 가위바위보는 가위, 바위, 보로 총 세 가지의 선택지가 존재한다. 우리는 승패에 대한 경우의 수를 구하였기 때문에 가위바위보의 선택지를 추가로 고려하여야 한다. 다만 이미 승패에 대해서 결정을 지었기 때문에, 철수의 선택지에 따라 영희의 선택지가 종속된다고 볼 수 있으므로 총 경우의 수는 가위바위보에 대한 선택지는 총 $3\times3\times3=27$이다.

따라서 가위바위보 선택지에 대한 경우의 수와 승패에 대한 경우의 수를 곱하면 $19\times27=513$가지이다.

11 정답 3,483가지

DP[0][0][0]=DP[1][0][0]+DP[1][1][0]+DP[1][0][1]

이때 DP[1][0][0]은 영희가 승리한 경우의 수로 철수가 승리할 수 있는 경우의 수에 영향을 미치지 않으므로 가위바위보 게임을 3번 진행한 것과 같다. 그러므로 DP[1][0][0]=19임을 확인할 수 있다. 나머지 DP[1][1][0]과 DP[1][0][1]은 직접 경우의 수를 더하여 구하도록 한다.

DP[0][0][0]=DP[1][0][0]+DP[1][1][0]+DP[1][0][1]

$$=19+7+17$$

$$=43$$

따라서 모든 경우의 수는 $43 \times (3 \times 3 \times 3 \times 3)=3,483$가지이다.

12 정답 2,916가지

DP[2][0][2]=12

따라서 모든 경우의 수는 $12 \times (3 \times 3 \times 3 \times 3 \times 3)=2,916$가지이다.

13 정답 4,617가지

영희가 먼저 2번 승리하여도 철수가 승리하는 경우의 수에 영향을 주지 않으므로 남은 3번에 대한 경우의 수는 19가지이다.

DP[2][0][0]=19

따라서 모든 경우의 수는 $19 \times (3 \times 3 \times 3 \times 3 \times 3)=4,617$가지이다.

14 정답 9,134가지

DP[1][0][1]=DP[2][0][0]+DP[2][1][0]+DP[2][0][2]

$$=19+7+12$$

$$=38$$

따라서 모든 경우의 수는 $38 \times (3 \times 3 \times 3 \times 3 \times 3)=9,134$가지이다.

15 정답 22,842가지

DP[0][0][0]=DP[1][0][0]+DP[1][1][0]+DP[1][0][1]

이때 DP[1][0][0]은 가위바위보 게임을 4번 진행한 것과 경우의 수가 같으며 DP[1][0][1]은 14번에서 경우의 수를 구하였다. 나머지 DP[1][1][0]을 구하면 다음과 같이 식을 정리할 수 있다.

DP[0][0][0]=DP[1][0][0]+DP[1][1][0]+DP[1][0][1]

$$=43+13+38$$

$$=94$$

따라서 모든 경우의 수는 $94 \times (3 \times 3 \times 3 \times 3 \times 3)=22,842$가지이다.

[1~5]

예제풀이

- $n=1$

  시험기간이 하루 남았다면 철수는 짬뽕을 먹을 수밖에 없으므로 경우의 수는 한 가지이다.
- $n=2$

  시험기간이 이틀 남았다면 철수는 이틀 모두 짜장면 혹은 짬뽕을 먹으므로 경우의 수는 두 가지이다.

풀이 꿀팁

해당 문제는 점화식으로 해결할 수 있는 문제이다. 점심식사 경우의 수를 A(n)이라고 할 때, 시험기간을 1부터 차례로 늘려나간다.

> A(1)=1 (짬뽕)
> A(2)=2 (짜장면 – 짜장면), (짬뽕 – 짬뽕)
> A(3)=3 (짜장면 – 짜장면 – 짬뽕), (짬뽕 – 짜장면 – 짜장면), (짬뽕 – 짬뽕 – 짬뽕)
> A(4)=5 (짜장면 – 짜장면 – 짜장면 – 짜장면), (짬뽕 – 짜장면 – 짜장면 – 짬뽕), (짬뽕 – 짬뽕 – 짜장면 – 짜장면),
> 　　　 (짜장면 – 짜장면 – 짬뽕 – 짬뽕), (짬뽕 – 짬뽕 – 짬뽕 – 짬뽕)

A(1), A(2), A(3)의 관계로 A(n)의 규칙을 유추해보자.

시험기간이 3일 남은 A(3)은 첫 번째 날에 짬뽕을 먹을 수도 있고, 첫 번째 날과 두 번째 날에 이틀 연속으로 짜장면이나 짬뽕을 먹을 수도 있다. 이 경우는 A(1)과 A(2)임을 알 수 있다. 이를 A(3)으로 만들기 위해 A(2)에 하루를 더 추가하면 홀수일이므로 마지막 날에 짬뽕을 먹을 수밖에 없다. A(1)에는 이틀을 더 추가하면 이틀 연속으로 짬뽕이나 짜장면을 먹어야 하는데, 이미 하루 추가된 A(2)에 3일 연속으로 짬뽕을 먹는 경우가 포함되어 있으므로 이틀 연속으로 짜장면을 먹어야 한다.

따라서 A(3)는 A(1)+A(2)와 같음을 알 수 있다.

기존		→	A(3)
A(1)	(짬뽕)	이틀 추가(짜장면, 짜장면)	(짬뽕 – 짜장면 – 짜장면)
A(2)	(짜장면 – 짜장면), (짬뽕 – 짬뽕)	하루 추가(짬뽕)	(짜장면 – 짜장면 – 짬뽕), (짬뽕 – 짬뽕 – 짬뽕)

더 나아가 A(n)은 피보나치 수열임을 알 수 있다. A(n)은 A($n-2$)일 동안의 점심식사와 더불어 마지막 이틀 동안 짜장면을 먹은 경우와 A($n-1$)일 동안의 점심식사와 더불어 마지막 하루에 짬뽕을 먹은 경우의 수의 합과 같다. 피보나치 수열의 점화식은 A(n)= A($n-2$)+A($n-1$)으로 해당 식을 이용하여 점심식사의 경우의 수를 구할 수 있다.

01 정답 8가지

A(5)=A(3)+A(4)=3+5=8

02 정답 21가지

A(6)=A(4)+A(5)=5+8=13
A(7)=A(5)+A(6)=8+13=21

03 정답 89가지

A(8)＝A(6)＋A(7)＝13＋21＝34
A(9)＝A(7)＝A(8)＝21＋34＝55
A(10)＝A(8)＋A(9)＝34＋55＝89

04 정답 233가지

A(11)＝A(9)＋A(10)＝55＋89＝144
A(12)＝A(10)＋A(11)＝89＋144＝233

05 정답 2,584가지

A(13)＝A(11)＋A(12)＝144＋233＝377
A(14)＝A(12)＋A(13)＝233＋377＝610
A(15)＝A(13)＋A(14)＝377＋610＝987
A(16)＝A(14)＋A(15)＝610＋987＝1,597
A(17)＝A(15)＋A(16)＝987＋1,597＝2,584

[6~10]

예제풀이

해당 문제는 DP 문제이며 점화식을 세워 타일을 설치하는 경우의 수에 대해서 파악하여야 한다.
현재 주어진 타일은 2×1과 2×2형태가 있기 때문에 2×2만큼의 복도는 아래와 같은 형태로 타일을 배치하여 채울 수가 있다.

그러므로 $x \times 2$에 타일을 배치할 수 있는 모든 경우 DP(x)라고 표현을 한다면 DP(x)는

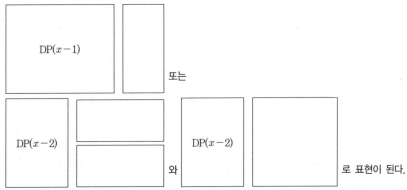

이때 DP($x-2$)와 세로로 타일이 2개 놓인 경우는 이미 앞의 DP($x-1$)과 세로로 놓인 타일의 경우에 포함이 되기 때문에 고려하지 않는다.
따라서 점화식을 세우면 DP(x)＝DP($x-1$)＋2DP($x-2$)이다.

초기값
DP(1) : 1×2의 크기의 복도에 타일을 배치해야 하므로 복도에는 타일을 1개만 배치할 수 있다[DP(1)＝1].
DP(2) : 2×2의 크기의 복도에 타일을 배치해야 하므로 복도에는 타일을 3가지 경우로 배치할 수 있다[DP(2)＝3].

06 정답 5가지

$DP(x) = DP(x-1) + 2DP(x-2)$
$DP(1) = 1$
$DP(2) = 3$
$DP(3) = DP(2) + 2DP(1) = 5$

07 정답 21가지

$DP(3) = 5$
$DP(4) = 11$
$DP(5) = DP(4) + 2DP(3) = 21$

08 정답 171가지

$DP(6) = 43$
$DP(7) = 85$
$DP(8) = DP(7) + 2DP(6) = 171$

09 정답 683가지

$DP(8) = 171$
$DP(9) = 341$
$DP(10) = DP(9) + 2DP(8) = 683$

10 정답 2,731가지

$DP(10) = 683$
$DP(11) = 1,365$
$DP(12) = DP(11) + 2DP(10) = 2,731$

[1~5]

예제풀이

〈처음 상태〉

왼쪽 막대	가운데 막대	오른쪽 막대
1번 링		
2번 링		

〈1초 후〉

왼쪽 막대	가운데 막대	오른쪽 막대
2번 링	1번 링	

〈2초 후〉

왼쪽 막대	가운데 막대	오른쪽 막대
	1번 링	2번 링

〈3초 후〉

왼쪽 막대	가운데 막대	오른쪽 막대
		1번 링
		2번 링

따라서 최소 3초가 걸린다.

풀이 꿀팁

n개의 원반을 한쪽 막대에서 다른 막대로 옮길 때 소모되는 시간을 a_n 이라고 정의하면, a_{n+1}은 $n+1$개의 원반을 옮기는 시간이다. $n+1$개의 원반을 옮기기 위해서는 우선 n개의 원반을 옮겨야 한다. 이때 왼쪽의 막대에서 가운데 막대로 n개의 원반을 옮겨 a_n 의 시간을 소모하고, $n+1$번째 원반을 오른쪽 막대로 옮겨 1초만큼의 시간을 소모한다. 이후 가운데 막대에 존재하는 n개의 원반을 다시 오른쪽 막대로 옮겨 a_n 의 시간을 소모한다. 즉, $n+1$개의 원반을 옮기는 시간인 a_{n+1}은 $2a_n + 1$이 된다. 이는 점화식 $a_{n+1} = 2a_n + 1$로 표현되며 해당 식을 $a_{n+1} + 1 = 2(a_n + 1)$로 표현한다면 $a_n + 1$은 공비가 2인 등비수열이 된다.

따라서 $a_n = (a_1 + 1) \times 2^{n-1} - 1 = 2^n - 1$이다.

3일 차 주관식

〈처음 상태〉

왼쪽 막대	가운데 막대	오른쪽 막대
$1 \sim n$번 링		
$(n+1)$번 링		

〈a_n초 후〉

왼쪽 막대	가운데 막대	오른쪽 막대
$(n+1)$번 링	$1 \sim n$번 링	

〈a_n+1초 후〉

왼쪽 막대	가운데 막대	오른쪽 막대
	$1 \sim n$번 링	$(n+1)$번 링

〈a_n+1+a_n초 후〉

왼쪽 막대	가운데 막대	오른쪽 막대
		$1 \sim n$번 링
		$(n+1)$번 링

01 　정답　 7초

$2^3 - 1 = 7$

02 　정답　 31초

$2^5 - 1 = 31$

03 　정답　 127초

$2^7 - 1 = 127$

04 　정답　 1,023초

$2^{10} - 1 = 1,023$

05 　정답　 4,095초

$2^{12} - 1 = 4,095$

[1~5]

예제풀이

문자열을 연속적인 문자로 이루어지도록 구간을 나누면 해당 문자열의 구간은 총 5개로 A, B, AA, BB, AA가 있다. 이때 A의 구간이 3개로 가장 많으므로 B와 BB 구간을 수정한다.

풀이 꿀팁

해당 문제는 주어진 문자열의 구간을 파악하는 것이 핵심이다. 문제에서는 연속적인 문자들을 한 번에 수정할 수 있으므로 수정할 구간을 정확하게 찾아야만 문제를 해결할 수 있다. 또한 현재 A, B, C 세 문자가 문자열에 존재하기 때문에 각 문자에 속하는 구간이 몇 개인지 파악하고, 가장 구간의 개수가 적은 문자로 이루어진 구간을 수정하여야 한다. 이때 수정해야 할 동일한 문자열 사이에 끼인 문자열이 있다면 먼저 바꾸어 구간의 개수를 줄여야 한다.

01   정답 1번

구간은 총 3개로 AAA, BB, AA가 있다. 이때 A의 구간이 2개로 가장 많으므로 B의 구간을 1번 수정한다.

02   정답 2번

구간은 총 4개로 AA, BB, AA, BB가 있다. A와 B의 구간의 수는 2개로 같기 때문에 A나 B의 구간을 2번 수정한다.

03   정답 2번

구간은 총 4개로 AA, BB, AAA, C가 있다. 이때 A의 구간의 수는 2개로 가장 많기 때문에, B와 C의 구간을 수정한다.

04   정답 3번

구간은 총 7개로 A, B, C, BB, A, C, A가 있다. A의 구간은 3개, B의 구간은 2개, C의 구간은 2개로 A의 구간이 가장 많기 때문에 B와 C의 구간을 수정한다. 이때 다음과 같이 B의 사이에 끼인 C를 B로 바꾼 후 한 번에 A로 바꾸면 횟수를 최소로 할 수 있다.
ABCBBACA → ABBBBACA → AAAAAACA → AAAAAAAA
따라서 3번 수정한다.

05   정답 4번

구간은 총 8개로 AA, B, A, CC, B, A, B, A가 있다. 이때 A문자의 구간의 수는 4개, B문자의 구간은 3개, C문자의 구간은 1개이다.
따라서 A문자를 제외한 B와 C 구간을 수정하여야 하므로 총 4개의 구간이 수정된다.

예제풀이

최소한으로 카드를 제거하며 정렬된 상태를 유지하면 된다.
- 1회 : 4 제거 → 1 5 9 7 10 14
- 2회 : 9 또는 7 제거 → 1 5 7 10 14 또는 1 5 9 10 14

06   정답   1회

1과 5만 남으면 되므로 8만 제거한다.
- 1회 : (8 1 5) → (1 5)

07   정답   3회

8과 101 또는 102, 45만 제거하면 되므로
- 1회 : (3 25 56 57 8 96 102 101 111 45 120) → (3 25 56 57 96 102 101 111 45 120)
- 2회 : (3 25 56 57 96 102 101 111 45 120)
    → (3 25 56 57 96 102 111 45 120) 또는 (3 25 56 57 96 101 111 45 120)
- 3회 : (3 25 56 57 96 102 111 45 120) → (3 25 56 57 96 102 111 120)

08   정답   7회

전부 역배열이므로 숫자 하나 외에 전부 제거하여 7회
- 1 ~ 7회 : (10 9 8 7 6 4 2) 제거

09   정답   4회

1부터 5까지는 정렬이 되어 있으므로 4회
- 1회 : (7 6 4 3 1 2 3 4 5) → (6 4 3 1 2 3 4 5)
- 2회 : (6 4 3 1 2 3 4 5) → (4 3 1 2 3 4 5)
- 3회 : (4 3 1 2 3 4 5) → (3 1 2 3 4 5)
- 4회 : (3 1 2 3 4 5) → (1 2 3 4 5)

10   정답   9회

- 1회 : (5 87 3 65 1 45 3 90 9 48 2 61 7 19) → (87 3 65 1 45 3 90 9 48 2 61 7 19)
- 2회 : (87 3 65 1 45 3 90 9 48 2 61 7 19) → (3 65 1 45 3 90 9 48 2 61 7 19)
- 3회 : (3 65 1 45 3 90 9 48 2 61 7 19) → (65 1 45 3 90 9 48 2 61 7 19)
- 4회 : (65 1 45 3 90 9 48 2 61 7 19) → (1 45 3 90 9 48 2 61 7 19)
- 5회 : (1 45 3 90 9 48 2 61 7 19) → (1 3 90 9 48 2 61 7 19)
- 6회 : (1 3 90 9 48 2 61 7 19) → (1 3 9 48 2 61 7 19)
- 7회 : (1 3 9 48 2 61 7 19) → (1 3 9 48 61 7 19)
- 8회 : (1 3 9 48 61 7 19) → (1 3 9 48 61 19)
- 9회 : (1 3 9 48 61 19) → (1 3 9 48 61)

예제풀이

물건을 종류별로 트럭에 적재할 때마다 최대 이윤을 탐색하는 표를 그린다.

해당 표의 가로축은 물건으로 인해 발생하는 무게이고, 세로축은 고려하는 품목이다.

표의 수치는 적재하는 품목들로 얻을 수 있는 최대 이익이다.

물건을 종류별로 하나씩 트럭에 적재할 때마다 최대 이윤을 탐색하는 표를 그린다.

품목 \ 무게	0	10	20	30	40	50	60
A	0	0	0	0	0	0	13
A, B	0	0	0	0	8	8	13
A, B, C	0	0	0	6	8	8	13
A, B, C, D	0	0	0	6	8	12	13

표를 통해 물건 A를 적재할 때 최대 13만 원의 이윤을 얻는 것을 확인할 수 있다.

11 정답 18만 원

품목 \ 무게	0	10	20	30	40	50	60	70	80
A	0	0	0	0	0	0	13	13	13
A, B	0	0	0	0	8	8	13	13	13
A, B, C	0	0	0	6	8	8	13	14	14
A, B, C, D	0	0	0	6	8	12	13	14	18

표를 통해 물건 C, D를 적재할 때 최대 18만 원의 이윤을 얻는 것을 확인할 수 있다.

12 정답 20만 원

품목 \ 무게	0	10	20	30	40	50	60	70	80	90
A	0	0	0	0	0	0	13	13	13	13
A, B	0	0	0	0	8	8	13	13	13	13
A, B, C	0	0	0	6	8	8	13	14	14	19
A, B, C, D	0	0	0	6	8	12	13	14	18	20

표를 통해 물건 B, D를 적재할 때 최대 20만 원의 이윤을 얻는 것을 확인할 수 있다.

13 정답 21만 원

품목 \ 무게	0	10	20	30	40	50	60	70	80	90	100
A	0	0	0	0	0	0	13	13	13	13	13
A, B	0	0	0	0	8	8	13	13	13	13	21
A, B, C	0	0	0	6	8	8	13	14	14	19	21
A, B, C, D	0	0	0	6	8	12	13	14	18	20	21

표를 통해 물건 A, B를 적재할 때 최대 21만 원의 이윤을 얻는 것을 확인할 수 있다.

14　정답　26만 원

품목 \ 무게	0	10	20	30	40	50	60	70	80	90	100	110	120
A	0	0	0	0	0	0	13	13	13	13	13	13	13
A, B	0	0	0	0	8	8	13	13	13	13	21	21	21
A, B, C	0	0	0	6	8	8	13	14	14	19	21	21	21
A, B, C, D	0	0	0	6	8	12	13	14	18	20	21	25	26

표를 통해 B, C, D를 적재할 때 최대 26만 원의 이윤을 얻는 것을 확인할 수 있다.

15　정답　33만 원

품목 \ 무게	0	10	20	30	40	50	60	70	80	90	100	110	120	130	140	150
A	0	0	0	0	0	0	13	13	13	13	13	13	13	13	13	13
A, B	0	0	0	0	8	8	13	13	13	13	21	21	21	21	21	21
A, B, C	0	0	0	6	8	8	13	14	14	19	21	21	21	27	27	27
A, B, C, D	0	0	0	6	8	12	13	14	18	20	21	25	26	27	31	33

표를 통해 물건 A, B, D를 적재할 때 최대 33만 원의 이윤을 얻는 것을 확인할 수 있다.

[16~20]

예제풀이

A~E지역 사이의 7개의 고속도로를 길이가 짧은 것부터 나열해 보면 다음과 같다.

A - C	A - B	C - D	C - B	B - E	D - E	A - D
52km	58km	66km	70km	82km	91km	105km

최단거리로 다섯 지역을 연결하기 위해 가장 짧은 거리인 A - C고속도로부터 선택한다. 다음으로 A - B고속도로와 C - D고속도로를 연결하면 B - A - C - D지역이 최단거리로 고속도로가 연결된다. 마지막으로 E지역을 연결해야 하므로 E지역과 연결된 가장 짧은 고속도로는 B - E이다.

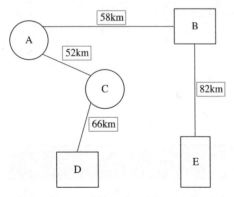

따라서 고속도로의 총길이는 52+58+66+82=258km이다.

16 [정답] 132km

B – D	A – C	A – B	A – D	B – E	C – E
12km	28km	33km	50km	59km	60km

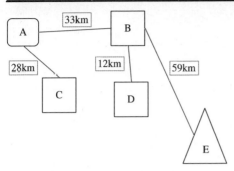

따라서 고속도로의 총길이는 12+28+33+59=132km이다.

17 [정답] 147km

ㄱ – ㄴ	ㄹ – ㅂ	ㄴ – ㄷ	ㄷ – ㅂ	ㄱ – ㅂ	ㄱ – ㄹ	ㄷ – ㅁ
21km	26km	27km	28km	30km	31km	45km

따라서 고속도로의 총길이는 21+26+27+28+45=147km이다.

18 정답 132km

ㄷ - ㄹ	ㄹ - ㅁ	ㄴ - ㅂ	ㄱ - ㄹ	ㄴ - ㅁ	ㄱ - ㄷ	ㄹ - ㅅ	ㅅ - ㅇ	ㄹ - ㅇ
16km	17km	18km	19km	19km	20km	21km	22km	23km

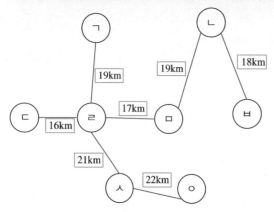

따라서 고속도로의 총길이는 16+17+18+19+19+21+22=132km이다.

19 정답 205km

t - y	t - u	v - x	s - v	s - t	u - x	s - u	x - y	x - z	s - y
25km	28km	29km	35km	37km	38km	40km	42km	51km	57km

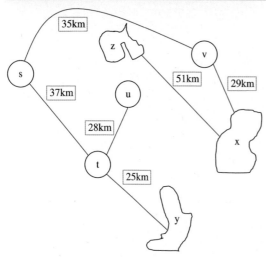

따라서 고속도로의 총길이는 25+28+29+35+37+51=205km이다.

20 정답 351km

c – 라	b – c	다 – 라	다 – b	나 – 다	가 – 나	a – c	a – 가	a – 다	나 – a	나 – 라
44km	47km	57km	60km	65km	68km	70km	71km	80km	85km	112km

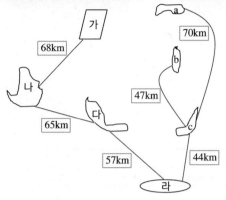

따라서 고속도로의 총길이는 44+47+57+65+68+70=351km이다.

[1~5]

예제풀이

ⅰ) 그래프의 간선들을 내림차순으로 정렬한다.

C – D	A – B	A – C	A – E	C – E	D – E	B – E
8km	7km	7km	6km	6km	6km	2km

ⅱ) 정렬된 간선들을 순서대로 선택하되 서클을 형성하지 않도록 한다.

C – D	A – B	A – C	A – E	C – E	D – E	B – E
8km	7km	7km	6km	6km	6km	2km

ⅲ) ⅱ)번 과정을 반복하여 모든 노드가 연결되도록 한다.

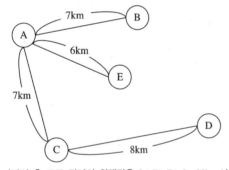

따라서 총 도로 길이의 최댓값은 8+7+7+6=28km이다.

풀이 꿀팁

해당 문제는 MST(Minimum Spanning Tree) 유형의 변형문제이다.
신문 배달을 위해 모든 마을을 지나야 하지만 한 번 지나간 도로는 지나가지 않으며, 마을 간의 Circle을 만들지 않도록 Spanning Tree를 만들어야 한다. 다만, MST와는 다르게 지나간 도로의 길이의 최솟값을 구하는 것이 아니라 최댓값을 구하여야 하기 때문에 해결 방법으로 Kruskal MST 알고리즘을 변형하여 사용한다.

01 　정답　19km

A – C	C – E	D – E	A – B	B – E
6km	5km	5km	3km	3km

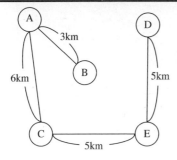

따라서 총 도로 길이의 최댓값은 6+5+5+3=19km이다.

02 　정답　57km

B – F	A – B	A – C	B – E	C – F	E – F	D – E
16km	14km	14km	8km	8km	6km	5km

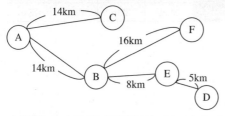

따라서 총 도로 길이의 최댓값은 16+14+14+8+5=57km이다.

03 　정답　116km

D – F	B – E	A – E	A – B	A – C	A – F	C – D	D – E
33km	28km	22km	21km	17km	16km	15km	14

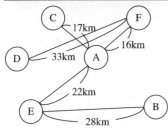

따라서 총 도로 길이의 최댓값은 33+28+22+17+16=116km이다.

04 [정답] 84km

D－F	E－G	D－E	A－C	A－G	B－E	A－B	C－F	B－H	B－F
18km	15km	13km	11km	11km	11km	10km	8km	5km	4km

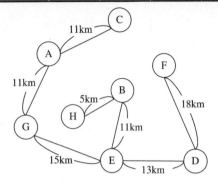

따라서 총 도로 길이의 최댓값은 18＋15＋13＋11＋11＋11＋5＝84km이다.

05 [정답] 42km

A－C	A－G	A－D	E－F	A－E	C－G	B－G	A－B	C－D	D－E	D－F
9km	8km	8km	7km	6km	6km	4km	3km	3km	3km	3km

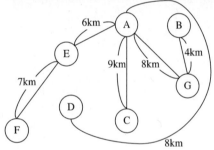

따라서 총 도로 길이의 최댓값은 9＋8＋8＋7＋6＋4＝42km이다.

예제풀이

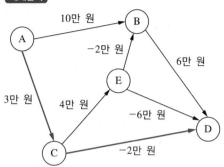

풀이 꿀팁

최단 거리문제는 다익스트라 알고리즘을 통해서 문제를 풀 수 있다. 하지만 간선에 음수가 존재하게 되면 다익스트라 알고리즘은 정상적으로 작동하지 못하고 사이클을 생성하는 문제를 발생하게 된다. 이를 해결하기 위해서는 다익스트라 알고리즘이 아닌 벨만－포드 알고리즘을 사용하여야 한다. 벨만－포드 알고리즘의 기본 알고리즘은 다음과 같다.

모든 노드에 임의의 값을 부여한다. 해당 값은 최단 거리를 계산하는 데 사용된다.

ⅰ) 임의의 노드 하나에 대해 0의 값을 부여하고 다른 모든 노드에 대해 무한대의 값을 할당한다.

ⅱ) 0의 값을 부여받은 노드와 간선으로 직접 연결된 노드가 있으면 해당 노드들의 값을 간선의 길이로 업데이트한다. 단, 업데이트 과정에서 기존 노드의 값이 업데이트되는 값보다 작을 때 값을 바꾸지 않는다.

ⅲ) ⅱ) 과정에서 업데이트 대상이 된 노드들에 연결이 되는 이웃 노드가 존재할 시, 해당 이웃 노드들의 값을 간선의 길이와 ⅱ) 과정에서 업데이트 대상이 된 노드의 값의 합으로 업데이트한다.

ⅳ) ⅲ) 과정에서 업데이트 대상이 된 노드들이 다시 이웃 노드들의 값을 업데이트한다.

ⅴ) 모든 간선의 길이가 업데이트 과정에서 계산이 될 때까지 반복한다.

ⅵ) 1에서 0의 값을 부여받은 노드를 제외한 다른 모든 노드에 대해서 ⅱ)~ⅴ) 과정을 반복한다.

06 정답 －2만 원

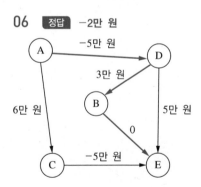

3일 차

주관식

07 정답 7만 원

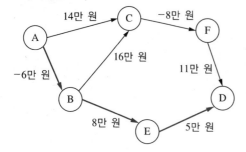

08 정답 4만 원

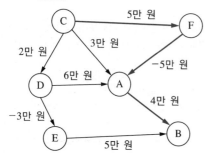

09 정답 −1만 원

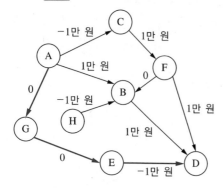

10 정답 5만 원

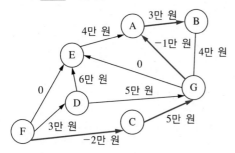

예제풀이

높이가 2인 산은 양쪽 산과의 거리가 각각 2, 4이므로 높이가 2인 산을 제외하고 등산하면 된다.
따라서 높이가 4, 6, 7인 산을 등산하면 4−2+6−1+7=14점을 얻을 수 있다.

풀이 꿀팁

높이 편차가 크지 않은 산끼리 묶어 보는 것이 문제의 핵심이며, 양쪽 산과의 거리가 등산한 산의 높이보다 크거나 같다면 오르지 않는 것이 좋다. 또한 산들의 높이 차가 크다면 높은 산들을 오르는 것이 좋지만, 높이 차가 크지 않고 낮은 산들이 많다면 낮은 산을 여러 번 오르는 것이 점수를 많이 얻는 방법이다.

11 정답 10점

높이가 1인 산을 제외하고 등산하면 된다.
따라서 높이가 5, 7인 산을 등산하면 5−2+7=10점을 얻을 수 있다.

12 정답 24점

높이가 4인 산이 많으므로 이 경우 높이가 10인 산을 제외하고 등산하면 된다.
따라서 높이가 4인 산을 모두 등산하면 4×6=24점을 얻을 수 있다.

13 정답 35점

높이가 8, 9, 10, 15인 산과 높이가 1, 2, 3인 산으로 나누어 높은 산들만 등산하면 된다.
따라서 높이가 8, 9, 10, 15인 산을 등산하면 8−1+9−1+10−5+15=35점을 얻을 수 있다.

14 정답 72점

산들의 높이 차가 크므로 높이가 36, 45인 산을 등산하면 된다.
따라서 36−9+45=72점을 얻을 수 있다.

15 정답 105점

산들의 높이 차가 크므로 높이가 45, 35, 78인 산을 등산하면 된다.
따라서 45−10+35−43+78=105점을 얻을 수 있다.

각 배가 순서대로 통과하면 다음과 같다.
1일 : (통과, 3, 2)
2일 : (통과, 통과, 1)
3일 : (통과, 통과, 통과)
따라서 해협을 통과할 수 있는 배는 총 3척이다.

16 정답 3척

순서대로 들어가면 모든 배가 통과할 수 있다.
1일(통과, 1, 2) → 2일(통과, 통과, 1) → 3일(통과, 통과, 통과)

17 정답 4척

1일(통과, 1, 4, 제외, 4, 1) → 2일(통과, 통과, 3, 제외, 3, 제외) → 3일(통과, 통과, 통과, 제외, 2, 제외) → 4일(통과, 통과, 통과, 제외, 통과, 제외)
이때 다섯 번째 5를 연료를 가진 배를 세 번째로 이동시켜도 4척이다.

18 정답 5척

2연료를 가진 배 한 척을 맨 앞으로 옮기면 '1 3 3 5 5 4 4 2'의 배열이 된다. 또는 4연료의 배 한 척을 5연료 배들의 앞으로 옮기면 '3 3 3 5 5 4 2 2'의 배열이 된다.
따라서 앞에서부터 5척이 통과하게 된다.

19 정답 7척

'5 6 4 3 2'까지를 앞으로 보내 순서대로 다시 정렬하면 '1 2 3 4 5 7 8 1'의 배열이 된다.
따라서 앞에서부터 7척이 통과하게 된다.

20 정답 7척

'4 8 6 4 9 3 2 4 2 3'으로 되어 있는 배 배열을 다음과 같이 정렬한다.
'1 2 3 4 8 6 4 9 3 2'의 배열에서 순서대로 배를 보내면 1, 2, 3, 4, 8, 6, 9의 배들이 통과할 수 있게 된다.

4일 차

최종점검 모의고사
정답 및 해설

01 객관식

01	02	03	04	05	06	07	08	09	10	11	12	13	14	15					
③	④	②	④	④	①	⑤	④	④	②	①	④	①	④	①					

01 정답 ③

지하철의 이동거리를 $x$km라 하면 이상이 생겼을 때 지하철의 속력은 $60 \times 0.4 = 24$km/h이다.

평소보다 45분 늦게 도착하였으므로, 다음 식이 성립한다.

$\dfrac{x}{24} - \dfrac{x}{60} = \dfrac{45}{60}$

$\rightarrow 5x - 2x = 90$

$\rightarrow 3x = 90$

$\therefore \ x = 30$

따라서 지하철의 이동거리는 30km이다.

02 정답 ④

합격자 중 남성의 비율은 $\dfrac{120}{120+80} \times 100 = \dfrac{120}{200} \times 100 = 60\%$이므로 옳지 않다.

오답분석

① 남성 합격자 수는 여성 합격자 수의 $\dfrac{120}{80} = 1.5$배이다.

② 전체 입사지원자 중 합격률은 $\dfrac{120+80}{680+320} \times 100 = \dfrac{200}{1,000} \times 100 = 20\%$이다.

③ 여성 입사지원자의 합격률은 $\dfrac{80}{320} \times 100 = 25\%$이다.

⑤ 전체 입사지원자 중 여성 입사지원자의 비율은 $\dfrac{320}{680+320} \times 100 = \dfrac{320}{1,000} \times 100 = 32\%$이므로, 30% 이상이다.

03 정답 ②

오답분석

① 1983년 A국의 석유 수입액은 74달러이고 B국의 석유 수입액은 75달러이므로 B국이 더 많다.

③ 2003년 A국의 석유 수입액과 석탄 수입액의 합은 110.7달러고 LNG 수입액의 2배는 108.6달러이므로 2배보다 많다.

④ 두 국가의 1983년 대비 2023년 LNG 수입액 증가율은 다음과 같다.

• A국 : $\dfrac{79.9-29.2}{29.2} \times 100 ≒ 173.6\%$ • B국 : $\dfrac{102-30}{30} \times 100 = 240\%$

따라서 증가율은 B국이 더 크다.

⑤ 두 국가의 1983년 대비 2023년 석탄 수입액의 감소율은 다음과 같다.

• A국 : $\dfrac{28-82.4}{82.4} \times 100 ≒ -66\%$

• B국 : $\dfrac{7.1-44}{44} \times 100 ≒ -83.9\%$

따라서 감소율은 B국이 더 크다.

04 정답 ④

운수회사별로 버스 승객 수의 감소 인원과 1분기 승객의 20%를 계산하면 다음과 같다.

(단위 : 만 명)

구분	버스	승객 수			
		2023년 1분기	2023년 2분기	감소 인원	1분기 승객 20%
A운수회사	K3615	130	103	27	26
	C3707	80	75	5	16
	C3708	120	100	20	24
B운수회사	B5605	100	90	10	20
	J7756	90	87	3	18
C운수회사	L3757	130	100	30	26
	L3759	85	75	10	17
	L3765	70	60	10	14
D운수회사	O1335	60	40	20	12
	O2338	75	70	5	15

감소 인원이 1분기 승객의 20%보다 큰 버스는 K3615, L3757, O1335이고 각각 A운수회사, C운수회사, D운수회사가 운영하는 버스이다.
따라서 보조금을 받을 수 있는 운수회사는 3개이다.

05 정답 ④

작업인원이 1명일 때 생산량이 8대이므로,
$a+b^2=8$ … ⓐ
작업인원이 3명일 때 생산량이 48대이므로,
$9a+3b^2=48$ … ⓑ
ⓐ과 ⓑ을 연립하면 $b^2=4$이고, $b>0$이므로,
∴ $b=2$
ⓐ에 $b=2$를 대입하면
∴ $a=4$
식을 정리하면 (생산량)$=4 \times$(작업인원수)$^2+4 \times$(작업인원수)이므로,
작업인원이 2명일 때 $4 \times 2^2+4 \times 2$이므로, 24 … ㉠
작업인원이 5명일 때 $4 \times 5^2+4 \times 5$이므로, 120 … ㉡
따라서 ㉠=24, ㉡=120이다.

06 정답 ①

두 번째 조건의 '의사는 스포츠카와 오토바이를 가지고 있다.'가 참이므로 그의 대우 명제인 '스포츠카 또는 오토바이를 가지고 있지 않으면 의사가 아니다.' 역시 참이다. 따라서 철수가 스포츠카를 가지고 있지 않다면 철수는 의사가 아니라는 명제가 성립하고, 철수는 의사 또는 변호사 둘 중 하나에 반드시 해당하므로 철수는 변호사라는 추론이 가능하다.

07 정답 ⑤

- A : 연차를 쓸 수 있다.
- B : 제주도 여행을 한다.
- C : 회를 좋아한다.
- D : 배낚시를 한다.
- E : 다른 계획이 있다.

제시된 명제들을 정리하면, A → B, D → C, E → ~D, ~E → A이다. 두 번째 명제를 제외한 후 연립하면 D → ~E → A → B가 되므로 D → B가 성립한다.

따라서 그 대우 명제인 '제주도 여행을 하지 않으면 배낚시를 하지 않는다.'는 항상 참이다.

08 정답 ④

세 번째 조건에 따라 A는 익산을 반드시 방문하므로 이에 근거하여 논리식을 정리하면 다음과 같다.

- 네 번째 조건의 대우 : 익산 → 대구
- 첫 번째 조건 : 대구 → ~경주
- 마지막 조건 : ~경주 → 대전∧전주
- 두 번째 조건 : 전주 → ~광주

따라서 A는 익산, 대구, 대전, 전주를 방문하고 광주, 경주를 방문하지 않는다.

09 정답 ④

8조각으로 나누어져 있는 피자 3판을 6명이 같은 양만큼 나누어 먹으려면 1명당 $8 \times 3 \div 6 = 4$조각씩 먹어야 한다.

A, B, E는 같은 양을 먹었으므로 A, B, E가 각각 1조각, 2조각, 3조각, 4조각을 먹었을 때로 나누어볼 수 있다.

- A, B, E가 1조각을 먹었을 때
  A, B, E를 제외한 나머지는 모두 먹은 양이 달랐으므로 D, F, C는 각각 4, 3, 2조각을 먹었을 것이다. 하지만 6조각이 남았다고 했으므로 $24 - 6 = 18$조각을 먹었어야 하는데 총 $1+1+1+4+3+2=12$조각이므로 옳지 않다.
- A, B, E가 2조각을 먹었을 때
  $2+2+2+4+3+1=14$조각이므로 옳지 않다.
- A, B, E가 3조각을 먹었을 때
  $3+3+3+4+2+1=16$조각이므로 옳지 않다.
- A, B, E가 4조각을 먹었을 때
  $4+4+4+3+2+1=18$조각이므로 A, B, E는 4조각씩 먹었음을 알 수 있다.

F는 D보다 적게 먹었으며, C보다는 많이 먹었다고 하였으므로 C가 1조각, F가 2조각, D가 3조각을 먹었다.

따라서 2조각을 더 먹어야 하는 사람은 현재 2조각을 먹은 F이다.

10 정답 ②

제시된 단어는 반의 관계이다.

'여명'은 '희미하게 날이 밝아 오는 빛. 또는 그런 무렵'을 뜻하고, '황혼'은 '해가 지고 어스름해질 때. 또는 그때의 어스름한 빛'을 뜻한다. 따라서 '다른 사람의 생각이나 의견'을 뜻하는 '타의'와 반의 관계인 단어는 '자기의 생각이나 의견'을 뜻하는 '자의'이다.

[오답분석]

① 수의 : 자기의 마음대로 함
③ 종말 : 계속된 일이나 현상의 끝
④ 별의 : 다른 뜻. 또는 다른 생각
⑤ 임의 : 일정한 기준이나 원칙 없이 하고 싶은 대로 함

11 정답 ①

⊕ : 각 자릿수 +2, +0, +0, +2
⊖ : 각 자릿수 −1, +1, +1, −1
◉ : 1234 → 2143
● : 1234 → 4123

BUS8   →   UB8S   →   WB8U
          ◉   ⊕

12 정답 ④

흰색 원은 위로 한 칸, 검은색 원은 아래로 한 칸씩 움직인다.
원이 움직인 후에 회색 칸은 왼쪽으로 한 칸씩 움직이며, 회색 칸 위에 있는 원은 색이 반전된다.

13 정답 ①

규칙은 가로로 적용된다.
첫 번째 도형을 시계 반대 방향으로 $30°$ 회전시킨 도형이 두 번째 도형이고, 두 번째 도형을 x축 대칭시킨 도형이 세 번째 도형이다.

14 정답 ④

제시문은 디젤 엔진과 가솔린 엔진을 비교하며, 디젤 엔진의 특징과 효율성을 설명하고 있다. 따라서 (바) 루돌프 디젤의 새로운 엔진 개발 – (나) 기존 가솔린 엔진의 단점 – (아) 가솔린 엔진의 기본 원리 – (가) 가솔린 엔진의 노킹 현상 – (마) 디젤 엔진의 기본 원리 – (사) 디젤 엔진의 높은 압축 비율 – (다) 오늘날 자동차 엔진으로 자리 잡은 디젤 엔진 – (라) 기술 발전으로 디젤 엔진의 문제 극복 순으로 나열하는 것이 적절하다.

15 정답 ①

제시문은 앞부분에서 위기 상황을 나타낸 다음, 뒷부분에서는 인류의 각성을 촉구하는 내용이다. 앞뒤의 내용을 논리적으로 자연스럽게 연결시키기 위해서는 각성의 당위성을 이끌어내는 데 필요한 전제가 들어가야 한다. 따라서 빈칸에 들어갈 내용으로 ①이 적절하다.

[1~5]

예제풀이

제시된 단어를 오름차순으로 정렬하면 다음과 같다.

apple	banana	carrot	fall	quiz

따라서 오른쪽에서 3번째에 있는 단어는 carrot이다.

01   정답 bus

제시된 단어를 오름차순으로 정렬하면 다음과 같다.

air	bus	coke	daddy	zero

따라서 오른쪽에서 4번째에 있는 단어는 bus이다.

02   정답 corn

제시된 단어를 오름차순으로 정렬하면 다음과 같다.

advise	alloy	bell	corn	glory	hand

따라서 오른쪽에서 3번째에 있는 단어는 corn이다.

03   정답 back

제시된 단어를 오름차순으로 정렬하면 다음과 같다.

angry	back	grade	gun	hammer	hand

따라서 오른쪽에서 5번째에 있는 단어는 back이다.

04   정답 camera

제시된 단어를 오름차순으로 정렬하면 다음과 같다.

arm	buy	camera	fight	seal	steel	tower

따라서 오른쪽에서 5번째에 있는 단어는 camera이다.

05   정답 face

제시된 단어를 오름차순으로 정렬하면 다음과 같다.

card	date	dog	ear	egg	face	frog

따라서 오른쪽에서 2번째에 있는 단어는 face이다.

예제풀이

$17=16^1 \times 1+16^0 \times 1$
따라서 17을 16진법으로 변환하면 11이다.

06　정답　1F

$31=16^1 \times 1+16^0 \times 15$이고 $15=$F이다.
따라서 31을 16진법으로 변환하면 1F이다.

07　정답　212

$530=16^2 \times 2+16^1 \times 1+16^0 \times 2$
따라서 530을 16진법으로 변환하면 212이다.

08　정답　A14

$2,580=16^2 \times 10+16^1 \times 1+16^0 \times 4$이고 $10=$A이다.
따라서 2,580을 16진법으로 변환하면 A14이다.

09　정답　1064

$4,196=16^3 \times 1+16^1 \times 6+16^0 \times 4$
따라서 4,196을 16진법으로 변환하면 1064이다.

10　정답　AAFC

$43,772=16^3 \times 10+16^2 \times 10+16^1 \times 15+16^0 \times 12$이고 $10=$A, $12=$C, $15=$F이다.
따라서 43,772를 16진법으로 변환하면 AAFC이다.

[11~15]

예제풀이

27을 3진법으로 바꾸면 100_3이다.
따라서 $100_3 = 3^3$이므로 3이 1개 필요하다(거듭제곱에 들어가는 3은 셈하지 않는다).

11   정답   2개

4를 3진법으로 바꾸면 11_3이다.
$1_3 = 3^0$, $10_3 = 3$인 2개의 3의 거듭제곱 수로 표현할 수 있다.
따라서 $4 = 3 + 3^0$이므로 3이 2개 필요하다.

12   정답   0개

6을 3진법으로 바꾸면 20_3이다.
$20_3 = 3 + 3$이므로 3이 중복해서 들어간다.
따라서 조건을 만족하지 않으므로 0개이다.

13   정답   2개

10을 3진법으로 바꾸면 101_3이다.
$100_3 = 3^2$이고 $1_3 = 3^0$이다.
따라서 $10 = 3^2 + 3^0$이므로 3이 2개 필요하다.

14   정답   2개

12를 3진법으로 바꾸면 110_3이다.
$100_3 = 3^2$이고 $10_3 = 3^1$이다.
따라서 $12 = 3^2 + 3^1$이므로 2개 필요하다.

15   정답   0개

18을 3진법으로 바꾸면 200_3이다.
$200_3 = 3^2 + 3^2$이므로 3^2이 중복해서 들어간다.
따라서 조건을 만족하지 않으므로 0개이다.

예제풀이

예약 이름	A	E	B	D
시작 시각	10:30	11:00	12:00	14:00
종료 시각	11:00	12:00	12:30	15:00

16 정답 3개

예약 이름	D	E	B
시작 시각	11:00	12:00	14:00
종료 시각	12:00	14:00	15:00

17 정답 2개

예약 이름	C	A
시작 시각	10:00	13:00
종료 시각	11:30	13:30

예약 이름	C	E
시작 시각	10:00	12:00
종료 시각	11:30	14:00

예약 이름	D	A
시작 시각	11:00	13:00
종료 시각	12:00	13:30

예약 이름	D	E
시작 시각	11:00	12:00
종료 시각	12:00	14:00

18 정답 3개

예약 이름	A	D	E
시작 시각	12:00	13:00	14:00
종료 시각	13:00	13:30	15:00

예약 이름	B	D	E
시작 시각	11:00	13:00	14:00
종료 시각	12:30	13:30	15:00

19 정답 2개

예약 이름	A	B
시작 시각	11:00	12:00
종료 시각	11:30	15:00

예약 이름	A	E
시작 시각	11:00	14:00
종료 시각	11:30	15:00

예약 이름	C	B
시작 시각	11:00	12:00
종료 시각	12:00	15:00

예약 이름	C	E
시작 시각	11:00	14:00
종료 시각	12:00	15:00

예약 이름	D	E
시작 시각	11:00	14:00
종료 시각	13:00	15:00

20 정답 3개

예약 이름	A	C	E
시작 시각	11:00	13:00	14:00
종료 시각	12:00	14:00	15:00

예약 이름	D	C	E
시작 시각	10:00	13:00	14:00
종료 시각	12:00	14:00	15:00

[21~25]

예제풀이

거스름돈(원)	760	260	60	10
동전 종류(원)	500	100	50	10
사용 개수(개)	1	2	1	1
남은 금액(원)	260	60	10	0

따라서 1+2+1+1=5개이다.

21 정답 7개

거스름돈(원)	920	420	20	20
동전 종류(원)	500	100	50	10
사용 개수(개)	1	4	0	2
남은 금액(원)	420	20	20	0

따라서 1+4+2=7개이다.

22 정답 8개

거스름돈(원)	480	480	80	30
동전 종류(원)	500	100	50	10
사용 개수(개)	0	4	1	3
남은 금액(원)	480	80	30	0

따라서 4+1+3=8개이다.

23 정답 7개

거스름돈(원)	1,540	40	40	40
동전 종류(원)	500	100	50	10
사용 개수(개)	3	0	0	4
남은 금액(원)	40	40	40	0

따라서 4+3=7개이다.

24 정답 7개

거스름돈(원)	870	370	70	20
동전 종류(원)	500	100	50	10
사용 개수(개)	1	3	1	2
남은 금액(원)	370	70	20	0

따라서 1+3+1+2=7개이다.

25 정답 7개

거스름돈(원)	1,320	320	20	20
동전 종류(원)	500	100	50	10
사용 개수(개)	2	3	0	2
남은 금액(원)	320	20	20	0

따라서 2+3+2=7개이다.

01 객관식

01	02	03	04	05	06	07	08	09	10	11	12	13	14	15					
②	③	④	⑤	⑤	①	⑤	②	①	①	④	⑤	④	②	②					

01 정답 ②

증발시키기 전과 후의 소금의 양은 같으므로 증발시키는 물의 양을 xg이라고 하면 다음 식이 성립한다.

$$300 \times \frac{10}{100} = (300-x) \times \frac{15}{100}$$

$\rightarrow 3,000 = 4,500 - 15x$

$\rightarrow 15x = 1,500$

$\therefore x = 100$

따라서 농도 10%의 소금물 300g을 농도 15%로 만들기 위해서는 100g의 물을 증발시켜야 한다.

02 정답 ③

전 직원의 수를 100명이라 가정하고 남직원과 여직원의 인원을 구하면 다음 표와 같다.

(단위 : 명)

구분	남직원	여직원	합계
경력직	$60 \times 0.25 = 15$	$40 \times 0.15 = 6$	21
신입	$60 - 15 = 45$	$40 - 6 = 34$	79
합계	$100 \times \frac{3}{5} = 60$	$100 \times \frac{2}{5} = 40$	100

따라서 경력직 직원 중 1명을 뽑을 때, 그 직원이 여직원일 확률은 $\frac{6}{21} = \frac{2}{7}$ 이다.

풀이 꿀팁

경력직만 물어봤으므로 신입은 제외하고 경력직의 인원만 구하여 빠르게 확률을 구한다.

다른 풀이

전 직원에서 경력직 남직원과 여직원의 비율은 $\frac{3}{5} \times 0.25 + \frac{2}{5} \times 0.15 = 0.15 + 0.06 = 0.21$이다.

이 중에서 여직원일 확률은 $\left(\frac{2}{5} \times 0.15 \right) \div 0.21 = \frac{0.06}{0.21} = \frac{2}{7}$ 임을 알 수 있다.

03 정답 ④

월별 A국 이민자 수에 대한 B국 이민자 수의 비는 다음과 같다.

- 2023년 12월

$$\frac{2,720}{3,400}=0.8$$

- 2024년 1월

$$\frac{2,850}{3,800}=0.75$$

- 2024년 2월

$$\frac{2,800}{4,000}=0.7$$

따라서 A국 이민자 수에 대한 B국 이민자 수의 비는 2023년 12월이 가장 크다.

오답분석

① 3,400×0.75=2,550명이므로 B국 이민자 수는 A국 이민자 수의 75% 이상이다.

② 월별 두 국가의 이민자 수의 차이는 다음과 같다.
- 2023년 12월 : 3,400−2,720=680명
- 2024년 1월 : 3,800−2,850=950명
- 2024년 2월 : 4,000−2,800=1,200명

따라서 이민자 수 차이는 2024년 2월이 가장 크다.

③ 2024년 2월 두 국가의 이민자 수 평균은 $\frac{4,000+2,800}{2}=3,400$명이므로 A국 이민자 수는 평균보다 600명 더 많다.

⑤ 3,800−2,850=950명이고, $\frac{950}{3,800}\times100=25\%$이므로 B국 이민자 수는 A국 이민자 수의 30% 미만이다.

04 정답 ⑤

'매우 불만족'으로 평가한 고객 수는 전체 150명 중 15명이므로 10%의 비율을 차지한다.

따라서 응답한 전체 고객 중 $\frac{1}{10}$이 '매우 불만족'으로 평가했다는 것을 알 수 있다.

오답분석

① 응답자의 합계를 확인하면 150명이므로 옳은 설명이다.

② '매우 만족'이라고 평가한 응답자의 비율이 20%이므로, 150×0.2=30명(A)이다.

③ '보통'이라고 평가한 응답자의 수를 역산하여 구하면 48명(B)이고, 비율은 32%(C)이다. 따라서 약 $\frac{1}{3}$이라고 볼 수 있다.

④ '불만족' 이하 구간은 '불만족' 16%와 '매우 불만족' 10%의 합인 26%이다.

05 정답 ⑤

4월의 전월 대비 수출액은 감소했고, 5월의 전월 대비 수출액은 증가했는데, 반대로 나타나 있다.

06 정답 ①

'날씨가 좋다.'를 A, '야외활동을 한다.'를 B, '행복하다.'를 C라고 하면 전제1은 A → B, 전제2는 ~A → ~C이다. 전제2의 대우는 C → A이고 삼단논법에 의해 C → A → B가 성립하므로 결론은 C → B나 ~B → ~C이다.

따라서 빈칸에 들어갈 명제로 적절한 것은 '야외활동을 하지 않으면 행복하지 않다.'이다.

07 정답 ⑤

'속도에 관심 없는 사람'을 A, '디자인에 관심 없음'을 B, '연비를 중시하는 사람'을 C, '내구성을 따짐'을 D라고 하면 A → B, C → D, ~D → A이므로 ~D → A → B가 성립한다.
따라서 결론은 '내구성을 따지지 않는 사람은 디자인에도 관심이 없다.'이다.

08 정답 ②

E가 3번째로 점검을 받으므로, 다섯 번째 조건에 의해 F가 점검받는 순서는 네 번째부터 가능하다. 또한 네 번째·여섯 번째 조건에 의해 F가 네 번째로 점검받음을 알 수 있다. 주어진 조건을 이용하여 가능한 경우를 나타내면 다음과 같다.
• G − C − E − F − B − A − D
• G − C − E − F − D − A − B
두 번째·세 번째·다섯 번째 조건에 의해 G·E는 귀금속점이고, C는 은행이다.

09 정답 ①

제시된 문제의 조건과 안내문에 따라 정리하면 다음과 같다.
㉠ A방의 안내문이 참일 때 : B방에는 폭발물이 들어 있고, C방은 비어 있고, A방에는 지역특산물이 들어 있다.
㉡ B방의 안내문이 참일 때 : B방은 비어 있고, C방에는 폭발물이 들어 있고, A방에는 지역특산물이 들어 있다.
㉢ C방의 안내문이 참일 때 : B방은 비어 있지도, 폭발물이 들어 있지도 않아야 하므로 지역특산물이 들어 있어야 한다. 그러므로 모순이 발생한다.
따라서 ㉠, ㉡ 모두 A방에는 지역특산물이 들어 있다.

10 정답 ①

제시된 단어는 비유적 대립 관계이다.
• '자유'는 '빵'보다 귀하다.
• 배고픈 '소크라테스'가 배부른 '돼지'보다 낫다.

11 정답 ④

◁ : 각 자릿수 +2, +1, +1, +2
♧ : 1234 → 3412
▲ : 각 자릿수 −4, −3, −2, −1
□ : 1234 → 1324
ㄷ5ㅇ6 → □6ㅈ8 → ㄱ3ㅅ7
       ◁   ▲

12 정답 ⑤

두 개의 검은 원은 시계 방향으로 90° 회전한다.
두 개의 흰 원은 시계 반대 방향으로 90° 회전한다.
원이 없는 작은 사각형은 회색이다.

13 정답 ④

규칙은 가로로 적용된다.
첫 번째 도형을 시계 방향으로 90° 회전시킨 도형이 두 번째 도형이고, 두 번째 도형을 상하 대칭시킨 도형이 세 번째 도형이다.

14 정답 ②

글의 핵심 논점은 첫 번째 문단의 끝에서 '제로섬(Zero-sum)적인 요소를 지니는 경제 문제'와 두 번째 문단의 끝에서 '우리 자신의 수입을 보호하기 위해 경제적 변화가 일어나는 것을 막거나 혹은 사회가 우리에게 손해를 입히는 공공정책이 강제로 시행되는 것을 막기 위해 싸울 것'에 대한 것이다. 따라서 사회경제적인 총합이 많아지는 정책, 즉 '사회의 총생산량이 많아지게 하는 정책이 좋은 정책'이라고 반론할 수 있다.

15 정답 ②

마지막 문단에서 '의리의 문제는 사람과 때에 따라 같지 않습니다.'라고 하였으므로 신하들이 임금에 대해 의리를 실천하는 방식이 누구에게나 동일하다는 ㄷ은 제시문의 내용과 상충한다.

오답분석

ㄱ. 부자관계는 천륜이어서 자식이 어버이를 봉양하는 데 한계가 없고, 이때는 은혜가 항상 의리에 우선하므로 관계를 떠날 수 없다고 하였으므로 적절하다.

ㄴ. 군신관계는 의리로 합쳐진 것이라 한계가 있는데 이 경우에는 때때로 의리가 은혜보다 앞서기도 한다고 하였으므로 적절하다.

02 주관식

[1~5]

예제풀이

| B4C3 | D6A1 | F4F5 | A5G9 | E6F9 | C4Q9 | : 0회 |

| B4C3 | D6A1 | C4Q9 | A5G9 | E6F9 | F4F5 | : 1회 |

| B4C3 | A5G9 | C4Q9 | D6A1 | E6F9 | F4F5 | : 2회 |

| A5G9 | B4C3 | C4Q9 | D6A1 | E6F9 | F4F5 | : 3회 |

따라서 오름차순으로 정렬하기 위한 이동 횟수는 3회이다.

01 정답 2회

| C1C4 | D5A3 | A4A9 | B4A6 | E6F9 | F3F4 | : 0회 |

| C1C4 | B4A6 | A4A9 | D5A3 | E6F9 | F3F4 | : 1회 |

| A4A9 | B4A6 | C1C4 | D5A3 | E6F9 | F3F4 | : 2회 |

따라서 오름차순으로 정렬하기 위한 이동 횟수는 2회이다.

02 정답 2회

B2A4	B4A6	F2A7	E8Q9	F5F6	C9C7	: 0회

B2A4	B4A6	F2A7	E8Q9	C9C7	F5F6	: 1회

B2A4	B4A6	C9C7	E8Q9	F2A7	F5F6	: 2회

따라서 오름차순으로 정렬하기 위한 이동 횟수는 2회이다.

03 정답 3회

F9F7	A6A9	A4C6	D9D4	D9B7	F9E1	: 0회

F9E1	A6A9	A4C6	D9D4	D9B7	F9F7	: 1회

D9B7	A6A9	A4C6	D9D4	F9E1	F9F7	: 2회

A4C6	A6A9	D9B7	D9D4	F9E1	F9F7	: 3회

따라서 오름차순으로 정렬하기 위한 이동 횟수는 3회이다.

04 정답 4회

D4A1	E8F4	B9A4	B9B5	B9E4	E9E1	: 0회

D4A1	B9E4	B9A4	B9B5	E8F4	E9E1	: 1회

B9B5	B9E4	B9A4	D4A1	E8F4	E9E1	: 2회

B9B5	B9A4	B9E4	D4A1	E8F4	E9E1	: 3회

B9A4	B9B5	B9E4	D4A1	E8F4	E9E1	: 4회

따라서 오름차순으로 정렬하기 위한 이동 횟수는 4회이다.

05 정답 1회

F5E4	F5F4	F6E4	F6F5	F7F9	F7E4	: 0회

F5E4	F5F4	F6E4	F6F5	F7E4	F7F9	: 1회

따라서 오름차순으로 정렬하기 위한 이동 횟수는 1회이다.

보기에서 문자 한 개당 에너지가 1이라고 했으며, 문자들을 합칠 때마다 만들어지는 문자 개수가 에너지 크기와 같다. 예를 들어 'el'과 'e'를 먼저 합치면 2+1=3의 에너지를 사용한다. 다음 'pha'와 'nt'를 합치면 3+2=5이고, 합친 두 문자들을 다시 합치면 3+5=8의 에너지가 쓰인다. 그러므로 단어를 완성하기까지 쓰인 에너지는 3+5+8=16이다.

합치는 경우의 수는 다음과 같고 총에너지를 계산해 보자.

구분	경우 1	경우 2	경우 3
과정	'el'+'e'=3	'el'+'nt'=4	'el'+'pha'=5
	'ele'+'nt'=5	'pha'+'e'=4	'e'+'nt'=3
	'elent'+'pha'=8	'elnt'+'phae'=8	'elpha'+'ent'=8
총에너지	3+5+8=16	4+4+8=16	5+3+8=16

구분	경우 4	경우 5	경우 6
과정	'el'+'e'=3	'el'+'nt'=4	'e'+'pha'=4
	'ele'+'pha'=6	'elnt'+'pha'=7	'epha'+'el'=6
	'elepha'+'nt'=8	'elphant'+'e'=8	'elepha'+'nt'=8
총에너지	3+6+8=17	4+7+8=19	4+6+8=18

구분	경우 7	경우 8	경우 9
과정	'el'+'e'=3	'el'+'nt'=4	'e'+'pha'=4
	'pha'+'nt'=5	'elnt'+'e'=5	'epha'+'nt'=6
	'ele'+'phant'=8	'elent'+'pha'=8	'ephant'+'el'=8
총에너지	3+5+8=16	4+5+8=17	4+6+8=18

완전한 단어를 만들기 위한 최소한의 에너지를 쓰는 방법은 쪼개진 문자들 중 가장 작은 에너지(알파벳이 적은 묶음)를 가진 문자끼리 먼저 합치는 것이다. 예제의 쪼개진 문자들 'el, e, pha, nt'의 에너지는 각각 '2, 1, 3, 2'이며, 경우 1은 작은 에너지를 가진 문자끼리 먼저 합치는 방법을 사용했다.

작은 에너지 1과 2를 먼저 합치면 에너지 3을 썼고, 합친 문자와 쪼개진 문자의 에너지는 3, 3, 2로 다시 작은 에너지를 합치면 3+2=5의 에너지가 쓰였다. 마지막으로 남은 문자와 합치면 에너지 5+3=8이 사용되었다.

따라서 단어를 완성하는 데 필요한 최소한의 에너지는 16이다.

풀이 방법은 다음과 같다.

ⅰ) 주어진 문자 묶음의 에너지를 구한다.

　el, e, pha, nt → 2, 1, 3, 2

ⅱ) 가장 작은 에너지를 가진 두 문자 묶음을 합한다. 이를 문자 묶음이 하나가 될 때까지 반복한다.

　2, 1, 3, 2 → 3, 3, 2 → 3, 5 → 8

ⅲ) 과정 ⅱ)에서 발생한 에너지를 모두 더한다.

　3+5+8=16

06 정답 8

과정	'a'+'pp'=3
	'app'+'le'=5
총에너지	3+5=8

07 정답 14

과정	'a'+'me'=3
	'ss'+'ge'=4
	'ame'+'ssge'=7
총에너지	3+4+7=14

08 정답 20

과정	'o'+'i'=2
	'pr'+'ty'=4
	'oi'+'xim'=5
	'prty'+'oixim'=9
총에너지	2+4+5+9=20

09 정답 19

과정	'm'+'co'=3
	'com'+'pul'=6
	'sive'+'compul'=10
총에너지	3+6+10=19

10 정답 27

과정	'c'+'ra'=3
	'al'+'phi'=5
	'rac'+'geog'=7
	'phial'+'geograc'=12
총에너지	3+5+7+12=27

예제풀이

입력값을 'B행동 → A행동' 순서를 적용한 문자 수열 변화 순서는 다음과 같다.

입력값	B행동 후	A행동 후 결괏값
병갑을을갑	갑병을을갑	갑을병을갑
		갑을을병갑
	갑갑을을병	갑갑병을을
		갑갑을병을

B는 '갑'과 '병'의 자리를 교체하는 행동이다. A는 '을'과 '병', 즉 '병'과 '을'의 자리를 교체하는 행동이다.

'B행동 → A행동' 순서로 적용시키면 원래 '갑'의 자리는 B행동에 의해 '병'이 오고 A행동에 의해 '을'이 오게 된다.

따라서 '병'의 이동으로 결괏값을 구할 수 있다.

풀이 방법은 다음과 같다.

ⅰ) B행동으로 '병'이 이동할 수 있는 경우의 수를 구한다. 즉, 경우의 수는 (갑, 병)을 한 쌍으로 묶을 수 있는 개수와 같다.

(2, 1) → 2×1=2가지

ⅱ) A행동으로 '병'이 이동할 수 있는 경우의 수를 구한다. 즉, 경우의 수는 (을, 병)을 한 쌍으로 묶을 수 있는 개수와 같다.

(2, 1) → 2×1=2가지

ⅲ) 전체 '병'이 이동할 수 있는 경우의 수를 구한다.

2×2=4가지

11 　정답　 8가지

(갑, 병)의 개수 : 2×2=4가지

(을, 병)의 개수 : 1×2=2가지

∴ 결괏값의 경우의 수는 4×2=8가지

12 　정답　 18가지

(갑, 병)의 개수 : 2×3=6가지

(을, 병)의 개수 : 1×3=3가지

∴ 결괏값의 경우의 수는 6×3=18가지

13 　정답　 24가지

(갑, 병)의 개수 : 3×2=6가지

(을, 병)의 개수 : 2×2=4가지

∴ 결괏값의 경우의 수는 6×4=24가지

14 　정답　 48가지

(갑, 병)의 개수 : 4×2=8가지

(을, 병)의 개수 : 3×2=6가지

∴ 결괏값의 경우의 수는 8×6=48가지

15 정답 90가지

(갑, 병)의 개수 : 2×3=6가지

(을, 병)의 개수 : 5×3=15가지

∴ 결괏값의 경우의 수는 6×15=90가지

[16~20]

예제풀이

표를 보면 같은 성분끼리 배열의 위치가 같을 때 수치가 10으로 가장 크고, (C, E), (C, G), (C, #)성분일 때 양의 값을 갖는다.

ⅰ) 보기의 설명에서 적은 성분으로 이루어진 물질은 다른 물질의 성분 개수와 같게 #을 삽입한다고 했으므로 긴 배열의 성분과 같은 성분이 짝지어질 수 있게 짧은 배열의 성분을 배치한다.

ⅱ) 두 배열에서 짝이 없는 성분 중 C가 있을 경우 양의 값을 갖는 (C, E), (C, G), (C, #)성분이 짝이 될 수 있게 배치한다.

ⅲ) 만약 짧은 배열의 물질에서 W, G, E성분이 남았을 경우에는 음수의 절댓값이 가장 작은 성분과 배치되도록 만들어 준다.

다음과 같이 예제의 물질의 성분들을 차례대로 나열하고 짧은 배열의 물질에 #을 삽입하였다. 먼저 같은 성분이 짝이 되도록 물질 2의 W와 C성분을 배치하고, 나머지 G성분은 물질 1의 두 번째와 세 번째의 C성분 중 하나와 짝이 되므로 어느 곳에든 상관없이 수치는 같다. 그리고 물질 1의 성분 개수와 같게 #을 삽입하면 성능 수치 합은 23이 된다.

물질 1	W	C	C	C	G	E	G	계
물질 2	W	#	G	C	#	#	#	
수치	10	5	3	10	-1	-3	-1	23

두 번째로 물질 2의 W와 G성분을 같은 성분과 배치하고, #을 삽입하면 성능 수치 합은 35가 된다.

물질 1	W	C	C	C	G	E	G	계
물질 2	W	#	#	#	G	#	C	
수치	10	5	5	5	10	-3	3	35

물질 1	W	C	C	C	G	E	G	계
물질 2	W	#	#	#	G	C	#	
수치	10	5	5	5	10	1	-1	35

따라서 C성분은 W성분을 제외한 나머지 성분과 짝이 될 때 양의 값을 가지므로 처음 같은 성분으로 짝을 맞출 때 W, G, E성분을 먼저 배치하는 것이 유리하다.

16 정답 -1

물질 2	E	W	C	E	계
물질 1	G	G	C	#	
수치	-5	-3	10	-3	-1

17 정답 12

물질 1	C	E	E	C	G	계
물질 2	#	W	#	#	G	
수치	5	-5	-3	5	10	12

18 정답 20

							계
물질 1	E	W	W	G	C	C	
물질 2	C	#	E	G	C	#	계
수치	1	−1	−5	10	10	5	20

19 정답 20

								계
물질 1	W	E	G	E	E	C	G	
물질 2	#	E	G	#	#	C	W	계
수치	−1	10	10	−3	−3	10	−3	20

20 정답 28

									계
물질 2	E	G	G	W	C	E	C	E	W	
물질 1	#	C	W	W	C	E	#	#	#	계
수치	−3	3	−3	10	10	10	5	−3	−1	28

[21~25]

예제풀이

기간과 금액이 나온 표에 따라 1일에 주문을 받으면 기간이 2일이므로 다음 주문은 목걸이가 완료되는 날인 3일부터 받을 수 있다. 3일에 주문받은 목걸이는 4일에 완성되고, 4일에 주문받은 목걸이는 퇴사일 전날인 7일에 완성된다. 또한 주문을 받을 수 있는 다른 경우는 (1일, 3일, 5일), (2일, 5일)이다. 따라서 총 3가지 경우이며 각각 수익을 계산하면 다음과 같다.

ⅰ) 시작일이 1일인 경우

날짜	1일	3일	4일	7일	
기간(일)	2	1	3	완료	, 65만 원
금액(만 원)	30	20	15		

날짜	1일	3일	5일	7일	
기간(일)	2	1	2	완료	, 71만 원
금액(만 원)	30	20	21		

ⅱ) 시작일이 2일인 경우

날짜	2일	5일	7일	
기간(일)	3	2	완료	, 61만 원
금액(만 원)	40	21		

3가지 경우 중 시작일이 1일인 경우에서 공통된 날짜는 (1일, 3일)이므로 각각 나머지 날짜인 4일과 5일의 금액을 비교하면 5일의 목걸이 금액이 21−15=6만 원 더 높다. 그리고 시작일이 2일인 경우의 수익은 61만 원으로 시작일이 1일인 두 경우보다 수익이 낮다. 따라서 이장인이 퇴사 전에 수익을 가장 많이 낼 수 있는 경우의 주문은 (1일, 3일, 5일)이며, 금액은 30+20+21=71만 원이다.

문제를 풀기 위한 순서는 시작일이 될 수 있는 모든 날짜를 구하며, 시작일을 기준으로 (주문받은 날짜)+(기간)으로 계산하여 다음 주문을 받을 수 있는 날짜를 정한다. 똑같은 방법으로 n일까지 끝낼 수 있는 주문 일정의 경우의 수를 모두 나열하여 그중 이장인의 목걸이 수익이 최대일 때를 구하면 된다. 또한 나열한 것 중 시작일마다 주문을 많이 받는 경우만 택하고, 공통된 주문 날짜들이 있는 경우 공통된 주문 날짜를 제외한 나머지 주문 날짜의 목걸이 금액 크기를 비교하여 최댓값을 구한다.

21 정답 83만 원

• 시작일이 1일인 경우

날짜	1일	3일	4일	6일	8일	
금액(만 원)	20	15	25	23	완료	, 83만 원

• 시작일이 2일인 경우

날짜	2일	5일	8일	
금액(만 원)	40	12	완료	, 52만 원

날짜	2일	6일	8일	
금액(만 원)	40	23	완료	, 63만 원

22 정답 60만 원

• 시작일이 1일인 경우

날짜	1일	5일	6일	10일	
금액(만 원)	28	7	23	완료	, 58만 원

날짜	1일	5일	8일	10일	
금액(만 원)	28	7	22	완료	, 57만 원

• 시작일이 2일인 경우

날짜	2일	5일	6일	10일	
금액(만 원)	30	7	23	완료	, 60만 원

날짜	2일	5일	8일	10일	
금액(만 원)	30	7	22	완료	, 59만 원

• 시작일이 3일인 경우

날짜	3일	5일	6일	10일	
금액(만 원)	29	7	23	완료	, 59만 원

날짜	3일	5일	8일	10일	
금액(만 원)	29	7	22	완료	, 58만 원

• 시작일이 4일인 경우

날짜	4일	6일	10일	
금액(만 원)	27	23	완료	, 50만 원

날짜	4일	8일	10일	
금액(만 원)	27	22	완료	, 49만 원

23 **정답** 98만 원

• 시작일이 1일인 경우

날짜	1일	3일	6일	9일	12일	
금액(만 원)	30	15	23	24	완료	, 92만 원

날짜	1일	3일		7일	12일	
금액(만 원)	30	15		40	완료	, 85만 원

날짜	1일	3일		8일	12일	
금액(만 원)	30	15		32	완료	, 77만 원

날짜	1일	4일	6일	9일	12일	
금액(만 원)	30	21	23	24	완료	, 98만 원

날짜	1일	5일		8일	12일	
금액(만 원)	30	12		32	완료	, 74만 원

• 시작일이 2일인 경우

날짜	2일	6일	9일	12일	
금액(만 원)	23	23	24	완료	, 70만 원

날짜	2일	7일	8일	
금액(만 원)	23	40	완료	, 63만 원

날짜	2일	8일	12일	
금액(만 원)	23	32	완료	, 55만 원

날짜	2일	9일	12일	
금액(만 원)	23	24	완료	, 47만 원

24 **정답** 94만 원

• 시작일이 1일인 경우

날짜	1일	5일	6일	10일	13일	
금액(만 원)	22	12	30	30	완료	, 94만 원

날짜	1일	5일		7일	12일	
금액(만 원)	22	12		40	완료	, 74만 원

날짜	1일	5일	8일	10일	13일	
금액(만 원)	22	12	19	30	완료	, 83만 원

• 시작일이 2일인 경우

날짜	2일	5일	6일	10일	13일	
금액(만 원)	20	12	30	30	완료	, 92만 원

날짜	2일	5일		7일	12일	
금액(만 원)	20	12		40	완료	, 72만 원

날짜	2일	5일	8일	10일	13일	
금액(만 원)	20	12	19	30	완료	, 81만 원

• 시작일이 3일인 경우

날짜	3일	8일	10일	13일
금액(만 원)	17	19	30	완료

, 66만 원

• 시작일이 4일인 경우

날짜	4일		7일		12일
금액(만 원)	25		40		완료

, 65만 원

날짜	4일	8일	10일	12일
금액(만 원)	25	19	30	완료

, 74만 원

25   정답   112만 원

• 시작일이 1일인 경우

날짜	1일	6일	8일	10일	12일	14일
금액(만 원)	23	20	14	21	33	완료

, 111만 원

날짜	1일		7일		10일		12일	14일
금액(만 원)	23		30		21		33	완료

, 107만 원

• 시작일이 2일인 경우

날짜	2일	4일	8일	10일	12일	14일
금액(만 원)	24	17	14	21	33	완료

, 109만 원

날짜	2일	5일	8일	10일	12일	14일
금액(만 원)	24	16	14	21	33	완료

, 108만 원

날짜	2일	6일	8일	10일	12일	14일
금액(만 원)	24	20	14	21	33	완료

, 112만 원

• 시작일이 3일인 경우

날짜	3일	5일	8일	10일	12일	14일
금액(만 원)	20	16	14	21	33	완료

, 104만 원

날짜	3일	6일	8일	10일	12일	14일
금액(만 원)	20	20	14	21	33	완료

, 108만 원

날짜	3일		7일		10일		12일	14알
금액(만 원)	20		30		21		33	완료

, 104만 원

2024 시대에듀 13기 모집대비 All-New 싸피 SSAFY(삼성 청년 SW아카데미) SW적성진단 5일 완성

개정8판1쇄 발행	2024년 09월 20일 (인쇄 2024년 08월 21일)
초 판 발 행	2020년 03월 10일 (인쇄 2020년 01월 31일)
발 행 인	박영일
책 임 편 집	이해욱
편 저	SDC(Sidae Data Center)
편 집 진 행	여연주 · 안희선
표지디자인	하연주
편집디자인	김기화 · 장성복
발 행 처	(주)시대고시기획
출 판 등 록	제10-1521호
주 소	서울시 마포구 큰우물로 75 [도화동 538 성지 B/D] 9F
전 화	1600-3600
팩 스	02-701-8823
홈 페 이 지	www.sdedu.co.kr

I S B N	979-11-383-7706-5 (13320)
정 가	23,000원

SSΛFY

삼성 청년 SW아카데미
SW적성진단
5일 완성